VOLUNTEERISM

자원봉사론

홍봉수
곽일준 · 김현수 · 박선혜 · 정현정 · 최인하

YANGSEOWON
양서원

머리말

오늘날 주요 사회문제를 해결해 가는 과정에서 주민의 자발적인 참여와 노력은 사회복지의 향상에 매우 중요한 역할을 하고 있다.

이러한 시대적 상황에서 자원봉사의 중요성은 이미 개인적 자기실현과 도덕적 의무를 넘어, 삶의 질이 보장되는 공동체 실현을 위해 더욱 강조되고 있다. 이것은 자원봉사가 사회적 자본의 주요 요소로서의 필요성과 중요성에 새롭게 주목해 왔던 점과도 관련이 있다고 볼 수 있다.

이러한 자원봉사는 공적인 제도나 서비스로는 충족되지 않는 부분을 자원봉사자들이 보완하고, 공적인 제도나 시책이 지나치게 획일적이어서 탄력적인 대응이 어려운 부분을 민간 활동인 자원봉사활동으로 그 효과를 더 높여 왔기 때문일 것이다.

자원봉사활동을 하면서 사회의 변화나 지역 주민의 요구를 직접 체험할 수 있다. 따라서 자원봉사활동은 사회 변화나 주민의 요구에 대응하여 문제점들을 밖으로 드러내고, 이렇게 드러난 문제점들을 지역주민 모두가 공감하여 정책에 반영되는 복지서비스가 개발되도록 하고 있다.

또한 기후변화와 환경문제 등에서도 자원봉사활동이 더욱 중요해지고 있다. 재난 · 재해 자원봉사단은 각종 재난 · 재해 발생 시 피해복구와 체계적인 구호활동을 위해 현장의 적시 · 적소에 투입되어 봉사활동을 전개함으로써 국민의 귀중한 생명과 재산을 보호하는 데 앞장서고 있다.

그리고 현대 사회에 우리는 지구촌이나 세계가족이라는 말을 많이 쓰고 있다. 자원봉사활동을 통해서 다른 나라를 이해하고, 세계의 모든 사람이 함께 협력해서 어려운 문제의 해결을 위해 한국의 자원봉사자들이 참가하는 등 국제화의 역할은 더욱 중요시되고 있으며, 이러한 활동이 세계평화를 이루는 초석이 되는 것이기도 하다.

이러한 자원봉사는 개인의 선의에 의해 자발적으로 이웃을 돕는 인간에 대한 작은 관심에서 출발한다. 그래서 도움이 필요한 사람에게 아무런 대가없이 직접적인 서비스를 제공하며, '살기 좋은 환경과 조화롭고 평등한 사회'를 만들고자 노력한다.

자원봉사활동이 가져다주는 의의와 효과는 이루 말할 수 없이 크며, 오늘의 성숙한 자원봉사 문화는 더 나은 내일을 위한 강력한 힘이 될 수 있다.

또한 사회복지학을 전공하는 학생들에게도 자원봉사는 누군가를 돕는 선한 행동이란 개념을 넘어 우리 동네, 그리고 우리 사회에 대한 다양한 관심과 사랑을 적극적 행동으로 옮기는 성숙한 전문인으로서의 역할을 하여, 보다 넓은 시각으로 지역을 바라보고 참신한 사례를 자원봉사와 접목하여 우리 모두가 인간다운 생활하는 데 기여할 것이다.

이에 자원봉사론이라는 본서는 이후의 자원봉사자를 리더하는 관리자로서의 능력을 배양하기 위해 자원봉사에 관한 여러 이론을 학습하고 사회복지와 자원봉사의 관계를 이해하고자 하였다. 그리고 한국과 외국의 자원봉사의 역사와 현황을 연계하여 자원봉사 발전을 위해 서술하였다.

본 교재는 총 12장(Chapter)으로 구성되었으며, 각 장(Chapter)마다 마무리에 핵심적인 키포인트(Keypoint : 요점정리)를 선정하여 비교 · 설명함으로써 학습에 필요한 요점들을 보다 쉽게 이해할 수 있도록 저술하였다. 그리고 「자원봉사활동 기본법」 주요 법령의 용어를 각 Chapter 끝부분에 해설하였다.

집필상 부족한 부분과 한계점 등에 대해서는 독자 제현의 아낌없는 충고를 바라면서 앞으로 지속적으로 사회의 욕구와 현실의 변화에 맞게 수정 · 보완하는 데 최선을 다할 것을 다짐한다.

끝으로 사회과학 분야에 남다른 열정과 관심을 가지고 많은 양서 출판으로 유명한 도서출판 양서원 박철용 회장님께 깊은 감사의 마음을 전하고자 한다.

학문을 연마하기에 바쁜 일정에도 교정에 참여한 제자들을 비롯하여 다양한 분들의 도움으로 결실을 이루게 되어 고마움을 표한다.

아무쪼록 많은 분들의 정성으로 출간된 본 교재가 사회복지학 분야의 학문 연구와 실무에 작은 도움이라도 되길 바라는 마음이다.

2025년 2월

대표저자 홍 봉 수

차 례

CHAPTER

01

자원봉사의 이해

CHAPTER

01 자원봉사의 이해

제1절 자원봉사의 개념

1. 자원봉사의 사전적 개념

자원봉사(自願奉仕, Volunteer)는 자원(自願)과 봉사(奉仕)의 합성어로 자원이란 단어는 "어떤 일을 자기 스스로 하고자 하여 나선다"는 뜻을 가지고 있고, 봉사는 "국가나 사회 또는 남을 위하여 자신을 돌보지 아니하고 힘을 바쳐 애씀"이라고 풀이되어 있다(국립국어원 표준국어대사전, 2016). 두 단어의 풀이를 합하면 "자원봉사란 자기 스스로 타인이나 이웃, 사회, 또는 국가를 위하여 유익한 일을 행하는 것"이라고 할 수 있다.

영어로는 자원봉사의 어원은 '자유의지'라는 뜻을 가진 라틴어 볼런터스(Voluntas)에서 유래되었다. 자원봉사활동이 지니고 있는 정신을 볼런티어리즘(Voluntarism)이라고 표현하며, 자원봉사자를 볼런티어(Volunteer)라고 부른다. 자원봉사라는 용어는 1930년 세계 사회사업가대회에서 처음으로 사용되었으며, 그 대상, 영역 및 목적에 따라 약간의 차이를 가지고 있지만, 현재는 '자원봉사자(Volunteer)'와 '자원봉사활동(Volunteerism)'의 의미로 널리 사용되고 있다.

영어로 자원봉사라는 뜻을 지닌 'Volunteer', 'Volunteerism', 'Voluntarism' 등의 사전적 의미를 종합해 보면 "사람이 자신의 의지로 보수를 받지 않고 일이나 활동, 특별하게 지역사회 봉사와 같은 활동에 참여하는 것"을 의미한다. 사회사업사전은 자원봉사자를 "개인이 자유의사로 재정적인 보상 없이 봉사를 제공하는 사람"이라고 정의한다.

자원봉사활동에 대해 과거에는 인간애를 기본으로 한 무조건적인 태도 또는 베푸는 행동으로서의 의미가 강했지만, 현대에 이르러서는 자선 또는 구호 중심의 전통적 자원봉사 대신 산업화로 인한 각종 사회문제를 해결하기 위한 적극적 의미의 자원봉사 필요성이 강조되고 있다.

우리나라에서는 흔히 '봉사'라는 말 때문에 '자선한다' 혹은 '구제한다'는 뜻으로 가진 자가 일방적으로 베푸는 소극적이며 좁은 뜻으로 인식되고 있다. 그러나 자원봉사활동은 단순히 봉사라는 의미에 담긴 '주는 자, 와 '받는 자의 관계에서 벗어나 더 넓은 의미를 포함하고 있다. 즉, 일방적이고 일시적인 자비심이나 감상주의적 동정심이 아니라, 한 인간으로서 다른 사람과 더불어 행하는 '만남과 나눔'의 활동이라고 할 수 있다.

2. 자원봉사의 현대적 개념

많은 미래학자들은 자원봉사활동을 '제4의 물결'이라 하여 21세기 인류의 행복과 번영을 좌우할 가장 큰 원동력으로 중요시하고 있다. 세계 사회복지 및 볼런티어계의 거장인 영국의 베버리지(Beveridge)는 『Voluntary Action』에서 '좋은 사회를 만드는 것은 정부에 의하여 이룩되는 것이 아니라 좋은 시민들에 의하여 이룩되는 것'이라 하여 자원봉사활동이 바람직한 미래사회를 위한 우리의 기본적 책무임을 극명하게 강조하고 있다.

또한 미국의 경영학자인 피터 드러커(Peter Drucker) 역시 '21세기에는 자원봉사활동이 최고는 아니지만 인류의 가장 중요한 사회활동의 하나가 될 것'이라며 자본주의사회의 비 복지적인 사회 문제들을 극복 · 예방하고, 복지사회를 이루기 위한 필수조건으로 지역사회를 중심으로 하는 제3섹터인 자원봉사활동의 활성화를 강조하고 있다.

이를 통하여 알 수 있듯이 시민의 적극적인 자원봉사활동에의 참여는 국가 공공 정책의 수립과 집행에 민주성과 공평성을 확보하고, 국민 모두를 위한 공공이익의 증대는 물론 사회통합과 국가 및 민주주의의 발전을 위한 강력한 에너지로 작용함으로써 더불어 사는 복지공동체를 형성할 수 있는 기반이 되는 것이다.

따라서 자원봉사활동의 개념은 국가에 따라, 시대에 따라, 학자에 따라, 그리고 활동 분야에 따라 다양하게 변화되고 있으며, 다음은 몇몇 기관에서 정의내리고 있는 자원봉사에 대한 개념을 요약한 것이다.

미국의 『사회사업백과사전』 개정판에서는 자원봉사란 "욕구가 인식되었을 때 어떤 구체적인 이득을 생각하지 않고 사회적 책임이라는 태도로 행동을 선택하는 것이며, 이것은 자선이나 대가를 기대하거나 어쩔 수 없이 행하는 것을 초월하는 의미"라고 명시하고 있다.

국제자원봉사협의회(IAVE)는 2001년 세계자원봉사의 날을 맞아 제시한 '세계 자원봉사 선언'을 통해 "자원봉사는 모든 사회의 필수 요소다"라고 선언하면서 "자원봉사는 시민사회를 지탱해 주는 기본 구성물로서 모든 사람을 위한 평화, 자유, 기회, 안전, 정의의 추구를 통해 인류가 열망하는 삶의 고귀한 가치를 제공한다"고 강조했다.

한국사회복지협의회에서는 자원봉사활동을 "사회문제의 예방 및 해결, 또는 국가의 공익사업을 수행하고 있는 공·사의 공식조직에 자발적으로 참여하여 반대급부를 받지 않고 인간 존중의 정신과 민주주의 원칙에 입각해 필요한 서비스를 제공하여 이타심의 구현과 자기실현을 성취하고자 하는 활동"이라고 정의하고 있다.

「자원봉사활동 기본법」에서는 자원봉사활동이라 함은 "개인 또는 단체가 지역사회·국가 및 인류사회를 위하여 대가 없이 자발적으로 시간과 노력을 제공하는 행위"라고 정의하고 있다.

이상의 내용을 정리하면 자원봉사활동이란 우리 사회를 구성하는 모든 구성원이 보다 인간답고 행복하며 건강하게 살도록 하기 위한 모든 자발적인 활동이고, 모든 사람이 추구하는 사회 발전과 인간의 행복을 실현하고 인간다운 생활을 할 권리를 충족시키기 위한 삶들의 노력이다.

따라서 자원봉사활동은 일상생활을 하는 모든 사람에게 필요한 생활환경 및 기반의 구축이며, 모든 사회구성원이 서로 도우며 살아가는 통합화를 위한 가장 핵심적인 활동이라고 할 수 있다.

제2절 자원봉사의 필요성

자원봉사활동의 필요성을 구체적으로 살펴보면 다음과 같다.

1. 대인 서비스의 욕구 증대

'사회복지는 인간이다.'라는 말과 같이 대인적 사회서비스는 인간의 문제나 욕구에 대체하는 활동이 보다 중시되는 방향으로 강조되고 있다. 가족 내에 있는 노인, 아동, 장애인 등에 대한 보호, 부양 능력이 점차 감소 되어감에 따라 자원봉사활동에 대한 요구가 점차 증가되고 있다.

특히 노인의 문제는 일부 생활보호대상에서 전반적인 고령노인의 보호문제까지 확대되고 있으며, 장애인의 문제도 선천적인 것에서 재해나 산재, 교통사고 등으로 인한 출현율이 증대되는 경향이다.

아동문제에 있어서도 여성의 경제활동 참여 또는 이혼이나 결손가정의 증대 등으로 심화되고 있다. 즉 소득보장문제뿐만 아니라 아동, 노인, 장애인 등에 대한 사회복지의 새로운 과제는 대인적 사회서비스이다. 즉 개별적 · 직접적 · 대면적 서비스로의 이행이라고 할 수 있다.

2. 공적 서비스의 한계

사회복지는 주로 공적이고 제도적인 서비스의 일부로 시행되며, 주민의 생활 안정과 사회복지의 충실을 정책목표로 삼고 있다. 그러나 사회복지의 수요가 증가함에 따라 공적이고 제도적인 대응은 한계에 도달하고 있다. 예를 들면 인구의 고령화로 인해 복지수요가 증가하면서 경제적인 보장과 복지대책에 대한 국민들의 요구가 증가하고 있어 복지행정과 재정상의 문제가 발생하고 있다. 자원봉사활동은 이러한 공적이고 제도적인 서비스의 한계를 극복하고 완화시키기 위한 대응책으로 복지인력자원의 충원과 복지재정 문제의 해결에 기여하고 있다.

이처럼 복잡성이 증가한 상황에서 국가가 달성해야 하는 목표와 수행하고 있는 많은 업무는 물적 자원이나 인적자원의 동원으로 해결할 수 없는 차원이 존재한다. 이러한 물적 · 인적 자원을 보완할 수 있는 것이 사회적 자본으로 이를 통해 공동체 의식의 확산, 거래비용의 감소, 정책수행의 정당성 확보, 감시비용 절약 등의 긍정적인 효과를 가져와 궁극적으로는 사회 전체적인 유효성을 증가시킬 수 있다. 자원봉사를 통해 국가는 역할 부담 감소, 안정적 재정 운용 등의 효과를 얻을 수 있으며, 민간 복지기관은 재정적인 부담 절감, 다양한 복지서비스의 유기적 제공이 가능해졌다.

3. 사회문제에 대한 대처와 예방

도시화 및 산업화, 핵가족화, 저출산 · 고령화 사회 등 다양한 사회변화 속에 새로운 사회적 욕구가 생겨났으며, 동시에 다양한 사회문제도 증가하고 있다. 자원봉사활동은 이웃과 만나는 과정과 대화에서부터 출발하는데, 지역과의 만남을 통해 문제를 확인하고, 지역사회를 차츰 구체적으로 이해하게 되며, 나아가 지역주민과의 공동체 형성을 통해 지역사회의 직접적인 참여와 기여를 하게 된다. 이를 통해 사회문제에 대한 대처와 예방이 가능하다.

4. 개인의 성장 및 삶의 보람

자원봉사는 봉사를 받는 대상자뿐만 아니라 봉사자 자신에게도 영향을 끼친다. 봉사활동 그 자체로서 각 개인이 성장하는 데 중요한 매개체로 작용하기 때문이다. 자원봉사를 통하여 개인은 자신의 능력과 재능을 활용하고 향상될 수 있으며, 봉사활동 과정에서 인격 성숙을 도모하고 자신을 재발견하며, 나아가 유용한 사회적 기술을 습득하는 계기가 된다. 또한 현대사회는 노동시장의 단축과 일의 자동화로 인해 사람들이 여가시간을 가지게 되었고, 의미 있는 시간의 활용을 요구하게 되었다.

이러한 측면에서 봉사활동은 보람 있는 여가선용의 한 방안이며, 봉사활동을 통하여 그동안 경험하지 못한 상황과 다른 사람들의 생활을 경험해 보고, 새로운 환경을 접해봄으로써 자신을 돌아보고 삶의 보람을 얻을 수 있다.

5. 사회적 연대감 및 공동체 의식 강화

현대사회는 빠른 변화와 다양한 사회적 문제를 동시에 경험하고 있다. 이러한 문제들에 대응하기 위해 자원봉사자들의 역할은 매우 중요하다. 빈곤이나 노인 돌봄, 환경보호, 재난 대응 등 다양한 영역에서 자원봉사자들은 필수적인 인력으로 기능한다. 그들의 노력은 사회서비스의 범위를 넓히고, 공공 자원의 한계를 극복하는 데 도움을 준다.

이처럼 자원봉사는 다양한 배경과 계층의 사람들이 함께 모여 공통의 목표를 향해 노력하는 과정에서 사회적 연대감과 공동체 의식을 강화한다. 이는 특히 개인주의가 강조되는 현대사회에서 사람들 사이의 격차를 줄이고, 서로를 이해하고 공감하는 데 큰 역할을 한다. 자원봉사활동을 통해 사람들은 사회의 다른 구성원들과의 연결고리를 느끼고, 이는 결국 사회적 통합을 증진시키는 데 기여한다.

제3절 자원봉사의 철학적 배경과 가치

1. 자원봉사의 철학적 배경

인류의 역사를 통해서 볼 때 헌신과 봉사, 자선, 상부상조, 박애주의, 인도주의, 민주주의 철학의 개념은 자원봉사 동기의 주요한 범주가 되었다. 이들 동기에서 이루어진 자발적 행위들은 시간을 초월하여 윤리적 원칙들에 기반을 두고 진행되어 왔다. 그 구체적 내용은 다음과 같다.

1) 종교적 윤리

고대 유대교나 그것을 계승한 기독교의 '사랑', 불교의 '자비', 유교의 '인' 등 모두 불행한 이웃이나 사회구성원에 대한 원조와 봉사를 강조하는 계명들을 남고 있다. 즉, 종교적 윤리에서 그 배경을 찾아볼 수 있다. 이는 자비롭게 베푸는 행위로서 소외된 이웃들의 당면한 욕구에 대응하여 주고 베푸는 이기적이지 않고 직접적인 도움의 행위로서 새로운 공동체적 삶으로서의 구현을 의미한다.

2) 민주주의 철학

민주주의와 자원봉사는 서로 어떻게 연관되어 있을까? 둘 다 개인의 참여와 협력을 중시하며, 사회적 발전을 위해 노력하는 가치를 공유한다. 민주주의는 다수결에 따라 의사결정을 내리는 제도를 말하며, 이를 위해 국민들의 참여와 투표가 필요하다. 반면 자원봉사는 이러한 참여의 한 형태로서 사회문제 해결과 발전에 기여한다.

또한 자원봉사는 민주주의 사회의 핵심 가치인 다양성과 포용성을 실현하는 데 중요한 역할을 한다. 자원봉사는 모든 사람이 참여할 수 있는 기회를 제공하며, 다양한 배경과 경험을 가진 사람들이 함께 봉사하는 공간을 제공한다. 이를 통해 사회적으로 취약한 계층도 포함된 민주주의 사회의 구현이 가능해진다. 이처럼 민주주의와 자원봉사는 개인의 자유와 책임, 공동체의 이익을 중시하며, 미래 세대를 위한 지속 가능한 발전을 추구한다.

3) 박애정신

박애정신 또는 박애사업은 비종교적인 동기, 즉 19세기에 개화된 인도주의적인 도덕과 윤리에 기초하여 생활 빈곤자를 원조하는 민간적 활동이라고 정의할 수 있다.

박애는 인간이 가질 수 있는 가장 넓은 의미의 공통 감정으로, 인간이 겪고 있는 모든 현실에서의 차별, 즉 인종, 종교, 신분, 풍습, 이해관계 등의 차별을 초월하고 인간 존엄성을 기초로 하여 근심, 불행, 괴로움 등을 함께 나누려는 마음을 가지고 자원봉사를 하는 것을 말한다.

4) 상호부조 정신

상호부조제도는 사회복지의 발생 이전 빈곤의 문제에 대응했던 가장 원초적인 제도로서 중세 유럽의 길드나 기독교 사회에서 널리 보급된 제도이다.

이러한 상호부조는 인간에게 있어 가장 오래되고 보편적인 이웃 간의 비공식적인 보살핌과 유사한 사람들끼리 서로 도우며 공동체 문제를 해결하고 복지를 향상시키는 활동으로, 공동체의식이나 연대 의식의 바탕에서 이루어진다. 우리나라는 홍익인간(弘益人間)의 사상에서 그 근원을 찾을 수 있다.

5) 시민참여의 정신

시민참여의 의미는 정책이나 행정 과정에 일반 시민이 참여해 정책 결정 등에 영향을 미치는 것을 말한다. 시민참여는 현대사회에서 참여민주주의의 강조와 더불어 확대되고 있다. 시민참여는 정부의 정책 결정과 집행에 시민이 직접 참여해 영향을 미치고, 행정의 일탈행동을 감시할 뿐만 아니라 행정에 대한 시민의 지지를 확산하는 데 그 제도적 의의가 있다.

오늘날의 자원봉사에서는 시민들의 적극적인 참여가 특징적이다. 많은 사회조직들이 시민들에게 그들이 바라는 사회상을 실현하기 위해 기여할 수 있는 기회를 제공하고 있다. 그 방법으로 사회행동과 캠페인을 선택하기도 한다. 잘 알려진 사례로는 그린피스(Greenpeace)와 국제사면위원회(Amnesty International, 국제앰네스티) 등이 있다.

사람들은 이와 같은 조직들이 표방한 목표에 공감하기 때문에 동참하며, 기부를 통해서, 혹은 자원봉사자로 참여함으로써 그 목표 실현을 위해 일조하고자 한다.

6) 자발적 참여주의

자발적 참여주의는 자유의지 또는 선택에 의해 어떤 행위를 하는 것을 말하며, 지성이 아닌 의지를 존재의 근본원리 또는 실체라고 보는 관점이다.

자원봉사활동의 주축이 되는 볼런티어리즘(volunteerism)은 자유의지를 뜻하는 라틴어에 어원상의 기원을 두고 있으며, 철학적으로는 인간의 의지가 지식이나 이성보다 우선한다는 사상에 기초하고 있다.

2. 자원봉사의 가치

우리나라에서 자원봉사가 무엇인지 물으면 여전히 남을 돕는 일이라고 대답하는 사람들이 많다. 자원봉사에 대해 어려운 사람들을 시혜의 대상으로 여기고 단순히 선행을 베푸는 복지의 개념으로만 이해하는 경향이 많기 때문이다. 이는 자원봉사의 의미와 가치를 매우 좁게 이해한 것이며, 시민의 책임이라는 인식 아래 우리 사회의 각종 문제를 해결하고, 시민사회 성숙을 위한 중요한 가치로서의 인식 전환이 필요한 이유이다.

조사에 따르면 금전적 가치보다 자원봉사의 가치가 높게 나타나고 있는데, 국제노동기구(ILO)에 따르면 자원봉사자의 시간 기여 가치는 기부에 의한 금전적 가치보다 높은 것으로 추산된다.

자원봉사활동이 개인 및 국가, 사회에 유용한 활동이라는 것이 널리 인식되어 왔지만, 최근 들어 보다 경험적 토대에서 자원봉사활동이 갖는 가치들이 구체적으로 제시되고 있다. 이를 개인적 가치, 사회적 가치, 경제적 가치, 교육적 가치로 구분하여 정리하면 다음과 같다.

1) 개인적 가치

개인적으로 자원봉사는 자기 계발과 성장을 촉진한다. 자원봉사활동을 통해 다양한 경험을 쌓고 새로운 기술과 지식을 습득할 수 있다. 이러한 경험은 개인의 자아실현과 자기 효능감을 높이는 데 기여한다. 또한 자원봉사는 개인에게 사회적 책임감을 형성하게 하며, 타인과의 관계에서 공감과 배려의 가치를 배우게 한다. 이러한 경험은 개인의 정신적 만족과 행복감을 증진시키는 데 중요한 역할을 한다.

2) 사회적 가치

자원봉사는 지역사회 발전에 중요한 역할을 한다. 예를 들어 환경정화 활동, 복지서비스 제공, 지역축제 지원 등 다양한 자원봉사활동은 지역사회의 문제를 해결하고 발전을 도모하는 데 기여한다. 자원봉사자들은 지역주민들과의 소통을 통해 사회적 유대를 강화하고, 공동체 의식을 높이는 데 도움을 준다. 또한 자원봉사는 사회적 약자를 돕고 사회적 불평등을 완화하는 데 중요한 역할을 한다.

3) 경제적 가치

자원봉사는 경제적 비용 절감에 기여한다. 많은 공공서비스와 사회적 지원이 자원봉사자들의 참여로 인해 비용을 절감할 수 있다. 예를 들어 비영리단체나 공공기관에서 자원봉사자들이 제공하는 서비스는 인건비를 절감하면서도 질 높은 서비스를 제공할 수 있게 한다. 또한 자원봉사는 노동시장을 보완하는 역할을 하며, 실업자나 취업 준비생들에게는 경력을 쌓을 수 있는 기회를 제공하기도 한다.

4) 교육적 가치

자원봉사는 교육적 가치도 지니고 있다. 청소년들이 자원봉사활동에 참여하면서 인성 교육과 리더십을 함양할 수 있다. 이는 학교 교육에서 배우기 어려운 중요한 삶의 가치를 습득하는 기회가 된다. 또한 성인들에게는 평생학습의 기회를 제공하며, 새로운 분야에 대한 지식과 기술을 습득할 수 있는 장을 마련해 준다.

자원봉사란

① 라틴어(Voluntas)에서 유래(의미: 자발적, 자주적 · 임의적 자유의지)

② 한자로는 '자기 스스로[自] 원하여서[願] 받들고[奉] 섬긴다[仕]'는 뜻

③ 자원봉사는 사회 또는 공공의 이익을 위한 일을 자기 의지로 행하는 것

④ 과거 '가진 자가 일방적으로 베푸는 자선활동'

⑤ 현대 '시민의 기본적 의무이자 사회적 책임으로 변화(상호호혜적 개념)'

⑥ 'Volunteer(자원봉사자)'란 활동을 실천하는 사람

자원봉사활동이란

'개인 또는 단체가 지역사회 · 국가 및 인류사회를 위하여 대가 없이 자발적으로 시간과 노력을 제공하는 행위'로 정의(「자원봉사활동 기본법」 제3조)

자원봉사를 바라보는 현대적 관점

① 자원봉사활동 '제4의 물결'

② 베버리지(Beveridge): '좋은 사회를 만드는 것은 정부에 의하여 이룩되는 것이 아니라 좋은 시민들에 의하여 이룩되는 것'

③ 피터 드러커(P. F. Drucker): '21세기에는 자원봉사활동이 최고는 아니지만 인류의 가장 중요한 사회활동의 하나가 될 것'

자원봉사의 필요성

① 대인서비스의 욕구 증대

② 공적, 제도적 서비스의 한계

③ 사회복지 전문 인력의 부족

④ 사회문제에 대한 대처와 예방

⑤ 여가의 증대(개인의 성장 및 삶의 보람)

⑥ 지역사회와 지역의식에 대한 관심의 고조

⑦ 새로운 복지이념의 대두와 시설의 사회화

자원봉사활동의 특성

① 자발성: 자기 의지로 판단, 주체적 활동
② 무보수성: 대가나 돈을 목적으로 하지 않음
③ 공익성: 공동체의 일원으로 사회적 기능을 수행하는 활동
④ 지속성: 정기적으로 봉사활동에 참여
⑤ 이 외 자아실현성, 조직성, 교육성, 민주성, 개척성 등

자원봉사활동의 가치

① 개인적 가치: 자기계발과 성장 촉진
② 사회적 가치: 지역사회발전에 중요한 역할
③ 경제적 가치: 경제적 비용 절감에 기여
④ 교육적 가치: 인성교육 및 리더십 함양

사회복지와 자원봉사활동의 관계

① 공 · 민간의 역할분담: 국가책임, 파트너십 필요
② 공적 사회복지의 보완책으로 사회복지 관련 사무 보조 및 직접서비스
③ 사회복지사와 자원봉사자의 관계: 협력적, 보완적 파트너이자 협력자

자원봉사 관련법 용어 해설

법령 제정 해설

① 법 – 국회의 의결 후 대통령이 제정
② 대통령령(시행령) – 국회의 의결 없이 대통령이 제정
③ 시행규칙 – 국회의 의결 없이 총리나 장관이 제정

> ① 「자원봉사활동 기본법」은 시행규칙이 없다.
> ② 법에 따라서는 시행규칙이 없는 경우도 있다.

시행령 · 시행일

① 시행령 – 대통령령이라고도 하고 법 시행에 있어서 구체적 시행 세칙
② 시행일 – 제정 및 개정된 법을 모든 국민이 준수할 의무가 시작되는 날

CHAPTER

02

외국 자원봉사의 역사

CHAPTER

02 외국 자원봉사의 역사

초기 기독교 사회에서는 사랑과 자선을 강조하였다. 자선이라는 뜻의 영어 단어인 "charity"는 "그리스도의 사랑"이라는 뜻으로, 사랑과 자선의 박애주의 정신은 로마제국의 기독교 공인으로 전 세계에 전파되었다.

자원봉사의 역사적 기원은 대개 중세시대로 볼 수 있는데, 당시 노예나 나병 환자 또는 도움을 절실히 필요로 하는 사람들에게 그들의 고통을 해결해 주고자 하는 동기에서 봉사활동을 시작했던 아씨시의 성 프란치스코(St. Fransis Acceici)를 그 시조로 보고 있다.

또한 약 500년 전, 성 베네딕토(St. Benedict)가 부유한 계층의 젊은이들을 동원하여 저개발지역인 북부 여러 지방으로 봉사활동을 했다는 기록도 있다. 이처럼 자원봉사의 기원은 중세시대 가톨릭교회의 활동에서 그 기원을 찾을 수 있다.

제1절 영국

1. 자원봉사활동의 발전과정

영국은 산업혁명 이후 대량 빈곤층의 출현과 빈부의 격차가 심화되면서 19세기 후반에는 빈곤의 책임에 대하여 개인 책임보다는 사회적 책임을 강조하였고, 이와 같은 빈곤문제의 해결을 위하여 다양한 자선활동이 교구를 중심으로 전개되었으나 조직적인 활동을 벌이지 못한 결과로, 무질서와 비능률의 문제를 제기하였다.

이에 사회봉사활동의 운영 문제를 해결하기 위하여 1870년대에 이르러 자선활동의 조직화와 조직적인 사회봉사활동을 벌이기 위해 자선조직협회(COS)와 인보관운동이 전개되었다.

19세기 산업혁명 이후에 나타난 사회개량주의는 그 실천의 하나로서 인보사업활동을 전개하게 되었고, 오늘날의 지역복지센터로 발전하게 되었다. 런던시에 결성된 자선조직협회(COS)는 런던시를 지구(地區)로 나눠 구빈위원회를 두고 우호방문을 시작하였다.

자원봉사활동이 사회문제를 근본적으로 해결할 수는 없었지만, 오늘날 영국의 사회복지제도와 사회적 자산은 자원봉사의 공로가 크게 작용하였다. 우애조합은 사회보험을 창안하였고, 자선조직협회(COS), 인보관운동은 사회복지의 과업이 성취되는데 많은 노력을 하였다.

제2차 세계대전 후 사회보험 및 정부의 사업과 모든 민간의 사회사업활동에 있어서 자원봉사의 경험을 존중하면서 그 속에서 국가가 져야 할 책임의 범위를 설정하고, 복지국가를 구상하게 만든 것이다. 자원봉사활동은 사회 발전의 원동력이 되었을 뿐만 아니라 그 유산을 계승함으로써 복지국가의 구상이 정착된 것이다.

오늘날 영국의 자원봉사활동은 그 사회환경의 변화에 의해 과거에 자원봉사활동의 초점이었던 빈민 문제 해결로부터 새로운 목적을 가진 조직이 만들어졌고, 기존의 조직도 그 역할을 시대에 맞게 바꾸어 가고 있다. 자원봉사조직이 20세기에 와서도 계속 증가하였고, 역할도 확대되고 있는 것이다.

자원봉사활동에 대한 정부의 지원도 적극적이어서 1972년 보건사회부에 자원봉사국이 설립되었고, 이어 1973년에는 자원봉사센터가 설립되었다. 자원봉사국은 관련 민간업체들 간의 조정, 정보 제공, 기관과 정부와의 협동, 자원봉사자 교육 및 훈련기관에 대한 재정지원을 하고 있다.

또한 전국에 산하 단체가 있는 자원봉사센터는 대부분이 정부(내무부) 지원을 받으며, 다양한 기능을 발휘하고 있다. 그 주요 기능으로는 조사활동을 들 수 있다. 또한 자원봉사활동을 개발하고, 홍보나 간행물 발행을 통하여 서비스를 통합화시키고, 자조집단 육성 등의 특별사업을 실시하고 있다.

1979년 집권한 보수당은 자원봉사활동이 가진 비의존성과 자조, 개인 책임 강조의 장점으로 인해 자원봉사활동을 적극적으로 강화하였고, 1980년대 정부는 자원봉사단체에 대한 면세와 비과세, 자원봉사활동 기부자에 대한 소득공제 등의 혜택을 마련했으나 별 효과가 없었다. 또한 이 시기에는 자원봉사기관들도 활동이 확대되고 새로운 기관들이 설립되었으며, 지방정부 보조금은 새로 시작하는 자원봉사조직이 좀 더 견고한 기반에 설립되도록 하는데 기여하였다.

1992년에 「자산법」 개정으로 세금공제 등 자원봉사활동 진흥을 위한 다양한 자원봉사활동의 활성화를 위한 내용이 포함되었고, 자원봉사 영역은 기업 및 청년들의 참여가 확대되기 시작하였다. 1998년 블레어 수상은 자원봉사 활성화를 위한 국가적 차원의 전략적 개입으로 전국의 민간단체들과 민·관 역할 분담을 약속하는 사회협약을 체결하였고, 이후 각 지자체에서도 비슷한 형식의 사회협약을 체결하였다. 이는 자원봉사 진흥의 기반을 조성하는 계기가 되었다.

산업혁명 이래로 영국의 자유주의 전통과 집회 결사권의 확립 이래 급속히 발달해 온 자원봉사 조직은 정부지원과 함께 회비와 자체 수익사업, 각종 기부금, 자선단체의 조성금 등을 기반으로 시대에 맞게 그 역할을 변화하고 있으며, 합병 또는 연락 조정, 국가나 지방정부의 파트너로서 협력을 발전시켜오고 있다.

특히 국가나 지방정부가 시행하는 사회복지서비스의 파트너로서 협력하는 경향은 영국 사회복지서비스의 특수성을 잘 말해주고 있다.

2. 자원봉사활동의 운영 및 현황

영국은 자원봉사를 시민성의 중요한 표현이며 민주주의에 근본적인 요소로 본다. 국가 차원에서 자원봉사를 특정하는 법률은 존재하지 않으나, 1997년 노동당 집권 이래 영국 정부는 자원봉사에 많은 관심을 기울여 왔고, 자원봉사 인프라 역시 활발하게 구축되어 왔다.

자원봉사를 담당하는 기구는 '시민사회청(Office for Civil Society)'으로 지역공동체가 스스로 문제를 해결하도록 훈련·개발 프로그램을 제공하거나 지역공동체 프로그램 사업비를 매칭 형식으로 지원하고, 심사에 기반하여 자원봉사센터의 지속 가능한 자립을 위해 역량 강화 프로그램도 제공하고 있다.

또한 UK자원봉사포럼이 인증하는 '자원봉사관리인증제도'(Investing in Volunteers)를 통해 비영리조직들의 자원봉사관리를 표준화하고, 질적 제고를 도모하고 있다. UK 기준의 많은 자원봉사 단체들이 자원봉사관리인증을 받았으며, 인증단체들은 작은 공동체 그룹에서부터 다양한 규모의 자원봉사자들이 활동하는 전국 수준의 큰 규모 비영리조직에 이르기까지 다양하다고 할 수 있다.

그리고 영국의 자원봉사자는 반드시 범죄기록조회를 거치게 되어 있으며, 어린이와 취약 성인을 대상으로 하는 일을 할 때 거쳐야 하는 단계이다. 자원봉사 모집기관은 자원봉사자들이 왜 조회과정을 거치는지, 그리고 이에 대한 독립적인 자문을 어디에서 받을 수 있는지를 신청 전 반드시 사전 고지해야 한다. 조회 서비스는 유료이나 자원봉사자에 대한 조회는 무료로 제공되고 있고, 봉사자 스스로 자신에 대해 조회하는 것은 불가능하다.

1) 추진체계

(1) 조직

전국민간기관협의회, 영국자원봉사, 자원봉사센터, 전국이나 지역별로 운영되고 있는 각종 자원봉사기관 등이 있다.

① 전국민간기관협의회(National Council for Voluntary Organization)

영국의 민간 사회활동의 유지와 증진을 위한 중심적 민간기관이다. 영국에서 활동 중인 자원봉사기관이나 단체들이 회원으로 구성되어 있으며, 회원기관의 상부기관이 아니라 협력, 지원, 옹호하는 관계이다.

② 영국 자원봉사(Volunteering England)

자원봉사센터와 네트워크를 구축하는 대표적인 자원봉사센터이다. 이것은 전국자원봉사사무국연맹, 전국자원봉사센터, 자원봉사활동을 위한 컨소시엄 등이 통합되었다가 2013년 전국민간기관협의회에 통합되었다.

③ 자원봉사센터(Volunteer Center)

지역자원봉사자의 모집, 교육 및 훈련, 봉사활동 등을 실시하는 최일선 기관이다. 이 센터들은 영국자원봉사에 회원이다. 그러나 일원화된 조직의 산하 기구가 아니고, 지역이나 사업 특성에 따라 독립적이고 자율성 있게 운영되고 있다.

(2) 재원

영국의 자원봉사기관과 자원봉사센터의 재원은 중앙 및 지방정부의 보조금, 정부사업의 지원금, 기부금, 회원의 회비, 상품 판매, 대여사업 및 투자수익금, 재단과 공동모금회로부터의 후원금 등으로 구성되어 있다.

2) 지원체계

(1) 관련법

관련법으로 「자선법」은 자원봉사 진흥의 근거가 되는 법으로 1960년에 제정되었다. 직접적인 자원봉사법은 아니지만 간접적인 근거가 되는 중요한 법으로 자원봉사단체는 이 법에 근거하여 사회적으로 인정되고 세금 감면 등을 받을 수 있다.

「지방정부사회서비스법」은 지방 차원에서 자원봉사활동을 지원하기 위한 법적 근거로 1970년에 제정되었다. 이 법에 의해 지방단위에 '종합적 사회서비스국'을 설치하고, 자원봉사활동을 포함한 모든 서비스에 대해 지원과 조정 역할을 하게 된다.

「인권법」은 자원봉사자들이 차별을 받지 않고 보험에 가입하도록 하는 법으로 1998년에 제정되었다.

「신상자료보호법」은 자원봉사자의 신상 자료가 본인의 동의 없이 활용되지 않도록 하는 법으로 1998년에 제정되었다.

(2) 지원조직

① 공적조직

지원조직으로는 중앙정부와 지방정부가 있으며, 중앙정부보다는 지방정부가 독자성을 가지고 자원봉사 진흥 등을 추진한다.

표 2-1 자원봉사활동의 지원조직

구분	내용
중앙정부	자원봉사활동에 대한 정책 마련, 자원봉사 부문에 대해 정부부서 간 조정 역할, 자원봉사단체에게 핵심적인 정부 시책에 대한 자문 제공 등
지방정부	사회서비스부에 자원봉사자나 민간기관과 협력하기 위해 민간서비스 연락관을 임명하여 배치

② 민간조직

사회복지협의회, 기업, 각종 재단 등을 말하며, 1990년 상공부장관이 고용자 자원봉사활동을 시작하면서부터 영국에서 기업이 자원봉사활동에 참여하게 되었다. 기업은 재정적 지원이나 활동 지원 등을 하고 있다.

③ 지원내용

지원내용으로는 지방정부를 중심으로 자원봉사활동에 대한 지원이 이루어지고 있으며, 지방정부와 지역의 민간단체 간의 계약에 의해 지원되며, 보조금, 특별보조금, 면세, 비과세 등의 혜택이 주어진다. 영국은 정부가 자원봉사활동에 보다 적극적으로 개입하고 있으나, 민간의 독립성과 자율성을 유지하면서도 지역사회의 당면문제를 해결하기 위해 자원봉사단체 및 센터들과 협약을 통해 지원하는 전략을 추진하고 있다.

제2절 미국

1. 자원봉사활동 발전과정

미국의 자원봉사는 1870년대에 버팔로(Buffalo)에서 자선조식협회(COS)가 조직된 것이 효시로 보고 있으며, 주로 민간부문에서 자원봉사활동을 전개해왔다. 그런데 1935년 「사회보장법」의 제정과 함께 미국의 사회봉사는 민간부문뿐만 아니라 공공부문의 봉사에도 발전하기 시작하였다.

민간부문의 자원봉사는 영국과 마찬가지로 기독교적 자선에 영향 받은 바 크다. 또한 단순한 개인적 차원의 봉사에서 단체적·조직적 봉사체계가 이루어지는 추세를 보여 활동이 조직화되는 단계로 넘어가게 되었다. YMCA, YWCA, 적십자, 평화봉사단 등이 대표적인 기관들이다.

미국이 전국적으로 자원봉사활동이 활발하게 된 것은 제2차 세계대전과 연관이 있다. 당시 자원봉사자들이 청소년, 부녀자, 노인, 장애인을 위해 복지활동을 했는데, 이 활동을 조성한 단체가 바로 지금의 공동모금(The United Way)의 전신이었다.

미국의 자원봉사활동은 크게 정부 지원과 민간 주관으로 나뉜다. 연방정부의 지원을 받는 것의 대표적인 것으로 평화봉사단이 있다. 이것은 해외의 오지

·벽지·미개발된 지역의 사회 개발을 위해 미국의 청년들을 동원하여 봉사토록 한 것이다. 또한 미국 내의 빈곤퇴치, 인간봉사 및 지역사회 개발을 위한 조직인 VISTA는 미국 인디언 지역, 대도시의 빈민가, 산악지대 등 미개발 지역에서 활동하고 있다.

미국에서는 남북전쟁 이후 1930년대에 이르기까지 각종 민간보건 및 사회단체들의 소집단활동이 있어 왔다. 1926년 세워진 자원봉사사사무국은 수요측을 조사하고, 모든 시민을 계층에 상관없이 모집·훈련해서 배치하고, 각 분야에 따른 자원봉사자의 업무에 대해 검토하기 시작하였다. 그전까지의 부유한 사람만이 자원봉사자가 된다는 경향이 사라지게 되었고, 각지에 사무국이 설치되었다.

1945년에는 시민협력자문위원회가 세워져 자원봉사자사무국의 운영을 돕고, 자원봉사자를 모집·배치·지도하여 표창하는 등의 방법 개선에 주력하였으며, 봉사활동에 대한 제 원칙을 결정하고 기타 간행물을 발행하기도 하였다. 1950년에는 자원봉사자사무국협회가 조직되어 빈민단체의 기능 강화를 위해 활동해 왔으며, 또한 두 달에 한 번씩 간행물을 내기도 하였다. 이리하여 1940년, 50년대에 있어 자원봉사활동은 역사적인 자원봉사의 원천을 이루었다고 볼 수 있다.

1960년대는 국가개발과 직접 관련된 연방정부에 의한 봉사활동으로 역사상 새로운 변혁을 가져왔다. 즉 1961년에는 34대 대통령인 존 F. 케네디(J. F. Kennedy)가 국제평화에 공헌하기 위한 평화봉사단(Peace Corps)을 창설하여 여러 후진국의 경제나 사회개발을 도와주는 대규모의 조직적인 봉사활동을 시작하였고, 1963년에는 린든 B. 존슨(L. B. Johnson)대통령이 VISTA(Volunteer in Service to America)라는 봉사단체를 조직하여 빈부의 격차를 좁히는 봉사활동을 전개하였다.

VISTA는 50년대의 지속적인 고도 경제성장의 부산물로서 나타난 빈부의 격차 문제를 해결하기 위해 이에 관심이 있는 시민을 동원하고 훈련하여 그들의 열정과 잠재력을 빈민을 돕는 사업에 연결시키고 지원하는 인력관리기구이다. 이 기구의 특징은 주로 무급의 단기근무봉사원(part-time volunteer)과 1년간 최소한의 생활비를 받으며, 해당 지역에 주재하여 봉사하는 정규봉사원(full-time volunteer)을 병행하여 사용하고 있다.

또한 1967년에는 사회보장법(Social Security Act)으로부터 자원봉사활동에 대한 법적인 지위를 확보했으며, 그 후 1969년엔 행정부에 봉사활동부(Office of Voluntary Action)를 세웠는데, 여기서 자원봉사활동을 조장하기 위한 무정부 조직이 필요하다는 결론을 얻어 1970년 NCVA(National Center of Voluntary Action)를 창설하게 되었다.

NCVA는 1950년 자원봉사자사무국협회의 기능을 확대한 기구로 모든 사회문제가 자원봉사자에 의해 해결될 것을 강화하고, 회원단체의 사업을 도와주는 비영리조직으로서 1976년에는 사회, 인간, 환경문제에 있어 자원봉사자의 역할에 관한 조사와 자원봉사활동의 지도력이라는 책도 발행하는 등 많은 기능을 발휘하였다.

오늘날 미국의 자원봉사는 그 역할이 크게 두 가지로 구분된다. 지역 내 명사, 혹은 부유한 사람이 운영위원회의 구성원으로서 기관·시설의 사업방침을 세우거나 경제적 원조를 하는 관리직 자원봉사자가 있고, 구체적으로 봉사활동을 직접 행하는 서비스 자원봉사자가 있다.

정부지원기관으로는 전국시민참여센터(The National Center for Citizen Involvement), 비영리단체인 The United Way of America를 꼽을 수 있다. ACTION이라는 조직은 연방정부에서 지원하는 자원봉사 프로그램을 시행·조정·개발할 목적으로 1973년 국내 「자원봉사활동법」에 근거해 설립되었다. 기구로는 워싱턴에 중앙본부, 전국에 지역사무소가 있고, 연방정부와 지방정부 공동부담의 지원을 받는다. 전국시민참여센터는 시민참여의 촉진과 민간 자원봉사 프로그램에 대한 정보센터의 역할 수행을 위해 설립된 민간기관이다.

1990년대 들어와서는 미국 전국의 자원봉사센터에 기술적 원조를 하는 「촛불재단(Points of Light Foundation)」이라는 정부 지원의 자원봉사 전문기관이 설립되어 자원봉사의 전문화를 위해 노력하고 있다. 1993년에는 전국자원봉사지원법(National Service Trust Act)을 제정하여 자원봉사활동을 위한 별도의 전담기구(국립자원봉사협력기구)를 창설, 예산을 지원하였고, 부시 정부는 2001년 9·11테러 사건 이후 지역사회를 위해 봉사할 의미 있는 기회를 제공하고자 미국자유봉사단을 창안하였다. 공공서비스 분야에서 자원봉사기관의 활동이 활성화되고, 기업 및 개인, 그리고 민간 활동을 강조하였으며, 공공과 민간의 협력을 강화하였다.

2. 자원봉사활동의 운영 및 현황

미국은 고령자의 자원봉사 확대를 통해 사회통합을 위해 노력하고자 한다. 존 F. 케네디 대통령 재임 시절에 창안된 시니어 봉사단을 사회봉사 기회와 연계하고 있다. 시니어 봉사단은 현재 55세 이상인 사람들과 이들을 가장 필요로 하는 단체들을 연결해 준다.

자원봉사자들은 자신의 재능, 흥미 및 시간적 여력에 적합하게 기부할 수 있도록 지도와 훈련을 받고, 그들을 필요로 하는 사람들에게 멘토, 코치 및 동반자가 되거나, 지역사회 프로젝트와 단체에 자신의 직업적 능력과 전문지식을 기부할 수 있도록 도와준다.

위탁 조부모 프로그램은 1960년대에 시작되었다. 현재 미국 전역에 많은 고령자가 위탁 조부모로 활동하고 있다. 이 프로그램의 목적은 저소득 고령자들에게 특별하거나 예외적인 수요가 있는 아동들을 위해 활동할 수 있는 기회를 제공하는 데에 있다. 저소득 고령자의 경우 프로그램에 참여하면 '금전적 인센티브'를 받을 수 있다. 위탁 조부모는 학교, 병원, 소년원, 탁아소 등의 장소에서 주로 일한다. 아동들의 읽기 학습을 도와주고, 일대일 지도를 하거나 문제 청소년과 미혼모에게 멘토가 되거나, 조산아 또는 장애아를 돌보거나,

학대 또는 방임 피해 아동들을 도와준다.

전 퇴직 시니어 자원봉사자 프로그램은 미국에서 가장 큰 규모의 자원봉사자 네트워크 중 하나로서 미국 전역에서 55세 이상의 많은 자원봉사자가 지방 정부와 자원봉사단체가 후원하는 프로그램에 참여하고 있다. 동네 순찰프로그램 조직, 불우 또는 장애 청소년 학습지도 및 멘토링, 주택 개조, 이민자를 위한 영어지도, 자연재해 피해자 지원과 그 밖의 많은 활동이 이에 포함된다.

또한 시니어 자원봉사 프로그램인 RSVP 자원봉사자들은 자신의 활동 방법, 그리고 장소 및 횟수를 선택하며, 주당 활동 시간도 다양하다. 자원봉사자들은 사전에 오리엔테이션을 받고 자신이 활동할 자원봉사단체나 정부기관에서 훈련을 받으며, 활동 기간 중에는 의료보험이 적용된다. RSVP 자원봉사자는 금전적 인센티브를 받지 않지만, 후원단체에서 교통비와 같이 활동기간 중에 발생한 일부 비용을 지급할 수도 있다.

1) 추진체계

(1) 조직

촛불재단, 지역의 자원봉사센터, 전국자원봉사센터협의회, 자원봉사기관 등이 대표적 기관이다.

① 촛불재단

1990년 1세 부시 대통령 당시 에드워드 케네디 상원위원이 제출, 통과하여 국가 및 지역사회봉사법(National and Community Service Act)을 제정하고, 촛불재단(Points of Light Foundation)을 발족시켰다. 촛불재단은 미국 전역에 있는 민간봉사단체들을 회원단체로 하고, 운영 자문 등의 기능을 수행하는 대표적인 비영리 민간기구로서 봉사활동의 활성화에 크게 기여하고 있다.

2007년에는 촛불재단과 핸즈온네트워크(Hands-On Network)가 합병하여 명실공히 가장 큰 자원봉사관리와 시민참여조직을 갖춘 촛불재단이 만들어져, 미국 자원봉사 중심 조직으로 지역자원봉사센터를 지원하고 있다.

미국의 촛불재단은 우리나라 한국중앙자원봉사센터와 유사한 역할을 하고 있는 미국의 비영리 민간 기구이다. 촛불재단의 사명은 1991년 당시 '보다 많은 사람이 보다 효과적으로 심각한 사회문제 해결을 돕는 자원봉사서비스에 참여시키는 것'에 목적을 두어 지역자원봉사센터들과 전국적으로 네트워크를 형성하며, 점차 자원봉사활동을 위한 전국적 지도력과 자원을 갖춘 기관으로 성장하였다. 수많은 기업 파트너들, 민간단체들, 정부 그룹들과 전 세계에 걸쳐서 활동하고 있다.

② 기업자원봉사협회

촛불재단이 기업의 자원봉사활동을 지원하기 위해 만든 조직으로 기업자원봉사에 대한 교육, 훈련, 자원봉사 프로그램 등의 지원과 공동 프로젝트 등을 진행한다. 사업내용은 다음과 같다.

첫째, 지역 수준에서 적합한 프로그램을 개발하고 시행한다.
둘째, 자원봉사자를 모집 · 배치한다.
셋째, 자문과 훈련, 기술 등을 원조한다.
넷째, 자원봉사 참여 제고를 위한 인식 개선 활동 등을 전개한다.
다섯째, 자원봉사자들을 인정하고, 보상하는 다양한 프로그램을 개발한다.
여섯째, 자원봉사에 대한 정보를 제공한다.
일곱째, 자원봉사자 및 자원봉사활동에 대한 옹호 등을 수행한다.

(2) 재원

재원은 연방 또는 지방정부의 보조금, 회원들의 회비, 기부금, 정부와의 계약프로젝트 수입금, 각종 재단이나 공동모금에서의 후원금, 기업의 기부금, 자체 수익금 등으로 구성되어 있다.

촛불재단의 재원은 국가의 지원과 개인의 기부금으로 충당하고, 정부출연

기관으로부터 대폭적인 재정지원을 받아왔으며, 최근에는 기업의 기부도 활발하다. 자원봉사센터의 재원은 공동모금회로부터의 지원금, 촛불재단의 지원금, 연방정부와 지방자치단체의 보조금, 모금행사 수익금, 기부금, 사업 수입, 회원의 회비 등으로 충당한다.

2) 지원체계

(1) 관련법

「전국 및 지역사회봉사법(National and Community Service Act)」은 1990년 부시 정부에서 제정되었으며, 주정부에 대한 보조(학교의 자원봉사활동 프로그램, 청년대상 프로그램, 고령자 대상 프로그램 실시), 지역단체들에 대한 보조, 자원봉사활동 육성기금 보조에 대한 내용 등을 규정하고 있다.

「전국봉사지원법(National Service Trust Act)」은 1993년 클린턴 정부에서 제정되었으며, 기존의 ACTION과 전국 및 지역사회봉사위원회를 통합하여 국립자원봉사협력기구(Corporation for National Service)를 창설하였다.

「미국케네디봉사법(Edward M. Kennedy Serve America Act)」은 2009년 오바마 정부에서 제정되었으며, 국가에 대한 봉사를 강조하였고, 자원봉사를 증진하기 위한 지원을 제시하였다.

(2) 지원조직

미국은 자원봉사 진흥에 대한 정부의 강력한 의지가 있어 자원봉사활동을 공공 정책으로 다루고 있다. 또한 자원봉사활동이 민간에 의해 적극 발전될 수 있도록 지원·육성하고 있다. 연방정부 내 자원봉사만을 다루는 특별한 주무부처는 없지만, 각 관계부처들은 프로그램별로 민간의 자원봉사활동을 지원하고 있다. 연방정부 차원 국가봉사 프로그램 전담 기구로는 국립자원봉사협력기구가 있으며, 이는 미국봉사단, 전국노인봉사단 운영, 촛불재단 지원, 국가봉사 프로그램 개발과 모델 프로그램 등을 지원하고 있다.

(3) 지원내용

지원내용은 주 정부에서는 독립된 자원봉사국이나 주지사 관할하의 기구 등을 설치하여 자원봉사단체들을 서로 연결해 주고, 기업의 후원을 장려하는 등 보조적인 역할을 한다.

시 정부에서는 대부분 지역사회의 자원봉사활동에 간접적으로 개입하여 시 정부의 각 부처에서 자원봉사자를 활용하여 시민들을 위한 사업을 운영하고 있다.

미국정부는 민간단체들을 지원할 때 프로젝트계획서를 공개 입찰하고, 자금을 배분한다.

기업의 경우 재정적 지원은 물론, 직원들의 자원봉사활동을 증진시키는 다양한 프로그램을 병행하며, 기업 내 전담부서를 만들거나 휴가, 휴직제도 마련 등 다양한 형태의 자원봉사 프로그램을 지원하고 있다.

영국 자원봉사의 역사

① 노블리스 오블리주 영향으로 일찍부터 사회복지 존재

② 오늘날에도 영국 자원봉사 전통 강함

영국 자원봉사활동의 발전과정

① 구빈법시대의 자경단 봉사활동(스스로 마을을 지키는 시민조직)

② 1601년 「자선신탁법」 제정: 영국 최초의 자선봉사활동의 제도적 뿌리

③ 1869년 자선조직협회의 우애방문단을 통해 지역사회 실천활동 활성화

④ 1884년 인보관운동을 통해 현대적 의미의 자원봉사활동 확대 시작

⑤ 1948년 베버리지의 제3보고서 '자원봉사활동(Voluntary Action)'

⑥ 1960년 「자선법(Charity Act)」 제정: 자원봉사 진흥의 토대를 마련

⑦ 1970년 제정: 「지방정부사회복지서비스법」

⑧ 1968년 아베스(Aves) 보고서: 영국 자원봉사활동의 발전적 전환점 제공

⑨ 1998년의 밀레니엄 자원봉사단(MV): 정부 주도의 자원봉사 프로그램

영국 잉글랜드의 전국자원봉사단체협의회(NCVO)

자원봉사단체를 총괄하는 전국적 조직망

적십자사의 자원봉사활동

① 1859년 솔페리노전쟁: 이탈리아군이 오스트리아와 프랑스 연합군과 대결

② 알리 뒤낭은 적군과 아군의 부상자 모두를 간호: 지역 여성과 청소년 모집

③ 긴급구호 및 재해 자원봉사활동에 가장 선구적인 자원봉사조직

이민 국가인 미국

① 청교도 정신: 지역공동체 자원봉사 문화가 일찍부터 시작

② 오늘날도 자원봉사 참여 활발

미국 자원봉사활동의 발전과정

① 남북전쟁과 전쟁지원 봉사활동: 남성은 지원병, 여성은 물자보급 및 수집

② 1870년대 Buffalo에서 자선협회(COS)가 조직된 것이 효시

③ 1920~1930년대부터 지역사회에서 자원봉사센터(AVA) 등장

④ 1933년 연방정부에 의해 최초의 국가봉사 프로그램: 민간자원보존단(CCC)

⑤ 1961년 케네디 대통령: 평화봉사단(The Peace Corps) 창설

⑥ 1963년 존슨 대통령: 국내 빈곤문제 해결을 위해 VISTA를 창설

⑦ 1973년 국내 자원봉사활동법(Domestic Volunteer Service Act) 제정

⑧ 1990년 정부지원의 자원봉사 전문기관 설립: 「촛불재단」

⑨ 2001년 미국자유봉사단(USA Freedom Corps) 창단

자원봉사 관련법 용어 해설

사회복지사 결격사유

다음 어느 하나에 해당되면 사회복지사가 될 수 없다.

① 피성년후견인(금치산자)

② 금고 이상의 형을 선고받고 그 집행이 끝나지 아니한 자

③ 법원의 판결로 자격상실 및 정지된 자

④ 마약 · 대마초 또는 향정신성의약품 중독자

⑤ 전문의가 사회복지사로 부적합하다고 인정한 자

피성년후견인

① 피성년후견인이란 성년이 되었는데도 도움받아야 생활하는 사람

② 피성년후견인은 과거 **금치산자**제도와 유사하고 법으로 결정

③ 피성년후견인과의 계약은 무효

징역의 종류(금고 · 징역)

① 금고: 교도소에 구금되지만 노동을 하지 않는 실형(징역보다 가벼운 형벌)

② 징역: 교도소에 구금되고 노동을 하는 실형(금고보다 무거운 형벌)

CHAPTER

03

한국 자원봉사의 역사

CHAPTER

03 한국 자원봉사의 역사

제1절 자원봉사의 발전과정

우리나라의 자원봉사활동은 고래(古來)로부터 비롯되어 농촌 부락 단위로 공동경작, 공동적마에 참가하면서 자발적으로 상부상조하는 두레와 노동력 교환인 품앗이, 인보(隣保)상조의 정신을 기본으로 한 공동생활의 표현에서 출발하여 신라시대부터 성행된 공익적인 계(契)조직, 그리고 지역사회의 발전과 지역주민들의 순화(醇化)·덕화(德化)·교화(敎化)를 목적으로 하는 지식인들 간의 자치적 협동조직인 향약(鄕約) 등은 자원봉사활동의 초기 단계인 상부상조 활동이나 전통적 자선활동으로 이해할 수 있다.

또한 일제 치하의 구국운동으로 시작된 학생운동 내지 활동도 자기 자신보다는 국가를 구하겠다는 자기희생에 바탕을 두었기 때문에 자원봉사활동의 일면으로 볼 수 있다. 해방 이후에도 이러한 자원봉사활동은 대학생들이 중심이 되어서 방학을 이용하여 문맹 퇴치를 위한 야학, 농촌 일손 돕기, 질병 구제 등의 활동을 전개해 왔으며, 그 외에도 각종 사회나 기관에서 나름대로의 자원봉사활동을 전개해 왔다.

따라서 이러한 한국 자원봉사의 발전과정은 도입기(1903~1960년대), 전개기(1970~1980년대), 확립기(1990~2007년), 정체기(2008~2019년), 전환기(팬데믹 시기와 그 이후, 2020년~현재)로 구분해서 살펴볼 수 있다.

그러나 현대적 의미의 우리나라 자원봉사는 1986년 아시안게임과 1988년 서울올림픽 등에 자원봉사자가 참여하면서 시작되었다고 볼 수 있다. 이후 시민사회와 정부, 그리고 기업에서 자원봉사의 중요성을 인식하고 1990년대에 들어서 한국자원봉사협의회 등 민간 차원의 전문자원봉사기관, 기업자원봉사단 등이 설립되면서 자원봉사활동이 활성화되는 시기를 맞게 되었다. 1995년에는 중・고등학생의 자원봉사가 의무화되었고, 전국 시・군・구 지방자치단체 산하에 자원봉사센터를 설치하고, 2005년에 「자원봉사활동 기본법」이 제정되면서 본격적인 자원봉사제도가 정착되기 시작하였다.

1. 도입기(1903~1960년대)

현대적 의미의 한국 자원봉사 역사는 사회복지 역사와 비영리조직, 시민사회의 역사와 함께 시작되었다. 해외원조단체에 의해 제공되었던 다양한 복지서비스 전달과정에서 자원봉사활동은 필수 불가결한 요소였고, 종교적・자선적 성격을 가진 사회복지 자원봉사활동은 당시 부족했던 공적 복지서비스를 보완・대체하는 기능을 담당하였다. 경성고아원(1905), 경성보육원(1919)을 시작으로 아동보호 및 건강을 위한 자원봉사활동이 전개되었다.

아동 및 노인, 장애인복지시설에서 자원봉사자들은 식사준비와 배식봉사, 의복수선과 세탁물 봉사, 전염병 예방을 위한 위생봉사활동에 참여하였다. 그리고 태화기독교사회관(1921)에서는 여성계몽과 보건위생사업 등 여성지도자들의 봉사활동이 활발하게 이루어졌고, 특히 봉사자에 대한 모집, 교육, 동기부여 등의 과정을 담은 'volunteer'라는 용어가 처음으로 사용되었다.

그 이후 일제강점기의 자원봉사활동은 두 가지 형태로 나뉘는데, 하나는 조선총독부에서 설립한 인보관을 중심으로 한 관 주도의 교화사업의 형태였고, 다른 하나는 일제 식민지 시대의 구국운동으로 행해진 학생운동의 형태였다. 구국을 위한 학생운동은 광복 이후 사회 개량적 성격으로 전환되어 문맹퇴치를 위한 야학, 농촌봉사활동, 질병 구제 등의 사회봉사활동으로 전개되었다. 대한적십자사(1905년 설립, 1949년 발족)에서는 포로 수용자 지원과 의료보조 기관으로의 역할로 응급구호활동에 자원봉사자들의 참여가 두드러졌다. 그리고 일부 대학생들은 농민계몽운동과 농촌봉사활동, 야학에서 봉사활동에 참여하였다. 농촌계몽운동과 야학은 일제강점기에서는 일본의 감시대상이 되었고, 해방 이후에는 농활과 야학, 그리고 공단지역 내 야학으로 대상층이 변화해 갔다. 노동운동이 의식화 교육으로 인식되면서 군사정부의 감시대상이 되었다. 6·25전쟁 이후부터 1960년대 말까지 이어진 미국, 캐나다를 비롯한 선진국의 원조로 외국민간원조단체연합회(KAVA, Korea Association of Voluntary Agencies)에서는 전쟁복구사업을 위해 원조물자를 배분하면서 많은 자원봉사자를 활용하기 시작하였다.

2. 전개기(1970~1980년대)

이 시기에는 자원봉사 영역에서 크게 다섯 가지의 흐름이 부각되게 된다. 그 이유는 폐허가 된 한국의 성장과 인적자원 확보를 위해 집중되어 왔던 해외 중심의 복지지원체계가 자생적인 독립성을 갖춰야 하는 과정에서 자원봉사활동에 변화를 가져왔기 때문이다.

첫째, 중요한 특징은 주체적인 사회복지 자원봉사활동이 활발하게 전개되던 시기였다는 점이다. 1970년 이후부터는 외국원조단체의 지원이 사실상 종료되면서 사회복지시설 운영에 어려움이 처하게 된다. 본격적인 사회복지 자원봉사활동의 필요성이 커지게 되었으며, 자원봉사인력의 도움이 절실하게 되었다. 1978년 한국사회복지협의회에서는 9월에 시범사업으로 사회봉사안내소를 부설로 개소하였고, 10월에 제1회 자원봉사자 교육을 실시하면서 자원봉사자 모집 및 교육을 전국적으로 확립해 나갔다.

이 교육에서 '자원봉사자' 영어 발음을 한글로 표기할 때는 '볼런티어'로 사용하기로 결정하였고, 1979년 우리나라 최초로 『자원봉사의 이론과 실제』라는 자원봉사 교육교재가 발간되었다. 이 사회봉사안내소는 1980년대에 들어오면서 전국 15개의 광역자치단체에 설립되어 자원봉사자를 모집·교육·배치하는 사업이 전개되기 시작하였다. 이는 1996년부터 설립되기 시작한 자원봉사센터의 원조라 할 수 있다. 이와 더불어 다양한 각종 사회복지단체를 중심으로 자원봉사활동이 전개되었다.

둘째, 여성이라는 타이틀을 달고 자원봉사활동이 전개되기 시작했다. 1980년대 우리나라는 여성자원봉사활동에 대한 관심이 본격적으로 높아지기 시작하였다. 여성자원봉사활동 저변 확대에 기여한 단체는 1984년 한국여성정책연구원에 의하여 설립된 자원봉사인력은행(여성자원활동센터)이다.

여성자원활동가 교육과정을 개설·운영하여 여성들의 사회참여 활동을 권장했는데, 자원봉사자보다는 자원활동원 혹은 여성자원활동가라는 용어를 사용하였다. 이후 「여성발전기본법(양성평등기본법)」을 근간으로 여성들의 자원봉사활동에 관한 조사연구, 자원봉사활동 관련 자료와 교육 프로그램을 개발하여 관련 기관과 일선 활동자들을 지원하였다.

셋째, 새마을운동 등과 같은 관중심의 국민운동을 통한 자원봉사활동이 전개되었다. 새마을운동은 1970년대 근면·자조·협동의 기본정신을 필두로 국가발전을 위한 범국민적·범국가적 촉진 운동이었다. 처음에는 권위주의적 또는 행정적인 관 주도의 목표지향적인 기획과 실천을 우선한 명령 하달식으로 전개되었지만, 「새마을운동조직육성법」에 의하여 민간주도적인 새마을운동중앙협의회로 전환되면서 국민시민교육, 국제협력, 조사·연구사업, 인보사업, 사례발굴사업 등 다각적인 자원봉사활동이 시행되었다.

새마을조직은 중앙, 광역, 기초, 읍·면·동으로 이어지는 민간조직형태를 갖고 있어 지역주민과의 상호협동을 통해 자원봉사조직의 하나로 발전되어 갔다. 1988년 들어서면서 새마을운동은 자성적 평가와 자기갱생적 발전을 꾀하고자 하였고, 1989년 새마을운동센터를 만들어 도덕성 회복과 의식개혁을 내세웠으며, 다른 민간자원조직체와의 연계를 갖는 등 새로 태어나고자 하는 움직임을 보였다. 뿐만 아니라 이 시기에 자유총연맹, 바르게살기운동 등의 단체들도 지역사회를 위한 자원봉사활동을 주된 사업으로 하는 국민 운동적 성격을 갖고 활발하게 진행되었다.

이와 같은 국민 운동적 성격의 봉사활동은 지역주민들의 생산기반과 생활능력개발을 통한 소득증대와 의식계발, 사회개발, 복지서비스 전달 등에 중요한 역할을 담당하였을 뿐만 아니라 자원봉사 정신의 확산과 고취에 커다란 영향을 미쳤다.

관 주도형 봉사활동은 외국에서는 경험되지 못한 한국적 자원봉사활동의 중요한 특징 중 하나인데, 공공서비스의 부족성과 동원성, 그리고 국가행사 및 캠페인 이벤트성 봉사활동에 근간이 되었다. 관 주도형 봉사활동은 교육과 훈련 프로그램의 강화로 자원봉사자 및 자원봉사 지도자들의 소속감과 자긍심을 높였고, 중앙, 광역, 기초 등의 피라미드식 체계적인 조직구조를 갖춤으로써 일사불란한 자원봉사자들의 동원성 성격을 갖게 되었다.

넷째, 대한적십자사 봉사활동이 두드러지던 시기였다. 산발적으로 전개되었던 자원봉사활동은 인도주의와 자선을 기본정신으로 하는 조직으로 활성화되기 시작하였다. 1983년 남북이산가족찾기 행사에 참여하면서 국가적으로 알려지게 되었으며, 각종 재난·재해 시 현장에서 무료급식 및 적십자 응급키트 전달, 노력 봉사 등을 담당했다. 또한 난민들에 대한 보호와 급식 지원, 의료진료 등도 이루어졌다.

청소년 봉사활동(RCY)도 활발하게 전개되었는데, 특히 농어촌에서 도심으로 올라와 공장 등에서 낮에는 노동, 밤에는 공부하던 청소년들로 구성된 '근로 RCY'는 어려운 청소년이 더 어려운 이웃을 돕고 지역문제를 해결하는 세계적인 모델이 되기도 했다.

다섯째, 1985년에는 올림픽조직위원회에 의하여 자원봉사단이 구성되어 보다 조직적으로 자원봉사활동이 전개되었다. 1986년 아시아게임과 1988년

올림픽에서의 거국적인 자원봉사자 활용은 단순히 사회복지에 봉사 영역을 넘어 통역, 문화, 환경, 교통, 국제행사 등 다양한 영역에서의 자원봉사활동의 영역을 전국적으로 인식시키고 확립하는 데 크게 기여하였다.

서울올림픽 때는 '서울올림픽 자원봉사자'를 대거 모집하여 활용하면서 국민들에게 '자원봉사자'라는 용어를 널리 홍보하게 되었고, 자원봉사라는 용어가 범국민적으로 인식된 계기가 되었다.

3. 확립기(1990~2007년)

1990년에서 2007년의 약 20년간은 자원봉사활동이 제도화되고 매뉴얼화되며, 조직화되고 정책적인 노력이 돋보인 시기였다. 여기서도 몇 가지의 특징이 강조되고 있다.

첫째, 사회복지자원봉사활동이 더욱 고도화되고 확립되게 되었다는 것이다. 1994년에는 사회복지협의회의 사회봉사안내소가 사회복지자원봉사안내센터로 더 위상이 강화되면서 자원봉사 관련 전산정보체계 구축, 자원봉사자활동지도자 교육, 자원봉사활동 조사연구와 교재 발간, 홍보, 정책 건의를 목적으로 하는 사회복지협의회 부설 사회복지자원봉사안내센터로 변경되었고, 사회공헌센터를 설립하여 기업자원봉사활동 및 사회공헌활동을 지원하였다.

둘째, 민간자원봉사조직의 조직화가 확립된 시기였다. 우선 1994년 한국자원봉사단체협의회 창립총회가 구성되며, 민간자원봉사단체를 아우르는 민간자원봉사 인프라를 구축하게 되었다. 36개 자원봉사단체가 회원단체로 참여하였고, 세계자원봉사자의 날 행사 등 사업계획 수립 등을 추진하였다. 1995년 사단법인 설립허가를 받았고, 2002년 제17차 IAVE 세계자원봉사대회를 서울에서 개최하는 중요한 역할을 하였다.

이후 2003년에는 자원봉사계의 양대 산맥이었던 한국자원봉사단체협의회와 한국자원봉사센터협의회가 합의, 확대 개편된 새로운 전국기구로 한국자원봉사협의회가 탄생하였다. 특히 한국자원봉사단체협의회는 시민사회의 성숙과 공동체 문화를 형성해 가는 자원봉사가 되도록 리더십 함양을 위한 '볼런티어 리더십 아카데미'를 설립하는 데 주도적인 역할을 하였다.

그리고 대표적인 민간정책기구로 한국자원봉사포럼이 창립되었다. 1995년 학계, 정부, 기업, 사회복지관 등 각계 자원봉사 전문가들이 모여 한국자원봉사포럼을 구성하였다. 한국자원봉사포럼에서는 자원봉사 지원을 위한 법, 중앙정부와 지방정부의 역할 및 선진국의 제도, 청소년자원봉사센터의 설립과 기능 강화, 정부와 민간부문의 자원봉사 정책, 프로그램 개발 등에 연구, 자문, 교육 등에 적극적으로 참여함으로써 한국의 자원봉사 발전의 선구자적 역할을 하였다.

특히 시민자원봉사헌장을 선포하여 빈부격차, 노인 및 청소년문제, 실업문제 등 우리 사회의 전반에 걸친 다양한 문제들을 해결하는 민간자원의 중요한 역할로써 자원봉사의 의의를 강조하였고, 성숙된 시민사회를 가져오게 하며 자아 성장의 원동력으로 자원봉사의 의미를 확대하였다. 그리고 정부와의 거버넌스 조직이라고 할 수 있는 한국자원봉사센터협의회 설립으로 자원봉사센터들의 연합체 활동이 활성화되기 시작했다. 한국자원봉사센터협의회는 한국자원봉사센터중앙회, 전국자원봉사센터중앙회, 한국자원봉사센터협회로 명칭이 변경되었다.

셋째, 이 시기의 중요한 특징은 학생자원봉사활동이 확립된 시기라고 할 수 있다. 1995년 5.31 교육개혁에 따라 내신이라 불리던 학교성적란에 있던 간단한 인성평가가 종합생활기록부로 대체되게 되었다. 이것이 2000년대부터는 교육행정정보시스템(나이스, NEIS: National Education Information System)으로 정착되게 되었다.

이 봉사활동 정보는 상급학교 진학 및 취업에도 필요한 서류가 되었다. 초・중・고등학교의 종합생활기록부에 사회봉사활동 시간에 대한 의무적인 기록을 계기로 청소년 자원봉사활동이 활발해졌고, 봉사활동시간 기록 및 대학교의 봉사활동 점수화 등이 제도화되면서 학습형 사회복지서비스 영역도 활발해졌다.

넷째, 이 시기에는 대학봉사활동이 확립된 시기이기도 했다. 대학 내에도 사회봉사단의 구성으로 대학생들의 봉사활동 참여를 학점화하는 추세가 이어졌다. 1995년 1학기에 한양대가 최초로 '사회봉사' 과목(한양대 사회봉사단, 2005)을 개설했다.

그 이후 대학평가에서 대학의 사회봉사가 평가항목에 들어가면서 대학 내 교양학부에서 사회봉사 학점이 확대되기 시작했다. 대학의 사회복지학과에서도 '자원봉사론'이라는 과목을 개설하는 등 사회복지사의 자원봉사관리에 대한 체계적 접근과 방법에 대한 논의가 활발하게 이루어졌다. 한국대학교육협의회 산하에 대학사회봉사협의회를 창립하여 대학생 사회봉사활동의 육성발전, 대학 교육과정과 봉사활동 연계방안 연구개발, 대학의 사회봉사활동에 대한 연수지원, 국내외 사회봉사 관련 기관과 교류 및 제휴, 대학생 사회봉사 프로그램의 개발 보급, 대학 사회봉사 우수 프로그램 시상 등을 주요 사업으로 채택함으로써 대학사회 전반에 걸쳐 사회봉사활동의 근간을 마련하게 되었다.

다섯째, 이 시기에는 기업들의 사회공헌활동이 활발하게 전개되기 시작한 시기였다. 사회적 책임과 책임경영의 일환으로 기업 차원의 사회봉사단을 결성하기도 하였으며, 이후 기업복지재단을 창설하게 되었다. 이 사회공헌활동은 기업체의 자금이 소요되기도 했으나 다수의 임직원들이 직접 봉사활동에 참여하면서 기업의 자원봉사활동이 매우 활발히 전개되었다.

기업에서는 신입사원 채용과 직원 승진 고가에 자원봉사 실적을 반영하기 시작하였고, 봉사활동이 직장 내의 중요한 역동이 되는 데 큰 효과를 가져왔다. 한국사회복지협의회에서는 기업들의 사회공헌사업들을 지원하고 정보를 공유하기 위하여 사회공헌센터를 개소하였으며, 기업들의 사회공헌 분야 및 활동 현황 정보를 제공함과 동시에 제안 및 나눔의 장을 열어줌으로써 사회공헌의 올바른 분위기를 조성하고 나눔의 문화를 형성하는 데 기여하였다.

여섯째, 이 시기에는 국가적 차원에서 자원봉사의 법제화와 행정적 지원체계가 확립된 시기였다. 「자원봉사활동 기본법」 제정 및 자원봉사에 대한 행정지원 체계가 구축되었다. 1995년부터 행정안전부 시민협력과에서는 자원봉사활동 관련 업무(자원봉사센터업무)를 총괄·관리하게 되었고, 1997년 이후부터 지방자치 단체마다 지역자원봉사센터를 조직하고 자원봉사활동을 지원하게 되었다.

민간영역의 자원봉사활동을 지원하고 활성화하기 위한 정부의 노력을 체계화하기 위한 「자원봉사법」 제정을 위한 노력도 활발하게 전개되었다. 긴 노력 끝에 2005년 6월 29일 「자원봉사활동 기본법」이 만장일치로 국회 본회의를 통과했다.

「자원봉사활동 기본법」은 2005년 8월 4일 법률 제7669호로 공포되었으며, 2006년 2월 4일 동법 시행령이 공포되었다. 「자원봉사활동 기본법」이 국회를 통과함에 따라 자원봉사자의 권익보호와 자원봉사센터 및 단체 육성의 기초가 확립되었고, 사회복지 영역의 봉사활동뿐만 아니라 재난·재해, 환경, 문화, 안전, 사회적경제 등 사회 제반 분야에서 봉사활동의 중요성을 인식하는 계기를 마련하였다.

일곱째, 2002 한일월드컵이 자원봉사 영역을 확대하는 데 크게 기여한 계기를 마련한 시기였다. 2002년 월드컵축구대회를 성공적인 문화 월드컵으로 치른다는 목표 아래 각 개최 도시마다 대규모 자원봉사단을 모집하였다.

특히 서울시 새서울자원봉사센터에서는 54,000여 명의 봉사자를 모집하여 자원봉사자 프로그램 개발과 모집, 교육 등의 사업을 실시하였고, 유관기관 및 단체 등과 네트워크를 구축하였다.

자원봉사자들은 경기장 밖의 교통, 환경, 통역, 질서, 문화행사 등에 다양한 봉사활동으로 참여하였고, 자원봉사활동을 촉진하기 위해 봉사자들에게 명예직명을 부여했으며, 활동 시간별 인증배지와 감사기념패, 활동복, 활동 실비(식비, 교통비) 등을 제공하였다. 월드컵 자원봉사는 한국의 자원봉사자를 세계에 알리는 계기가 되었으며, 자원봉사자에 대한 자긍심 고취와 사회적 인정을 형성하는 데 크게 기여하였다.

여덟째, 언론사의 자원봉사활동에 대한 대대적 지원이 있었던 시기이기도 했다. 여러 언론에서 대대적인 자원봉사 캠페인으로 자원봉사자들의 밝고 따뜻한 이야기들을 찾아 지면에 소개하고, 자원봉사대축제를 통해 봉사활동 미담 사례들을 발굴하는 활동을 실시하였다.

또한 공명선거 자원봉사자들을 모집하고 동참하게 하여 정치 선진화의 디딤돌을 깔았다. 시민사회에서도 '노블레스 오블리주 운동'을 통해 민간 자원봉사계에서 시도한 사회지도층의 나눔과 봉사 실천을 강조하게 되었다. 한국의 재능 나눔이 범국민적 운동으로 번져나가기 시작했다. 이와 같이 자원봉사활동에 있어 대중매체의 적극적 참여는 자원봉사활동의 저변 확대에 크게 공헌했다고 볼 수 있다.

아홉째, 이 시기는 한국의 자원봉사활동이 국제적으로도 널리 알려지는 기회가 되는 시기였다. 자원봉사자의 기여를 촉진시키고 그들의 성과를 인정하기 위해 국제자원봉사협의회(IAVE)는 UN이 정한 세계자원봉사자의 해(IYV: International Year of Volunteers)를 기념하는 행사를 2001년 서울에서 개최하였다.

각 나라의 특정한 문제와 욕구해결에 보다 많은 사람이 참여하고 보다 효율적인 자원봉사활동을 전개하기 위하여 각 나라는 국가위원회를 구성하고 자원봉사자에 대한 인정, 봉사활동의 촉진, 다양한 봉사활동주체들과의 연대와 협력, 그리고 사회적으로 자원봉사활동을 지지하는 분위기 진흥을 천명하였다.

열째, 자원봉사에 대한 학문적 연구 활동이 활발하게 전개되었던 시기였다. 강남대학교 사회사업학과에 '자원복지의 이론과 실제'라는 과목이 개설되었고, 이후 다수의 대학 및 전문대학의 사회복지학과에서 '자원봉사론'이라는 이름으로 과목이 개설되기 시작하였다.

한국사회복지교육협의회에서는 자원봉사론 교과목을 사회복지사 자격이수 선택과목으로 선정하였다. 또한 자원봉사 관련 석·박사 논문들이 다수 등장하면서 '한국자원봉사학회'가 설립되었다. 한국자원봉사학회는 정기적인 학술 세미나 개최 및 학술지 발간을 수행함으로써 자원봉사의 학문적 위상 강화에도 크게 기여하였다.

열하나째, 이 시기에는 정부의 각 부처별로 독자적인 자원봉사조직이 결성되고 자원봉사활동관리 전산 프로그램을 개발 및 구축하게 되었다. 행정안전부에서는 1365자원봉사포털을, 보건복지부에서는 VMS를, 여성가족부에서는 청소년봉사활동관리를 위한 DOVOL을, 문화체육관광부에서는 LVMS를, 교육부에서는 NEIS 등을 통해 봉사자들의 봉사실적을 관리하게 되었다. 봉사시간 및 활동실적은 인적사항만 있으면 인터넷을 통해 발급받게 되었으나 개인정보 유출이나 실적 부풀리기 등의 문제들이 나타나게 되었다.

4. 정체기(2008~2019년)

정체기는 자원봉사자의 활동자 수 및 일감 수 등이 확대되지 않고 유지되는 상태로 이어지고 있는 시기를 의미한다. 이 시기의 특징으로는 다음과 같다.

첫째, 자원봉사자의 활동인구 및 봉사활동의 정체 시기라고 볼 수 있다. 고령화 및 경제침체로 일자리 및 사회서비스사업과 관련된 다양한 활동들이 확대되고, 그동안 사회서비스 영역에서 주로 활동하던 자원봉사자들이 일자리 영역으로 넘어가면서 자원봉사자 참여율은 정체되는 상황이 놓이게 되었다.

또한 행사 위주의 봉사활동 및 시간누적형 봉사활동에만 봉사자들이 집중되면서 자원봉사계는 여러 가지로 답보상태의 상황을 맞이하게 되었다. 특히 마을 만들기나 사회적경제 등과 같은 시민참여형 봉사활동이 늘어나면서 봉사활동과 시민참여활동 간의 개념 모호성이 발생하게 되었다.

둘째, 관 주도형 한국중앙자원봉사센터의 설치로 관변화의 성격을 갖게 되었다. 한국중앙자원봉사센터는 자원봉사센터들의 전문성 보완과 센터 운영의 활성화 등을 뒷받침하기 위하여 행정안전부에서 2010년에 설립한 조직이다.

전국 차원의 자원봉사 활성화 및 전국 246개 자원봉사센터와의 네트워크 구축 등의 허브 역할을 수행하며, 민 · 관 파트너십을 추진하기 위하여 설립되었다. 설립 초기에는 한국자원봉사센터협회와 한국자원봉사협의회가 행정안전부로부터 위탁받아 공동으로 운영하였으나 행정안전부에서는 한국중앙자원봉사센터를 2020년 1월 재단법인으로 출범시켰다. 행정안전부 주도의 한국중앙자원봉사센터가 설치되면서 관 주도형 자원봉사센터라는 우려와 기대가 함께 공존하게 되었고, 중앙자원봉사센터의 기능이 실제로 「자원봉사활동 기본법」 제17조에 있는 한국자원봉사협의회의 기능과 중복되면서 법적 논란도 함께 갖게 되었다.

셋째, 자원봉사진흥을 위한 '국가기본계획'이 5년마다 수립되게 되었다. 이 진흥계획은 자원봉사관련 각 부처별 봉사정책을 집합시켜 정리하였고, 특히 행정안전부에서 추진하고자 하는 정책들을 제시하였다. 하지만 기본계획에 대한 집행과정의 평가가 부실한 채 수립되는 계획이어서 현실성이 다소 떨어진다는 평가를 받고 있으며, 자원봉사의 중요 핵심인 민간 중심의 거버넌스 영역을 포함하지 않고 있다는 지적을 받게 되었다.

넷째, 국회자원봉사포럼이 창립되면서 정치권에서도 자원봉사와 사회공헌에 많은 관심을 갖게 되었다. 2016년 11월, 여야 국회의원 22명이 중심이 되어 국회자원봉사포럼이 창립되었다. 국회자원봉사포럼은 자원봉사문화 확산을 통한 지역사회 발전 및 새로운 공동체 문화를 조성하고자 하는 의도도 있었지만, 국회의원의 노블레스 오블리주를 실천하고 사회갈등과 우리 사회의 양극화 해소를 위한 의미도 담고 있었다. 비영리단체, 사회복지, 기업사회공헌, 자원봉사 관련 협회 및 직능단체, 학계 등 유관단체가 국회포럼의 회원단체로 참여하였다.

다섯째, 민간 중심의 「자원봉사활동 기본법」 개정 활동이 활발하게 진행된 시기였다. 「자원봉사활동 기본법」 제정 이후, 한국자원봉사포럼에서는 민간주도의 법 개정을 위해 다양한 노력을 추진해 왔다. 국회의원 및 행정안전부가 발의한 개정법(안)들은 국회 행정안전위원회 법안소위원회에서 자원봉사의 거버넌스적 측면과 자율성 측면, 그리고 조직 간(한국자원봉사협의회와 중앙자원봉사센터)의 기능 중복, 관중심의 자원봉사센터 지원 등의 문제를 지적받으면서 개정의 문턱조차 넘지 못했다.

그 이유는 한국자원봉사포럼을 중심으로 법 개정안에 대한 문제점 지적 및 전면개정안 제안 활동을 지속적으로 진행해 왔기 때문이며, 매월 자원봉사 및 법률전문가와 현장 자원봉사자들의 활발한 발표와 토론으로 새로운 전면개정법안 작성 및 제안 작업을 진행하였다. 100인 전문가를 중심으로 한 법개정추진위원회 출범식이 있었고, 지속가능한 자원봉사체계 구축을 위한 간담회 등이 여러 차례 진행되었다.

여섯째, 재난재해봉사활동 및 국제행사지원활동이 활발하게 진행되었던 시기였다. 자연현상(폭우, 한파, 폭염, 폭설, 전염병 등)과 인위적인 사고가 원인(화재, 건물붕괴 등)이 되는 재난재해 발생 시 피해지역의 재난 대응력을 높이고, 신속하고 안전하게 대응하여 피해를 최소화하기 위한 봉사활동이 국가적인 시스템으로 마련되어 움직이기 시작하였다.

태안기름유출사고, 볼라벤 · 산바 등의 태풍과 집중호우로 인한 대침수, 포항지진, 고성산불, 코로나19 등과 같은 재난재해를 당한 국민들과 지역사회를 위해 많은 자원봉사자들이 참여하였다. 또한 여수엑스포, 대구세계육상선수권대회, F1, 평창동계올림픽, 전국체전 등 다양한 국내 · 외 문화체육행사에서도 많은 자원봉사자들이 대거 행사지원 봉사활동에 참여하여 국가 이미지 제고와 홍보, 경제 활성화 등에 많은 기여를 하였다.

5. 전환기(팬데믹 시기와 그 이후, 2020년 ~ 현재)

2019년 말부터 진행된 코로나19는 전염병에 의한 의료적 상황을 넘어서 우리 사회의 전반적 삶의 패턴을 바꾸는 중요한 계기가 되었다. 개인적 변화는 사회적 · 경제적 변화를 가져왔고, 자원봉사환경에도 큰 영향을 미쳤다. 코로나 이후 자원봉사활동 참여율은 더 급격하게 감소되는 경향을 보였다. 코로나19에 따른 사회적 거리두기 강화로 대면 방식의 자원봉사 참여 제한이 원인이었다고 볼 수 있다. 그리고 학생 자원봉사활동실적이 대입 입시에 반영되지 않도록 하는 교육제도 변화로 학생 자원봉사가 대폭 감소함에 따라 참여율은 더 낮아지게 되었다. 학생 자발적 봉사활동 참여 확대를 위한 제도 개선이 필요하게 되었다.

코로나 이후 온라인 봉사활동 및 비대면 봉사활동에 대한 중요성 인식이 시작되었다. SNS 활동이 활발해지고 홈페이지 홍보활동 등이 활발해지면서 온라인 봉사활동에 참여하는 봉사자들이 대거 증가했다. 특히 코로나19 등으로 집합적인 봉사활동이 금지되고 비대면 봉사활동에 참여하는 봉사자들이 늘어나면서 봉사활동 영역이 늘어나게 되었다.

하지만 실제 봉사활동 참여를 확인하기 어려운 키트 제작이나 재택봉사활동 등으로 후원금 강제 및 거짓 실적의 문제점이 나타나기도 했다. 더 심화되어가는 저출생과 고령화사회를 대비한 봉사활동의 준비, 4차 산업혁명 기술발전에 따른 자원봉사활동에 빅데이터 활용 및 지식정보계층에 자원봉사서비스 제공, 기후 위기 등과 같은 국제적 봉사활동 등이 활발하게 진행되고 있다.

제2절 우리나라 자원봉사활동의 운영 및 현황

복지국가의 세계적 추세에 따라, 특히 사회복지행정 분야에서 자원봉사의 필요성이 증대되고 있고, 개인의 사회적 참여를 통하여 자아성취를 이루려는 욕구들이 나타나고 있다. 그러나 물질적 가치를 집요하게 추구하는 현 시대적 시조에 저항하면서 자원봉사에 참여한다는 것은 지역공동체의 모든 사회문제를 주민 스스로 해결할 수 있다는 책임이자 권리라는 근본적인 의식 전환이 대전제가 되어야 하는데, 이러한 의식의 변화야말로 자원봉사 활성화의 토대이며 중요한 계기라 할 수 있다.

또한 이러한 상황에서 우리나라 자원봉사활동 참가율은 해마다 떨어지고 있는 가운데, 자원봉사자 육성 시스템을 원점에서 재검토해야 한다는 지적도 나온다. 게다가 교육부가 대입 공정성 강화방안 조치로 봉사활동 특기사항 기재를 안 하는 방향으로 조치를 취한 것도 영향을 미친 것으로 분석된다. 이러한 이유에 대해 한 자원봉사단체장은 기존의 자원봉사자 육성 시스템이 완전히 무너진 것이라고 평가하면서 원래 봉사활동은 학생 때 10명이 경험하면 1명이 내면적인 변화를 경험하고 지속적인 자원봉사자로 남는 건데, 학생들과의 접점이 더 줄게 될 것이라고 토로하였다. 또한 전문가들은 이 같은 배경에 정부의 역할 부재를 꼽기도 한다.

우리나라 자원봉사정책은 '자원봉사 국가기본계획' 수립하에 이뤄지고 있지만, 실상 부처별로 사업이 산발적으로 이뤄지고 있고, 자원봉사에 대한 이해와 인식이 부족한 채, 각 부처에서 이뤄진 것이 오랫동안 누적된 결과라는 평가이다.

실제로 우리나라가 학생자원봉사 모델로 기져온 미국 메릴랜드주 몽고메리 카운티의 사례를 보면 교사와 학부모, 그리고 학교가 자원봉사활동의 가치를 공감하는 가운데서 졸업 요건으로 봉사활동 시간을 채택하고 있고, 이 같은 배경에는 정부 소관으로 직접 자원봉사 정책을 발표하는 등 국민적 관심과 통합적인 정책 체계가 자리 잡고 있다는 관점이다.

한국자원봉사협의회에 따르면 자원봉사활동을 통해 얻을 수 있는 지역사회에 대한 이해, 관심, 가치, 방법 등에 대한 제대로 된 인식이 사회적으로 안착할 수 있게 하기 위해서는 학생들을 만나는 학교부터 봉사학습을 생활화해야 한다는 것이다. 정부가 수립한 자원봉사정책이 지방자치단체로 내려가면 교육청과 업무연계를 한다고는 하지만, 일련의 과정이 체계 없이 운영되고 있다는 것이다. 또한 자원봉사활동이 해당 지역에서 어떤 관점으로 조명되는지도 함께 고려되어야 한다는 것이다.

행정안전부가 발표한 '자원봉사진흥 국가기본계획'은 5년간의 자원봉사진흥 정책을 담고 있다. 이는 「자원봉사활동 기본법」에 따라 수립되는 법정 계획으로 2008년부터 5년 주기로 수립되고 있다.

1. 자원봉사활동 추진체계

1) 조직

표 3-1 대표적인 자원봉사활동 추진조직

기관명	담당부처	설치근거
자원봉사센터	행정안전부	자원봉사활동 기본법
사회복지자원봉사관리본부 (사회복지자원봉사관리센터)	보건복지부	사회복지사업법
청소년활동진흥센터	여성가족부	청소년활동진흥법

이 외에도 여성자원활동센터, 재가복지봉사센터, 기타 많은 비영리민간단체들이 다양한 영역에서 자원봉사활동을 추진하고 있다.

(1) 자원봉사센터

자원봉사센터는 자원봉사활동의 개발, 장려, 연계, 협력 등의 사업을 수행하기 위하여 법령과 조례 등에 따라 설치된 기관, 법인, 단체 등을 말한다(자원봉사활동 기본법 제3조). 즉 자원봉사센터는 민·관 협력의 기본정신에 입각하여 법인으로 운영하거나 비영리법인에게 위탁하여 운영하는 것을 원칙으로 한다. 한국중앙자원봉사센터와 지역자원봉사센터(시·도 자원봉사센터 및 시·군·구 자원봉사센터)로 구분하여 운영되고 있다.

자원봉사센터 간의 역할을 살펴보면, 먼저 중앙센터는 자원봉사 정책개발 및 연구, 중앙단위 자원봉사 기관·단체, 기업과 협력체계 구축, 지역봉사센터의 지원 및 협력 등에 관하여 주로 수행한다.

그밖에 자원봉사진흥에 기여할 수 있는 사업을 추진하고, 자원봉사확산을 위한 홍보 및 문화행사 등을 주관한다. 광역센터의 경우 중앙센터 및 시 · 군 · 구 센터와 협력체계를 구축하고, 광역단위 기관 및 단체, 기업 간의 협력을 이끈다.

또한 시 · 군 · 구 자원봉사관리자 및 지도자 대상교육과 자원봉사 프로그램을 개발하고 보급하는 역할을 수행한다. 더불어 지역의 자원봉사를 활성화하기 위한 조사연구와 시 · 군 · 구 센터 간의 정보교류, '1365자원봉사포털' 운영 등의 정보 관리 업무를 수행한다. 기초센터의 경우 기초단위 기관 · 단체들과의 협력체계를 구축하고, 읍 · 면 · 동 자원봉사자의 모집 및 교육과 수요처별 자원봉사자 배치 등을 담당한다. 더불어 지역자원봉사 및 공동체 활성화의 거점 역할을 수행한다.

(2) 사회복지자원봉사관리본부 및 사회복지자원봉사관리센터

사회복지자원봉사관리본부는 사회복지 부문의 자원봉사를 활성화하기 위하여 한국사회복지협의회 및 시 · 도, 시 · 군 · 구 사회복지협의회에 설치된 기구이다.

중앙에는 중앙사회복지자원봉사관리본부를 두어 전국의 사회복지자원봉사 육성 · 지원 사업을 총괄하고, 시 · 도 및 시 · 군 · 구에는 시 · 도 사회복지자원봉사관리본부 및 시 · 군 · 구 사회복지자원봉사관리본부를 두어 지역의 자원봉사관리를 총괄한다. 또한 사회복지분야 법인, 단체, 의료기관 등은 사회복지자원봉사자 모집, 배치, 실적관리 등을 행하는 사회복지자원봉사관리센터로 지정 신청하면 된다.

(3) 청소년활동진흥센터

표 3-2 청소년활동진흥센터

- 법적 근거: 「청소년활동진흥법」 제7조(지방청소년활동진흥센터의 설치 등),
  제8조(청소년활동 정보의 제공 등),
  제9조(학교와의 협력 등)
- 지역청소년활동정책 진흥사업 운영 지침(여성가족부)

청소년 자원봉사 및 수련활동 지원을 위하여 중앙 및 시 · 도에 설치 · 운영되고 있으며, 청소년 봉사활동 활성화 외에도 청소년활동 정보제공, 청소년 수련활동 인증제 등을 수행하는 청소년활동지원 종합서비스 기관이다. 또한 지역 · 중앙과의 연계 · 협력을 통한 전국적 청소년활동지원체계를 구축하였다.

2) 재원

정부재원과 민간재원으로 대별된다.

표 3-3 정부재원과 민간재원

정부재원	국고보조금 및 지방비, 정부 기금 등
민간재원	자체 사업비, 모금, 후원금 등

3) 사업내용

(1) 자원봉사센터 기준

표 3-4 자원봉사센터 기준

중앙센터	광역센터	기초센터
• 자원봉사 정책 개발 및 연구 • 중앙단위 자원봉사 기관 · 단체, 기업과 협력체계 구속 • 지역 자원봉사센터 지원 및 협력 • 1365자원봉사포털 위탁 운영 • 자원봉사센터 행정 업무 정보화 지원 • 자원봉사 확산을 위한 홍보 및 문화행사 등	• 중앙센터 및 시 · 군 · 구 센터와 협력체계 구축 • 시 · 군 · 구 자원봉사관리자 및 지도사 대상 교육 • 자원봉사 프로그램 개발 · 보급 • 지역 자원봉사 활성화를 위한 조사 · 연구 • 시 · 군 · 구 센터 간 정보 교류 및 사업 조정 · 지원 • 1365자원봉사포털 서비스 이용 및 회원 정보 관리 · 운영	• 기초단위 기관 · 단체들과의 협력체계 구축 • 읍 · 면 · 동 자원봉사자 모집 및 교육 · 홍보 • 자원봉사활동 수요처에 자원봉사자 배치 • 자원봉사 프로그램 운영 • 지역자원봉사 및 공동체 활성화의 거점 역할 수행 • 1365자원봉사포털 서비스 이용 및 회원 정보 관리 · 운영

(2) 사회복지자원봉사사업

① 사업주체: 보건복지부

② 사업주관: 한국사회복지협의회, 시 · 도사회복지협의회, 시 · 군 · 구사회복지협의회

③ 사업수행: 사회복지자원봉사관리센터(시설, 법인, 단체, 보건 · 의료, 기업 등)

표 3-5 비전, 목표 및 추진전략

<table>
<tr><th>비전</th><td colspan="4">사회복지자원봉사 특성화로 함께하는 「나눔문화」 확산</td></tr>
<tr><th>목표</th><td colspan="4">클라이언트 중심의 역동적인 자원봉사활동 인프라 확충</td></tr>
<tr><th>추진전략</th><td>사회복지 자원봉사 활성화 기반 조성 및 협력체계 구축</td><td>클라이언트 중심 일감 개발과 봉사활동 홍보</td><td>사회복지자원봉사 수요 · 공급 연계시스템 구축</td><td>자원봉사활동 동기 부여 인정 프로그램 개발 · 확대</td></tr>
<tr><th colspan="3">중앙사회복지자원봉사관리본부
(한국사회복지협의회)</th><th colspan="2">시 · 도 사회복지자원봉사관리본부
(시 · 도사회복지협의회)</th></tr>
<tr><td colspan="3">• 전국 사회복지자원봉사 운영관리 총괄
• 자원봉사에 관한 조사연구, 정책건의, 홍보 · 출판
• 인증관리요원 양성교육 · 보수교육 및 전문관리자 육성
• 사회복지자원봉사인증관리시스템(VMS) 구축 운영
• 시 · 도 및 시 · 군 · 구 관리본부, 관리센터의 모니터링
• 기타 사회복지 자원봉사 활성화 사항 등</td><td colspan="2">• 관할지역(광역자치단체) 사회복지 자원봉사 운영관리 총괄
• 사회복지 자원봉사에 관한 조사연구, 정책건의, 홍보 · 출판
• 관할지역 시 · 군 · 구 관리본부의 지정 및 재지정, 각 관리센터 지정 등 운영관리
• 시 · 군 · 구 관리본부 및 관리센터별 인증관리요원 양성 · 위촉 및 보수교육
• 관할지역 VMS 정보 관리 및 책임 총괄
• 시 · 도 관리본부 소속 관리센터 운영관리 등</td></tr>
<tr><th colspan="3">시 · 군 · 구 사회복지자원봉사관리본부
(시 · 군 · 구 사회복지협의회)</th><th colspan="2">사회복지자원봉사관리센터
(법인 · 단체 · 시설 등)</th></tr>
<tr><td colspan="3">• 관할지역(시 · 군 · 구) 사회복지 자원봉사 운영관리 총괄
• 사회복지자원봉사에 관한 조사연구, 정책 건의, 홍보 · 출판
• 시 · 군 · 구 관리본부소속관리센터운영관리
• 관리센터별 인증요원 양성, 보수교육
• VMS 정보의 등록관리 및 보호책임 총괄
• 관리센터의 지정 등에 관한 상담 안내
• 관할 지역의 관리센터의 모니터링 등</td><td colspan="2">• 자원봉사자모집 · 훈련 · 배치 · 지도 감독
• 실정 정보 VMS 등록 및 관리 및 정보보호 책임 총괄
• 중앙, 시 · 도 및 시 · 군 · 구 관리본부의 인증관리요원 양성 및 보수교육, 전문관리자 육성 등 교육훈련 참여 등</td></tr>
</table>

2. 자원봉사활동 관리체계

1) 자원봉사통합정보시스템

사회복지자원봉사 인증관리 시스템은 전국 자원봉사 단체와 기관 간의 네트워크를 구축하여 자원봉사자의 봉사실적을 체계적으로 관리하고 인정하는 프로그램이다. 이 사업은 보건복지부, 지방자치단체, 한국사회복지협의회 등이 함께 추진하고 있다.

사회복지자원봉사관리센터는 자원봉사자를 관리하는 법인 및 단체로서 봉사자 정보 등록 및 관리, 봉사활동 조직화, 자원봉사자 카드 발급, 교육·훈련 등의 업무를 수행한다. 사회복지자원봉사인증관리시스템을 통해 봉사활동을 효과적으로 관리하고 인정받을 수 있으며, 이를 통해 사회적 기여를 위한 노력을 보다 효율적으로 추적하고 평가할 수 있다.

한국중앙자원봉사센터에서는 '1365자원봉사포털' 운영을 통해 자원봉사에 관한 다양한 정보를 제공하고, 자원봉사센터의 업무 효율성 강화를 위한 체계를 구축하며, 관리자를 대상으로 한 교육을 실시한다. '1365자원봉사포털'은 누구나 자원봉사활동 정보를 쉽게 접할 수 있도록 자원봉사 매칭 서비스를 제공하며, 포털의 편리성을 높이기 위한 과제를 발굴하고, 자원봉사포털 통계에 보다 쉽게 접할 수 있도록 데이터 활용을 지원하고 있다.

표 3-6 자원봉사통합정보시스템

자원봉사센터	• 1365자원봉사포털(1365.go.kr) 운영 • 봉사활동 신청, 실적관리, 확인서 발급 등
사회복지자원봉사 관리센터	• 사회복지자원봉사인증관리시스템(vms.or.kr) 운영 • 사회복지기관 등을 사회복지자원봉사관리센터로 지정 • 봉사활동 신청, 실적관리, 확인서 발급 등
청소년활동진흥센터	• 청소년 자원봉사(dovol.youth.go.kr) 운영 • 봉사활동 신청, 실적관리, 확인서 발급 등

자원봉사정보시스템은 자원봉사자 모집, 배치 등 관리업무의 효율성을 증대시키고, 자원봉사자들에게 자원봉사에 대한 정보제공, 그리고 접근성을 강화하기 위해 운영되며, 전국을 통합하는 단일의 자원봉사정보시스템이 아니라 센터별로 다른 관리시스템을 운용하고 있다. 그러나 자원봉사활동 실적은 '1365자원봉사포털'을 통해 상호 간 정보가 연계되어 통합관리가 가능하다.

2) 자원봉사 인력관리

자원봉사센터나 사회복지자원봉사관리본부의 자원봉사담당자 등이 중심이 되어 체계적인 자원봉사 교육·관리가 이루어지고 있다. 사회복지자원봉사관리센터의 자원봉사담당자는 인증관리 요원으로, 인증관리 요원은 인증관리 양성교육 이수 후에 인증관리 요원으로 위촉받아 업무를 수행하고, 정기적인 보수교육을 이수해야 한다. 인증관리 요원은 봉사자 정보등록 및 관리, 웹 신청 처리, 자료 관리 등의 업무를 수행한다.

3. 자원봉사활동 지원체계

1) 관련법

(1) 자원봉사활동의 범위(제7조)

① 사회복지 및 보건 증진에 관한 활동

② 지역사회 개발·발전에 관한 활동

③ 환경보전 및 자연보호에 관한 활동

④ 사회적 취약계층의 권익 증진 및 청소년의 육성·보호에 관한 활동

⑤ 교육 및 상담에 관한 활동

⑥ 인권 옹호 및 평화 구현에 관한 활동

⑦ 범죄 예방 및 선도에 관한 활동

⑧ 교통질서 및 기초질서 계도에 관한 활동
⑨ 재난관리 및 재해구호에 관한 활동
⑩ 문화 · 관광 · 예술 및 체육 진흥에 관한 활동
⑪ 부패 방지 및 소비자 보호에 관한 활동
⑫ 공명선거에 관한 활동
⑬ 국제협력 및 국외 봉사활동
⑭ 공공행정 분야의 사무 지원에 관한 활동
⑮ 그 밖에 공익사업의 수행 또는 주민 복리의 증진에 필요한 활동

(2) 자원봉사활동 기본법(2005년 제정)

자원봉사활동 진흥을 위한 국가 및 지방자치단체의 책무, 자원봉사활동의 진흥에 관한 국가기본계획의 수립, 학교 · 직장 등의 자원봉사활동 장려, 포상, 자원봉사자의 날(12월 5일), 자원봉사주간(자원봉사자의 날부터 1주일간), 자원봉사자의 보호, 자원봉사활동의 관리, 한국자원봉사협의회, 자원봉사단체에 대한 지원, 자원봉사센터 설치 및 운영 등에 관한 사항을 규정하고 있다.

(3) 기타 관련법

자원봉사 관련법으로는 크게 「사회복지사업법」, 「청소년활동진흥법」, 「재해구호법」, 「한국국제협력단법」, 그리고 지방자치단체의 자원봉사활동 지원 조례 등이 있다.

2) 자원봉사활동 기본법에 의한 국가 기본계획

「자원봉사활동 기본법」 제9조(자원봉사활동의 진흥에 관한 국가기본계획의 수립)에서는 행정안전부 장관은 관계 중앙행정기관의 장과 협의하여 자원봉사활동의 진흥을 위한 국가 기본계획을 5년마다 수립하여야 한다. 또한 제10조(연도별 시행계획의 수립)에서는 관계 중앙행정기관의 장과 지방자치단체의 장은 기본계획에 따

라 연도별 시행계획을 수립 · 시행하여야 한다.

기본계획은 그간 진행되어 온 기본계획에서 확립된 제도적 기틀을 고도화하고, 변화하는 사회 패러다임에 대응하는 자원봉사진흥정책 수립, 그리고 정부의 국정 과제에 따라 관 주도가 아닌 민간의 자원봉사 생태계가 주축이 될 수 있도록 자원봉사진흥정책의 재설계를 제시하였다. 수집 절차에 참여하는 대상기관으로는 기본계획수립 참여 행정기관으로 국무총리를 위원장으로 하는 자원봉사진흥위원회와 주관 부처인 행정안전부를 비롯하여 여성가족부, 교육부, 보건복지부, 문체부, 외교부 등이 있다.

자원봉사진흥위원회는 자원봉사진흥을 위한 정책 방향을 설정하고, 국가기본계획과 연도별 시행계획을 심의하며, 관련 제도를 개선하기 위한 사항을 조정하는 역할을 수행하며, 시행계획 절차는 다음과 같다.

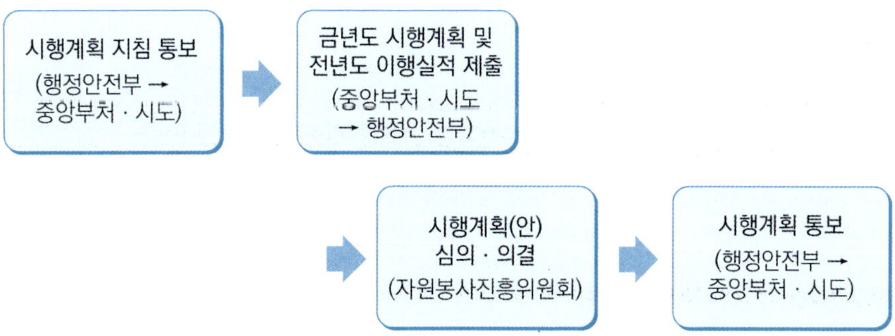

그림 3-1 시행계획 수립 절차

「자원봉사활동 기본법」에는 자원봉사활동의 범위를 사회복지, 지역사회개발, 환경보전, 취약계층 권익 증진, 교육 및 상담 등으로 명시하고 있다.

자원봉사가 법적으로 체계화되면서 관리업무 표준화를 위한 자원봉사센터 활성화 지침, 지원조례 준칙 등이 수립되고, 이에 따라 자원봉사활동 관리업무가 전문화되었으며, 민간 영역에서도 한국자원봉사협의회, 한국자원봉사센터협회, 자원봉사 관련 학회 등 자원봉사활동을 도울 인프라 등을 구축하였다.

3) 지원조직

현재 우리나라에서 자원봉사 관련 정책은 개별 부처 차원에서 수립하고 있으며, 중앙정부의 여러 부처가 소관 업무에 자원봉사제도를 도입하여 지원하고, 행정안전부, 보건복지부, 여성가족부는 각각 서로 다른 명칭으로 자원봉사센터를 부처 특성에 맞게 운영하고 있다. 또한 한국대학사회봉사협의회는 대학사회 봉사활동에 대한 연수지원, 프로그램 개발, 대학 교육과정과 사회봉사 연계에 관한 연구 등을 수행하고 있다. 기업의 사회봉사활동은 일반적인 사회공헌활동과 마찬가지로 대기업을 중심으로 이루어지고 있으며, 최근 중견기업으로도 확대되는 추세이다.

4) 재정지원

관련법에 의거해 자원봉사센터에 대한 중앙정부와 지방자치단체의 지원에 대한 근거 조항을 규정하고 있음에도 불구하고, 중앙정부의 예산 지원이나 지방자치단체의 지원이 미약한 실정이다. 행정의 일원화 체계를 구축하지 못하고 있으며, 특히 대부분의 자원봉사센터가 중앙정부로부터 안정적인 재정적 도움을 받지 못하고, 지방자치단체의 조례에 의거해 행정적·재정적 지원에 의존하다 보니 자치단체의 규모나 운영 형태, 재원 등에서도 지역 간에 차이를 나타내고 있다.

전통적인 봉사활동의 역사(삼국시대~조선시대)

① 향토풍속과 문화속에서 상부상조하는 순수한 협동정신

② 자발적 상부상조의 두레, 품앗이, 계(契), 향약, 부조 활동 시작

③ 국가 차원의 활동: 진대법, 의창 · 제위보 · 혜민국제, 상평창 · 사창 등

자원봉사 도입기(1903~1960년대)

① 공적복지서비스 보완 · 대체 기능담당: 경성고아원, 경성보육원

② 1921년 최초의 인보관: 태화기독교사회관

③ 외국원조에 의지(KAVA)

자원봉사 전개기(1970~1980년대)

① 외국원조단체지원 종료

② 대한적십자사 봉사활동: 남북이산가족찾기 행사

③ 86아시안 게임, 88올림픽에서 거국적인 자원봉사자 활용

자원봉사 확립기(1990~2007년)

① IAVE 세계자원봉사 대회 서울 개최

② 한국자원봉사협의회 탄생

③ 「자원봉사활동 기본법」 제정(2005년)

④ 자원봉사활동관리 전산프로그램 개발 및 구축

자원봉사 정체기(2008~2019년)

① 관주도형 한국중앙자원봉사센터 설치

② 재난재해봉사활동 및 국제행사지원활동

자원봉사 전환기(팬데믹 시기와 그 이후, 2020년~현재)

① 온라인 봉사활동 및 비대면 봉사활동에 대한 중요성 인식

② 4차 산업혁명 기술 발전에 따른 자원봉사활동 진행

Keypoint(요점정리)

자원봉사단체

한국사회복지협의회, KOICA(한국해외협력단), 한국대학사회봉사협의회, 한국자원봉사문화(구: 볼런티어 21), 굿네이버스

자원봉사자의 날과 자원봉사 주간

① 자원봉사자의 날: 매년 12월 5일

② 자원봉사주간: 자원봉사자의 날부터 1주일간

자원봉사의 문제점

① 낮은 자원봉사 참여율

② 정부 주도의 자원봉사

③ 낮은 재정자립도

④ 다양하고 전문화된 자원봉사 부족

⑤ 낮은 지속성

조례(해당 지방의 법)

① 광역자치단체(시 · 도)는 해당 지방의회의 의결 후 광역자치단체장의 공포로 조례 제정

② 기초자치단체(시 · 군 · 구)는 해당 지방의회의 의결 후 기초자치단체장의 공포로 조례 제정

자원봉사활동 기본법 제2조(기본 방향)

자원봉사활동은 무보수성, 자발성, 공익성, 비영리성, 비정파성(非政派性), 비종파성(非宗派性)의 원칙 아래 수행될 수 있도록 하여야 한다.

자원봉사활동의 진흥을 위한 정책은 민 · 관 협력의 기본 정신을 바탕으로 하여 추진하여야 한다.

> ① 비정파성(非政派性), 비종파성(非宗派性)은 어느 정당, 어느 종교에 치우치면 안 된다는 의미
>
> ② 민 · 관 협력 및 협치 등을 거버넌스(관의 일방적 행정은 거버먼트)

CHAPTER

04

자원봉사자의 이해

CHAPTER

04 자원봉사자의 이해

제1절 자원봉사자의 개념

1. 자원봉사자의 개념

현대법률 용어로 자원봉사자란 '무상으로 봉사하는 사람'으로 정의된다. 즉 자원봉사자란 '개인, 집단, 지역사회의 문제를 치료하고 예방하는 노력에 반대급부(보수, 지위, 명예와 같은 교환조건) 없이 자발적으로 협력하거나 직접 참여하는 사람'이라고 정의할 수 있다.

우리나라에서는 봉사하는 사람을 '자원봉사자', 자원봉사자가 펼치는 활동을 '자원봉사활동'이라고 말하며, 자원봉사자를 짧게 '봉사자'라고 말하기도 한다.

표 4-1 자원봉사자의 개념

자원봉사활동 기본법	자원봉사자란 자원봉사활동을 하는 사람을 말한다.
미국의 사회사업사전	미국사회사업가협회에서 발간된 『사회사업백과사전』에서는 모든 종류의 사회복지 활동을 펼치고 있는 공 · 사의 조직체에서 보수 없이 자발적으로 자기의 서비스를 제공하고 있는 개인들이라고 정의하고 있다.
일본의 사회사업사전	일본의 사회사업 사전에는 자원봉사자란 사회복지사업이나 그 관련된 사업에 자의로 참여하여 그 반대급부를 요구함이 없이 사회복지 향상을 위해 도와주는 사람이라고 표현하고 있다.

2. 자원봉사 참여과정 및 신청방법

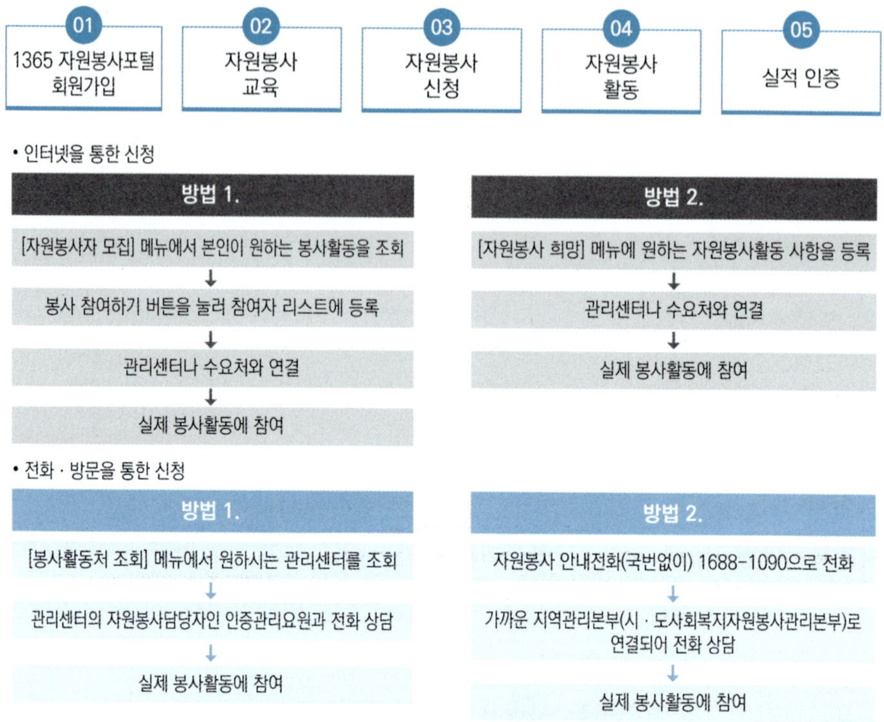

그림 4-1 자원봉사자 참여과정 및 신청방법

제2절 자원봉사자의 동기

1. 동기부여의 개념

동기란 목표지향적인 행동을 유발하도록 지시하고 유인하며, 격려함으로써 행동을 촉진시키도록 자극하고 고무하는 내적 상태이다. 따라서 자원봉사자의 동기란 자원봉사활동이라는 구체적 행동을 하게 하고 이를 지속화시킬 수 있도록 하는 힘을 의미한다.

앳킨슨(Atkinson)은 동기를 행동을 방향 지우는 것, 그리고 행동을 계속하도록 하는 것, 또한 행동이 발생하여 계속해 가는 시점에 있어서 작용하는 것으로 정의하였다.

스티어스와 포터(Steers & Potter)는 동기를 인간행동을 활성화하는 측면으로서의 동인 또는 각성의 차원, 인간행동의 방향을 설정하거나 목표를 지향하도록 경로화시키는 차원, 그리고 인간행동을 유지 또는 지지시키는 측면으로 정의하였다.

피어스(Pearce)는 광범위한 문헌조사를 통하여 자원봉사의 동기는 이타적인 마음이나 사회적인 관계 증진, 봉사조직의 목표달성에의 기여 등의 요인도 있지만, 개인의 욕구를 만족시키기 위한 것이 가장 크다고 결론지었다.

동기부여란 개인의 목표지향적인 행동에 영향을 미치는 심리적 과정을 적절히 이해하고 관리하는 데 목적을 둔 개인이나 조직의 의도적 행위다. 즉 동기부여란 행동을 유발하고, 행동의 방향을 설정하며, 그 행동을 유지하는 심리적 힘이다.

동기가 유발되면 설정된 목표를 달성하기 위해 일하는 동시에 각자가 개인적으로나 조직의 일원으로서 그의 욕구를 충족시키고 성장할 수 있는 기회를 부여받는다. 우리는 다른 사람이 활동하도록 자극할 수는 있지만, 다른 사람을 동기부여할 수는 없다. 동기부여는 자기 안에서 나오는 것이기 때문이다.

2. 동기부여이론

자원봉사자의 동기부여와 관련된 이론들은 매우 다양하게 제시할 수 있지만, 여기에서는 인간의 행동을 유발하고, 방향을 주며, 유지하거나 멈추도록 하는 인간 내부에 존재하는 욕구 중심의 이론들을 고찰할 것이다. 우선 본능이론으로써 이타주의, 이기주의를 살펴보고, 욕구이론 관점에서 매슬로우의 욕구이론, 알더퍼(Alderfer)의 ERG이론, 맥클랜드(McClelland)의 성취동기이론, 허즈버그(Herzberg)의 동기위생이론을 살펴볼 것이다. 마지막으로 사회적 교환이론을 고찰할 것이다.

1) 이타주의와 이기주의 동기, 혼합 동기

(1) 이타적 동기: 타인 지향적 동기

자원봉사활동과 관련한 이타적 동기에 대해, 스미스(Smith)는 이타주의가 사람들이 자원봉사에 참여하는 복합적 이유 중의 하나이지만, 주된 역할을 하지는 못한다고 주장하였다. 나아가 이타적 이유 때문에 자원봉사에 참여하고 있다고 말하는 사람들조차도 자신들이 오직 자기희생적인 이유 때문에 자원봉사에 참여한다고 인정치는 않았다고 보고 하였다. 그렇지만 자원봉사활동과 같은 이타적 행동은 타인에 대한 공감의 감정에 기본적으로 연결되어 있다는 데에는 공통적이다.

이타주의 결정요소는 주위의 누군가를 돕고 싶다, 또는 지역사회 혹은 국가를 위해 무언가를 하고 싶다, 또는 무엇인가 개선과 변화하기를 원한다는 것이다.

① 사회생물학적 접근(socio-biological approach)

동물학자인 윌슨(Wilson)은 인간을 포함한 모든 동물의 사회적 행동의 생물학적 근거를 밝히는 과정에서 이타주의도 유전학적 기반을 가진다고 주장하였다. 그의 연구중심 주체는 사회적 행동이란 생존을 위한 각각의 종류들의 사회생물학의 적응성을 극대화시키는 기제로서 진화한다는 것이다. 이는 자원봉사활동과 같은 인간의 이타적 행위는 기본적으로 생태적, 또는 유전적 근원을 갖는다는 것을 의미한다.

그러나 크랩(Crab)은 약간 다른 의견을 제시하고 있다. 인간 또는 동물의 보호적 행위는 이타적이기보다는 협력적인 행위로써 상호 간 도움이 되기 때문에 행동한다는 것이다. 그는 또한 감정이입도 이타적 요인으로 인간 또는 동물의 모든 행위는 상호 간 기쁨을 증가시키거나 슬픔을 감소시킬 수 있는 방향으로 행동한다는 것이다. 이타적 행위는 선천적으로 규정되는 것이 아니고, 인간 상호 간의 교환적인 이익에 대한 관심, 또는 타인을 돕는 데서 오는 보상 같은 사회적인 상호작용이라는 것이다. 사회생물학적 접근은 결국 모든 인간이 나타낼 수 있는 행동에 대해 이타적 행위, 또는 도움 행위의 동기적 근거를 밝혀 주는 이론이라 할 수 있다. 인류 역사와 더불어 발전해 온 자원봉사활동의 타당성을 뒷받침해 주는 것이다. 이는 인간도 동·식물과 같은 군집 생활의 특성을 강조한 이론으로 이해할 수 있다.

② 사회학습이론 접근(social-learning theory approach)

우리 인간은 사회의 구성요소인 부모, 스승, 친구, 그리고 직장의 상사와 부하 등 다른 사람에게서 일어나는 일들을 보고 모방하기도 하며, 직접 경험해 보기도 하면서 여러 가지를 학습하게 된다. 사회학습이론이란 이와 같이 관찰과 직접 경험에 의해 학습이 이루어지는 과정을 말한다. 사회학습이론의 관점에서 볼 때, 이타주의 반응들은 그 반응이 강화된 경험이 있기 때문에 일어나는 것이다. 또한 이러한 반응들은 계속되는 학습강화를 통하여 개인의 행동은 가족과 또래 동료들에 의해 사회화되고 학습화된다. 기본적으로 학습 및 사회화는 부모와 동료들이 어떤 가치를 전달할 때 발생하게 된다. 그 후 직장이나 학교, 그리고 사회단체 등과 같은 여러 조직을 통해서 일어난다. 라이트(Light)는 이타적 행위의 습관적 경향은 이러한 행위에 대한 긍정적으로 강화된 개인들의 어린 시절의 훈련된 경험에서 온다고 주장하였다.

(2) 이기적 동기: 자기 지향적 동기

이기적 동기는 이타적 동기의 극단에 위치한 것으로서, 개인의 자기 이익 지향의 추구가 행동의 동기가 된다. 이러한 이기적 동기는 최근의 여러 연구에서 공공선을 위한 행동의 가장 강력하고 뚜렷한 동기라고 밝혀지고 있다. 자원봉사자들의 이기적 동기의 예에는 자원봉사활동으로 받을 수 있는 재정적 보상, 인정, 벌금이나 처벌의 감소, 죄의식의 완화, 자긍심의 증가, 직장에서의 승진 등의 혜택을 추구하는 동기 등을 들 수 있다.

그러나 사회복지조직에서 지나치게 지역사회의 공공선보다는 자원봉사자의 개인 지향적인 동기의 충족을 관리상의 목적으로 한다면, 이는 자원봉사의 기본 원리와 자발성을 무시한 것으로 궁극적으로는 지역사회복지에 대한 개인적 기여라는 자원봉사 철학과 이념을 포기한다는 의미가 될 것이다. 그러므로 자원봉사교육과 실제 활동의 관리과정에서 적절히 구분하여 활용해야 할 것이다.

① 매슬로우의 욕구단계이론

매슬로우(Maslow)에 의하면 인간 개개인은 피라미드 형태로 정돈된 다양한 욕구를 가지고 있으며, 욕구의 충족이 행동을 동기화시킨다는 것이다. 이들 욕구는 생리적 욕구, 안전의 욕구, 사회적 욕구, 자존감의 욕구, 자아실현의 욕구 등 5단계로 분류되며, 하나의 욕구가 충분히 만족된 후에 다음 단계로 넘어가게 된다는 이론이다. 하나의 욕구가 충분히 만족되면 그 욕구는 더 이상 동기부여로 작용하지 않는다. 즉 사람들은 자신의 욕구를 충족시킬 수 있는 동기가 부여되었을 때 특정한 행동을 하게 된다는 것이다.

표 4-2 매슬로우의 욕구단계이론

1단계	생리적, 기본적 욕구	생존의 의식주, 성욕, 신체적 욕구	작업환경, 최저임금, 주택마련 대출 등
2단계	안전, 안정의 욕구	물질적 안정, 타인의 위험 배제	고용보장, 생계보장, 안전한 작업조건, 의료보험/연금 등
3단계	사회적 욕구	사랑, 우정, 인간 모임	인간적 리더, 우호적 작업팀, 회식, 야유회 등
4단계	존경의 욕구	타인으로부터 존경, 자아 존중	포상, 상위적 승진, 책임감, 중요업무 부여
5단계	자아실현의 욕구	자아 발전과 이상적 자아실현	도전적 과업, 창의성 개발, 잠재적 발휘, 임파워먼트

이러한 매슬로우의 이론은 사람들이 왜 자원봉사활동에 관심을 가지며, 또한 관심을 갖지 않는지에 대하여 제시해 준다. 특히 자원봉사자 개인이 충족하기 원하는 사회적 욕구, 자존감의 욕구, 그리고 자아실현의 욕구 등은 자원봉사활동의 참여성, 또는 지속성에 영향을 주는 중요한 요인으로 작용한다고 할 수 있다. 매슬로우의 이론은 자원봉사활동기관 또는 관리자가 자원봉사자에게 잠재되어 있거나 혹은 충족되지 않은 욕구에 부합할 수 있는 유형의 과업을 이해하게 하는 데 유용하다.

이러한 매슬로우의 욕구이론이 자원봉사관리 측면에 주는 시사점은 첫째, 자원봉사활동은 애정, 안전과 같은 기본적 욕구보다는 자아실현의 욕구와 관련이 있다. 둘째, 신규자원봉사자모집 활동 시 자원봉사자에게 자기 성장을 증진시키는 기회를 제공하는 데 목표를 두어야 할 것이다. 셋째, 향후 자원봉사활동 현장에서 자원봉사자의 높은 중단이나 이직률이 보편화될 것이다. 왜냐하면 사람들은 자원봉사활동 경험을 통하여 더욱 성장하게 되고 이에 따라 더 높은 수준으로 욕구를 충족하려 할 것이다. 넷째, 자원봉사활동은 특정의 사회복지 활동에 국한되기보다는 전 국민적 평생교육 관점에서 보편화될 것이다.

② 알더퍼의 ERG이론

ERG이론은 심리학자 알더퍼(Alderfer)가 인간의 욕구에 대해 매슬로우의 욕구단계설을 발전시켜 주장한 이론이다. 인간의 욕구를 중요도 순으로 계층화했다는 점에서는 매슬로우의 욕구단계설과 동일하게 정의하지만, 그 단계를 5개에서 3개로 줄여 제시하였다는 점과 직접 조직 현장에 들어가 연구를 실행했다는 점에서 차이를 보인다. ERG이론에서는 한 가지 이상의 욕구가 동시에 작용할 수 있다는 점과 인간의 행동은 욕구들의 복합적 성격을 추구하고 있다는 점이 특징적으로 나타나고 있다.

알더퍼의 ERG이론의 기본 원리는 욕구좌절, 욕구강도, 욕구만족의 세 가지로 설명할 수 있다. 욕구좌절은 고차원 욕구인 성장 욕구가 충족되지 않으면 저차원 욕구인 관계욕구를 더욱 원하게 된다는 것이다. 욕구강도는 저차원 욕구인 존재욕구가 충족될수록 고차원 욕구인 관계욕구에 대한 바람이 커진다는 것으로 매슬로우의 이론과 같은 시각을 가지고 있다. 욕구만족은 각 수준의 욕구가 충족되지 않을수록 그 욕구에 대한 갈망은 더욱 커진다는 것이다.

매슬로우의 5가지 욕구단계설을 ERG이론은 이를 3차원인 존재욕구(existence needs), 관계욕구(relatedness needs), 성장욕구(growth needs)로 축약시켰다. 존재욕구는 매슬로우의 생리적 욕구와 안전의 욕구의 일부, 관계욕구는 안전 욕구의 일부, 사회적 욕구와 존경의 욕구, 성장욕구는 매슬로우의 존경 욕구의 일부(자아존중)과 자아실현의 욕구로 각각 대응된다. 예를 들면 연금제도, 보수, 후생복지제도, 근무환경에 관한 욕구가 존재욕구에 해당하고, 동료 및 상사와의 소통에 대한 욕구가 관계욕구에 해당하며, 능력 발전이나 직업에 대한 자긍심에 대한 욕구 등이 성장욕구에 해당한다. ERG이론에 따르면 상위에 있는 욕구를 충족시키지 못하면 보다 하위의 욕구가 더욱 증가하여 이를 충족시키려면 기존의 몇 배나 더 노력을 해야 한다는 것이다.

표 4-3 알더퍼의 ERG이론

존재욕구	내용	기본적인 욕구로 음식, 공기, 물, 임금, 작업조건 등에 대한 욕구
	예시	배고픔, 갈증, 안식처 등과 같은 생리적, 물질적 욕망으로서 봉급과 쾌적한 물리적 작업조건과 같은 물질적 욕구가 이 범주에 속함 매슬로우의 생리적 욕구와 물리적 측면의 안전욕구에 해당
관계욕구	내용	의미 있는 사회적, 개인적 인간관계 형성에 의해서 충족될 수 있는 욕구
	예시	직장에서 타인과의 대인관계, 가족, 친구 등과의 관계와 관련되는 모든 욕구를 포괄 매슬로우의 안전욕구와 사회욕구, 그리고 존경욕구의 일부 포함
성장욕구	내용	개인의 생산적이고 창의적인 공헌에 의해서 충족될 수 있는 욕구
	예시	개인의 창조적 성장, 잠재력의 극대화 등과 관련된 모든 욕구를 가리킨다. 이러한 욕구는 한 개인이 자기 능력을 극대화할 뿐만 아니라 능력개발을 필요로 하는 일에 종사함으로써 욕구충족이 가능 매슬로우의 자아실현 욕구와 존경욕구가 해당

③ 맥클랜드의 성취동기이론

맥클랜드(McClelland)는 한 개인의 퍼스낼리티는 인간의 행동을 동기 부여시킬 수 있는 잠재력을 지닌 세 가지 욕구인 ㉠ 성취욕구, ㉡ 권력욕구, ㉢ 친화욕구로 구성된다고 하였다. 이 중에서도 그는 특히 성취욕구의 중요성을 강조하였다. 즉 성취욕구가 강한 사람에게는 모험적이고 도전적이며 많은 노력이 필요한 과업을 할당하고, 성취욕구가 낮은 사람에게는 안전하고 단순한 과업을 할당해야만 효율적이라는 것이다.

또한 인간의 욕구는 학습되는 것이며 행동에 영향을 미칠 수 있는 잠재력을 지닌 욕구들의 서열이 개인마다 다르다는 것이다. 이는 매슬로우처럼 인간 누구에게나 공통된 욕구의 위계가 있다는 주장과는 다른 입장이다. 따라서 이 이론의 시사점은 성취동기가 높은 사람을 가려내고, 또 이들을 훈련시켜 조직의 목표달성에 활용한다는 의미로 자원봉사자 관리에 있어서 중요한 이론으로 평가된다.

따라서 자원봉사관리에 있어서 다음과 같은 시사점을 제공한다. 첫째, 자원봉사자들의 동기 수준은 교육훈련을 통하여 높일 수 있다. 둘째, 자원봉사의 모집, 배치, 봉사활동 전환 등에 있어서 자원봉사자의 욕구를 고려하여 적재적소에 배치해야 한다. 셋째, 자원봉사활동의 내용과 목표를 보다 도전적으로 설계하여야 한다. 넷째, 자원봉사자의 관리에 있어서 자원봉사자의 지배적인 동기의 유형과 수준을 이해하는 것이 조직성과에 기여한다는 것이다.

④ 허즈버그의 동기위생이론

이 이론의 과제는 '인간은 왜 일하는가?' 다시 말해서 '일에서 무엇을 찾는가?'라는 것으로 인간에게는 불쾌감을 피하려는 욕구와 정신적으로 성장하여 자기를 실현하려는 이질적인 욕구가 있으며, 이는 소위 위생요인과 동기요인이라는 상호 독립된 두 종류의 욕구 범주로서 인간행동에 각각 상이한 방법으로 영향을 미친다는 것이다. 인간은 직무에 불만을 느끼면 자기가 일하고 있는 환경에 관심을 가지게 되며, 반대로 직무에 만족하는 경우 그 만족은 직무 그 자체와 관계가 있다는 것이다. 이와 같은 위생요인과 동기요인은 기관이나 조직에서 이루어지는 자원봉사 행동과도 밀접한 관련이 있는 요인으로서 위생요인은 주로 관리체계에 관련된 요인이고, 동기요인은 업무에 관련된 요인들이라고 할 수 있다. 특히 자원봉사활동에 있어서 만족요인은 지속성과 참여강도에 가장 중요한 영향요인으로 작용하며, 실제 조사 연구자들에 의해서도 검증되고 있다.

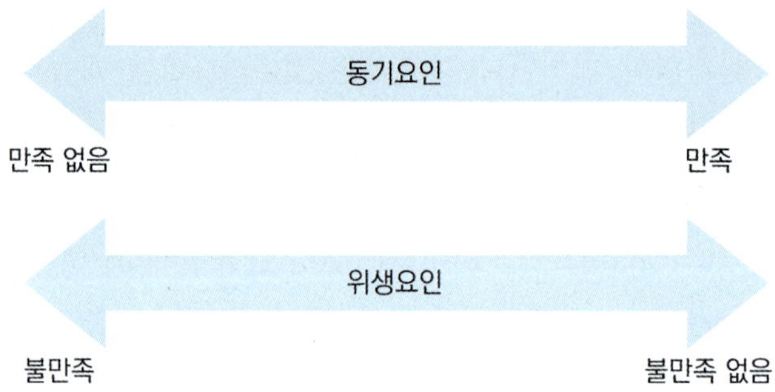

그림 4-2 허즈버그의 관점

동기위생이론의 시사점으로는 첫째, 물질적 보상과 같은 위생요인을 추구하는 자원봉사자들은 조직에 위험 요인이 될 수 있다. 자원봉사자들이 위생보다는 동기요인을 추구하도록 설계된 교육과정을 만들 필요가 있다. 둘째, 성취감, 인정감, 자극, 책임감, 발전성 등 자원봉사자들이 동기 요인들을 체험할 수 있도록 자원봉사활동의 배치를 구성해야 한다. 셋째, 자원봉사조직구성 측면에서 자원봉사관리자 및 부서를 위생요인 담당 부문과 동기요인 담당 부문으로 양분할 필요가 있다.

(3) 혼합동기

자원봉사의 동기는 인간행동의 이타적 측면과 이기적 측면의 양 측면을 모두 포괄하면서 이해되어야 한다. 그리고 동기는 항상 변할 수 있으며, 새로운 동기들이 첨가될 수도 있다. 근래에 와서는 자원봉사자들의 수요가 증가하고 전통적인 자원봉사자들의 출처들이 다양화되면서 자원봉사 동기의 문제가 한층 더 중요해지고 있다.

자원봉사 동기란 극히 개인적인 것으로 각 개인의 흥미와 욕구를 반영하고, 이는 극도의 이타주의로부터 이기주의, 즉 계발된 자기 이익 추구의 동기로 이어지는 연속선상의 어느 한 지점에 위치할 수 있으며, 흔히 양자의 혼합이라는 성격을 띠게 된다. 물론 자원봉사자들은 명목상으로는 대부분 이타주의적 동기가 지배하는 것으로 나타나지만, 실제적 자원봉사활동 및 업무가 각 자원봉사자들에게 어떤 보상을 줄 것인가라는 이기적 측면을 면밀히 검토할 필요가 있다는 것이다.

예를 들면 ① 자원봉사업무가 새로운 기술들의 학습 기회 제공, ② 사회적 교육 기회 및 사회적 접촉 기회, 그리고 자신을 필요로 하고 있다는 감정 제공, ③ 지역사회로부터의 인정을 받고 있다는 감정 제공 등의 요구 조건을 충족시킬 수 있는가에 답을 해야 한다. 즉 자원봉사자들이 가지고 있는 건전한 이기적 동기들을 충족시켜 주어야 한다는 것이다.

이는 주로 이타적 동기의 근원으로 간주되고 있지만, 종교 내지 도덕적 이유들도 자원봉사 동기의 다른 하나의 범주가 될 수 있다. 인류의 역사적 기록을 통해서 볼 때 보살핌이나 동정, 그리고 희생 등의 자발적 행동은 정의 내지 자비 등을 포함한 시간을 초월하는 윤리적 원칙 등에 기반을 두고 진행되어 왔다. 도움의 형태가 어려운 이웃을 직접 돕는 것이든, 또는 기관이나 조직을 통해 돕는 것이든, 화폐적인 보상을 염두에 두지 않고 자기로부터 타인의 요구에 방향을 돌리는 충동은 인간성의 가장 고귀한 충동, 또는 인류 문명의 가장 위대한 약속들 중의 하나라고 볼 수 있다.

프란시스(Francies)의 자원봉사 동기-욕구 프로필은 자원봉사활동에 대한 동기와 동기만족정도를 측정하기 위해 만들어진 도구로 자원봉사자들의 이타적 동기와 이기적 동기를 모두 포함한다. 자원봉사활동은 각 개인의 동기에 따라 적절히 배치되어야 하고, 동기를 충족시킬 수 있도록 알맞은 보상체계를 만들어 줌으로써 자원봉사활동에 대한 만족도를 높이고 결과적으로 자원봉사활동이 보다 효과적으로 이루어지도록 하는 데 목적이 있다.

이와 같이 이타적 동기와 이기적 동기를 모두 포함하고 있는 프란시스의 동기-욕구 프로필은 자원봉사자 각자의 동기를 보다 구체적으로 파악하고, 이에 적절한 보상체계를 마련할 수 있도록 하는 측면에서 자원봉사활동에 유용하게 적용될 수 있다.

2) 사회적 교환이론

사회적 교환이론은 1958년 조지 호만스(George Homans)가 처음 발표하였고, 조직원과 조직 사이에서 어떻게 사회적 교환 관계를 만들어 내는지를 설명한다. 사회적 교환이론은 조직행동을 설명하기 위해 구성원의 심리 및 태도에 기초하여 설명한다. 1964년에 피터 엠 블라우(Peter M. Blau)는 사회적 교환과 경제적 교환으로 구분하였다.

공통점은 시장에서 교환이 이루어지고 비용에 따른 보상이 필요하다는 것이다. 차이점은 경제적 교환은 교환 관계의 당사자들이 상호교환에 관한 공통적인 인식을 가지고 객관적인 관찰이 가능하다는 것이고. 사회적 교환은 비용 대비 혜택이 구체적이거나 명확하지 않다는 것이다.

사회적 교환은 일대일 교환 관계가 아니라 비대칭적이고 혜택은 불확실하다. 예를 들면 감사의 마음, 신뢰 등으로 인해 되돌려 주어야 할 의무감이다. 사회적 교환은 장기간에 걸쳐 혜택이나 이익이 교환되기 때문에 신뢰를 요구한다. 신뢰가 없으면 사회적 관계가 형성되지 않는다.

이처럼 자원봉사자의 활동을 보상하는 것과 관련된 합리적인 의사결정의 결과로 해석하는 대표적인 견해가 사회적 교환이론이다. 사회적 교환이론에 따르면 자원봉사자의 행동은 다양한 외적인 요인에 의해 영향을 받는다. 자원봉사자의 첫 활동의 동기는 심리적 요인이 작동될 수 있으나, 일단 활동이 시작되면 그 과정 속에서의 성취감, 소집단과의 관계, 물질적 보상과 인정, 칭찬, 존경 등 사회적 보상에 따라 자원봉사활동의 강도와 지속성에 영향을 준다는 것이다.

(1) 심리적 보상

심리적 보상은 자원봉사활동에 따른 심리적 안녕감과 만족감을 의미한다. 심리적 보상은 이웃과 사회를 돌아본다는 보람과 평등의식의 실현, 체면을 차리는 것, 혹은 자기 성장과 미래 직업이나 사회적 역할 탐색을 위한 동기, 즉 이런 것에서 자원봉사에 참여한다는 것이다.

(2) 사회적 보상

사회적 보상은 직접적 보상은 따르지 않지만, 사회제도를 통해 이에 상응하는 보상을 제공받는 것이다. 예를 들면 자원봉사통장제도, 표창제도, 회원제도, 근무시간 인정 및 경력화, 자원봉사 학점의 제도화 등을 들 수 있다. 실제 우리나라는 다양한 형태의 사회적 보상을 통해 자원봉사를 유인하고 동기화하고 있다.

(3) 경제적 보상

자원봉사에 대한 경제적 보상은 활동 참여에 따른 유급의 보상을 지급하는 것을 의미한다. 우리나라는 교통비, 식사비 등의 수준에서 이루어지고 있어서 아직은 미흡한 수준에 있다.

그러나 미국은 자원봉사활동에 따른 경제적 보상이 정책적으로 매우 활성화되어 있다. 미국봉사단은 청년의 경우 방학 등을 이용해서 각종 지역사회 프로그램에 참여할 경우 학비 지원, 풀타임일 경우 최저생계비 지원 등을 하며, 노인의 자원봉사에 대해서는 유급 및 실비 지원 등의 다양한 경제적 보상이 이루어지고 있다.

제3절 자원봉사자의 권리와 의무

자원봉사자가 자원봉사자로서 권리, 의무, 그리고 책임에 관해 이해하는 것은 효과적인 자원봉사 수행을 위해 절대적으로 중요하다. 기관은 오리엔테이션 기회를 통해 권리와 의무에 관해 설명할 수 있으며, 면접 시에도 설명할 수 있다.

1. 자원봉사자의 기본권리

① 자원봉사자로서 존중받을 권리
② 기관과 활동에 관해 오리엔테이션을 받을 권리
③ 필요한 교육, 그리고 훈련을 받을 권리
④ 해야 할 활동에 관해 명확한 설명서를 제공받을 권리
⑤ 직원으로부터 활동에 필요한 지원(도움)과 지도를 받을 권리
⑥ 불만이 있는 경우 말할 수 있는 권리
⑦ 수행한 활동에 대해 적절한 인정을 받을 권리
⑧ 단체와 활동에 관한 최신의 정보를 제공받을 권리
⑨ 개인정보에 관한 비밀보장을 받을 권리
⑩ 활동 관련 사고에 대비한 보험가입의 권리
⑪ 활동에 필요한 공간, 장비, 기재 등을 제공받을 권리
⑫ 자원봉사와 관련된 직원회의에 참가할 권리
⑬ 자신에게 적절하지 않은 활동을 거절할 권리

2. 자원봉사자의 의무/책임

① 자신이 감당할 수 있는 업무(활동)를 받아들일 의무
② 맡은 일을 능력껏 최선을 다해야 할 의무
③ 단체의 목적이나 조직, 그리고 규정을 잘 알고 따라야 할 의무
④ 건설적 의견을 제시할 의무
⑤ 자신이 답할 수 없는 문제가 있을 때 담당자에게 물어야 할 의무
⑥ 약속된 임무는 완성해야 할 의무
⑦ 기관이나 자원봉사자 개인의 비밀을 지켜야 할 의무
⑧ 직원, 동료 자원봉사자, 그리고 대상자를 친절하게 대해야 할 의무
⑨ 자원봉사 서비스 질의 향상을 위한 창의성과 열정을 다 해야 할 의무
⑩ 어떤 형태의 대가도 기대하지 말아야 할 의무
⑪ 사정이 있어 활동을 계속하지 못할 경우, 사전에 그 사유를 알려야 할 의무

제4절 자원봉사자의 윤리강령

'자원봉사자 윤리강령'은 지난 1998년 개최된 '제1회 한국자원봉사전국대회' 실행위원회에서 초안 작성 후 전문위원회의 연구·검토를 거쳐, 1999년 4월 한국자원봉사단체협의회 창립 5주년 기념식에서 설명회를 열고 전체 회원들의 의견을 수렴하였다. 1999년 12월, 민간단체협의회가 공동으로 주최한 '자원봉사자 전국 지도자 대회'에서 6대 민간단체협의회(한국대학사회봉사협의회, 한국사회복지협의회, 한국시민단체협의회, 한국자원봉사단체협의회, 한국종교인평화회의, 한국청소년단체협의회)의 이름으로 채택·선포되었다.

표 4-4 자원봉사자 윤리강령

① 자원봉사자는 생명의 귀중함과 모든 사람은 평등하다는 것을 인정하며, 차별을 두지 않고 상대방의 입장을 이해하는 겸허한 자세로 활동하여야 한다. ② 자원봉사자는 사회를 구성하는 모든 영역과 분야에서 삶의 질 향상과 건강한 지역사회 조성 및 더불어 살아가는 공존 복지공동체 구현을 위해 활동하며, 전통문화의 존중과 새로운 문화 창출에도 이바지하여야 한다. ③ 자원봉사자는 올바른 가치관과 윤리관을 가지고 자신의 능력과 자질을 향상시키기 위한 노력을 하여야 하며, 스스로 참여하고 활동하는 일에 대하여 투철한 사명감을 가지고 책임과 의무를 충실히 이행해야 한다. ④ 자원봉사자는 민주 시민정신의 실천자로서 지역사회의 다양한 욕구에 부응하고, 사회적으로 발생하는 제반 문제에 대하여 예방과 치료 및 지원 협조 대책을 강구하는 활동의 제공으로 특정한 보수나 대가를 대신한다. ⑤ 자원봉사자는 활동 대상의 권익과 사생활을 보호하고, 활동과 관련된 인격 존중과 기관의 규칙을 준수하여야 하며, 활동 중에 알게 된 비밀을 지켜야 한다. ⑥ 자원봉사자는 자신의 참여와 활동을 통하여 봉사대상이 새롭게 보호, 변화 발전하는 것이 곧 자신에게 보람과 긍지를 주고 삶의 의미를 인식하는 것이며, 또한 자신의 발전과 바람직한 인격을 갖게 하는 원동력이라는 확신을 가져야 한다. ⑦ 자원봉사자는 지역사회 공동체와 국가사회 발전에 기여하고, 나아가 세계 평화와 인류애를 실천하는 봉사자가 되어야 한다.

자원봉사자란

① 자원봉사활동을 하는 사람

② 무상으로 봉사하는 사람

자원봉사자의 동기란

① 자발적인 자원봉사활동이라는 구체적인 행동

② 이를 지속시키는 자원봉사자의 욕구, 가치, 그리고 힘

동기부여의 기능

① 자원봉사 프로그램의 성패: 직원과 자원봉사자의 동기부여에 달림

② 자원봉사자를 지속적으로 활동하게 하는 핵심 요소

자원봉사자의 동기

① 이타적 동기: 타인 지향적 동기(감정이입, 공감, 인간적 연민, 자선)

② 이기적 동기: 자기 지향적 동기(재정적 보상, 자긍심의 승가, 승진 등)

③ 혼합동기: 이타적 동기와 이기적 동기라는 양자의 혼합

자원봉사자의 책임

① 자원봉사자는 정직해야 할 책임

② 자원봉사자는 신뢰받을 책임

③ 자원봉사자는 비밀을 지켜야 할 책임

④ 자원봉사자는 수용적이며 비심판적이어야 함

⑤ 자원봉사자는 충고가 위험하다는 것을 알아야 할 책임

⑥ 자원봉사자는 잘 경청해 주는 사람이 되어야 할 책임

⑦ 자원봉사자는 슬픔을 이해해야 할 책임

자원봉사자의 역할

① 서비스 지향적 자원봉사
② 이슈 지향적 또는 명분 지향적 자원봉사
③ 자기 성취적 · 자기 표현적 자원봉사
④ 박애적, 기금 제공 및 모금 자원봉사 등

자원봉사자 윤리강령

1999년 12월, 6대 민간단체협의회(한국대학사회봉사협의회, 한국사회복지협의회, 한국시민단체협의회, 한국자원봉사단체협의회, 한국종교인평화회의, 한국청소년단체협의회)의 이름으로 채택 · 선포

매슬로우의 이론과 학자들의 이론 비교

매슬로우 (Maslow)	허즈버그 (Herzberg)	알더퍼 (Alderfer)	아지리스 (Argyris)
⑤ 자아실현의 욕구	동기요인	성장욕구	성숙인
④ 자아존중의 욕구			
③ 사회적 욕구		관계욕구	
② 안전의 욕구	위생요인		미성숙인
① 생존의 욕구		존재욕구	

자원봉사활동 기본법 제3조(정의)

"자원봉사단체"란 자원봉사활동을 주된 사업으로 하거나 이를 지원하기 위하여 설립된 비영리 법인 또는 단체를 말한다.

비영리 법인 및 단체란 영리를 목적으로 하지 않은 복지법인 및 학교법인, 종교법인 등을 의미
① 법인 - 정관을 제정하고 국가의 승인을 받은 단체 및 기관을 의미
② 정관 - 법인 운영에 있어서 모든 사항을 규정한 법인의 내부 준칙

CHAPTER

05

자원봉사관리

제1절 자원봉사관리의 개념

제2절 자원봉사관리자의 개념

제3절 자원봉사관리자의 조건과 자질

제4절 자원봉사관리자의 윤리

CHAPTER

05 자원봉사관리

제1절 자원봉사관리의 개념

1. 자원봉사관리 이해

자원봉사관리란 기관의 목적 달성을 위한 자원봉사활동의 계획, 조정, 지원, 그리고 감독 등 자원봉사를 총괄하는 조직적 활동으로, 일반적으로 자원봉사관리란 '자원봉사활동을 원하는 측'의 욕구와 '자원봉사활동의 원조를 받는 측'의 욕구를 연결시켜 효과적인 자원봉사활동이 이루어지게 하는 일련의 절차와 방법을 강구하는 것이라고 할 수 있다.

미국 자원봉사관리사협회(AVA)는 "자원봉사관리는 자원봉사들이 조직에 효과적으로 활동하여 결과를 낳도록 통합시키는 실천과 연구에 관한 하나의 전문직업"이라고 정의하고, 윌슨(Wilson)은 "자원봉사관리는 전문분야에서 교육을 받은 사람들에 의해서 관리되는 전문직업"이라 하였다.

이러한 정의를 종합하여 볼 때 자원봉사관리란 자원봉사자와 자원봉사활동을 조정 · 감독 · 지지 · 인도함으로써 자원봉사활동의 본래의 목적을 실현해 가는 전문적인 활동이라고 할 수 있다.

우리나라의 경우 자원봉사 확대 및 발전이라는 시대적 요구에 따라 자원봉사센터가 설치되기 시작하면서 자원봉사자를 관리하는 인력이 필요하게 되었는데, 자원봉사관리자는 자원봉사활동과 관련된 전반적인 지식과 가치를 가지고 체계적인 자원봉사관리를 수행하는 유급의 전문 인력을 의미한다고 할 수 있다.

즉 자원봉사자의 욕구(A), 서비스 이용자의 욕구(B), 서비스 제공기관의 욕구(C)의 공통지점인 D부분을 찾아내고, 새롭게 창조하고 크게 만들어 주는 것이 자원봉사활동 관리이다.

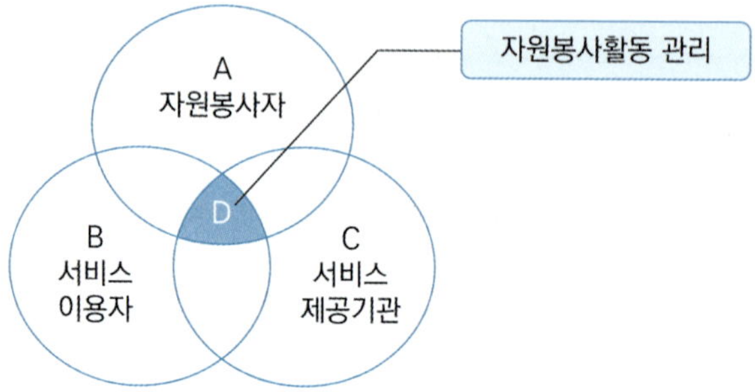

그림 5-1 자원봉사활동 관리

2. 자원봉사관리의 중요성

지역사회에는 많은 봉사자가 있고, 마음은 있으나 시간의 제약으로 또는 용기가 없거나 방법을 몰라 참가하지 못하고 있는 사람들이 많이 있다. 따라서 이들에게 동기를 부여하고, 또한 자원봉사활동에 보람을 느끼게 하는 것은 개인의 발전이나 지역사회 발전을 위해 대단히 중요하다.

우리나라의 봉사운동은 외세의 침략만 받아오던 역사 속에서 자연스럽게 움튼 계, 두레 등 상부상조의 정신을 바탕으로 한 공동체 의식 속에서 발전되어 왔으며, 현재 자원봉사를 통한 공동체 의식이 확산되고 있는 것은 바람직한 현상이라 할 수 있다. 또한 최근에는 외국의 봉사 개념보다는 우리나라의 봉사 개념을 더욱 중요시하는 경향도 나타나고 있다.

따라서 이러한 자원봉사활동을 전문적으로 관리할 전문 인력의 중요성을 강조하고 있으며, 이러한 자원봉사관리는 자원봉사자의 지속적이고 효과적인 활동을 촉진하고, 그들의 성장을 도우며, 지역사회의 욕구 충족과 발전에 기여하려는 기관의 목적과 사명을 효과적으로 달성하기 위함이다.

또한 지역사회 및 이용자에게 최대의 혜택을 제공하는 동시에 자원봉사자에게도 만족과 보람을, 기관에게는 존재 가치와 지속성을 유지할 수 있도록 하려는 것이다.

3. 자원봉사관리의 표준영역(매뉴얼)

자원봉사관리를 잘하는 기관이나 프로그램의 특징은 무엇일까?, 호주 전국자원봉사센터는 자원봉사자의 권리를 보호하고 지역사회에 서비스를 제공하는 데 있어 지속적으로 높은 수행 능력을 보이는 기관 및 프로그램이 자원봉사관리를 매우 잘하는 곳이라고 조사한 바 있다.

여러 비영리기관들을 대상으로 자원봉사관리에 대해 컨설팅해 주고, 조사를 해 나가는 가운데 호주 전국자원봉사센터는 자원봉사관리에도 어떠한 표준과 기준이 필요하다고 보았다.

이를 구조화하기 위하여 연구한 결과 2002년에는 『자원봉사관리의 표준화』 지침을 초판을 거쳐 재판을 출간한 바 있다.

표준이란 업무를 수행하는 데 있어서 공통적인 이해와 합의된 방법이다. 우리가 지금까지 해 왔던 것, 혹은 만든 것을 비교할 수 있는 점검표이다. 이러한 자원봉사관리 표준은 비영리기관에서 자원봉사자들이 지속적으로 활동하고 효과적으로 활동하게 하기 위한 것으로서 자원봉사활동 및 관리가 최대의 효과를 나타낼 수 있도록 하기 위한 것이다.

표 5-1 자원봉사활동관리 표준 매뉴얼(행정안전부)

① 운영전략 및 관리방침의 수립	자원봉사센터의 효과적인 운영을 위해 전략과 관리방침을 수립하여 문서화하고, 센터 내 · 외부의 관계자들과 이를 공유하고 지속적으로 갱신
② 자원봉사 프로그램 개발 및 운영	지역사회의 문제를 해결하기 위해 목적과 목표가 분명한 자원봉사 프로그램 개발 및 보급
③ 자원봉사자 업무기획	자원봉사자들을 필요로 하는 업무들을 세분화하여 계획하고, 이에 따른 업무설명서 마련
④ 자원봉사자 모집	자원봉사업무에 가장 적합한 자원봉사자를 표적화하고, 모집 · 홍보 전략을 통해 모집
⑤ 자원봉사자 면접과 배치	자원봉사자의 욕구와 자질을 파악하기 위해 면접을 실시하고, 자원봉사자 및 수요처의 욕구에 따라 적재적소에 자원봉사자를 배치
⑥ 자원봉사교육	자원봉사자 및 관리자가 역할과 업무를 효과적으로 수행할 수 있도록 이들의 욕구, 활동 내용 및 시기 등을 고려하여 교육대상자에게 적합한 교육과정을 개발하여 실행
⑦ 자원봉사활동 관리감독	계획된 자원봉사활동의 목표를 달성하기 위하여 지속적으로 필요한 정보와 피드백 제공
⑧ 자원봉사단체 및 수요처	지역주민의 조직화 된 자원봉사활동을 촉진하고, 지속적으로 원활히 운영되며, 목표 달성을 할 수 있도록 자원봉사단체를 조직화하고 육성
	지역사회의 자원봉사 수요를 확대하고, 시민들에게 새로운 활동 기회를 제공하기 위해 자원봉사 수요처를 개발하고 관리
⑨ 자원봉사위험 관리	자원봉사활동 환경의 위험 요인을 파악하여 사전에 예방하고, 위험이 발생하면 체계적인 해결방안을 수립하여 신속한 해결을 통해 문제를 최소화
⑩ 자원봉사 인정과 보상	자원봉사활동에 대하여 가치를 부여하고, 감사를 표시하기 위하여 자원봉사활동에 대한 기여 및 성과에 대해 적절한 인정과 보상 제공
⑪ 자원봉사 홍보와 진흥	자원봉사의 가치와 활동 기회를 널리 알리기 위해 센터 운영 및 사업의 전 영역과 유기적으로 결합 된 홍보 전략을 수립하고 이를 수행
⑫ 재난재해 관리	재난재해의 사전 예방과 신속한 복구를 위하여 민간 및 공공영역의 공조 관계를 갖추어 재난재해 대처체계 구축
⑬ 행정관리	자원봉사센터의 전략과 사업목표를 달성하기 위하여 운영에 필요한 전반적인 관리사항을 운영 · 점검하고 평가

제2절 자원봉사관리자의 개념

1. 자원봉사관리자 이해

자원봉사관리자는 자원봉사관리를 담당하는 사람으로서 자원봉사자와 직원 간의 조정, 혹은 자원봉사자와 대상자 간의 조정, 자원봉사자로 구성된 조직 운영의 책임 등 조직의 성격이나 업무분장, 혹은 조직 내에서의 직급에 따라 주요 역할이 약간씩 달라지기도 한다. 이러한 자원봉사관리자는 체계적인 자원봉사활동 관리를 통해 시민의 자원봉사활동을 확산하고, 그 지속성을 도모하기 위해 전문적인 직무를 수행하는 사람을 말한다. 한국직업능력개발원에서는 자원봉사관리자를 '더 많은 사람들이 더 효과적으로 자원봉사활동에 촉진하며, 참여하는 사람을 지원하는 것을 직무로 하는 직업'이라고 정의하였다.

자원봉사관리자를 지칭하는 용어는 다양하게 존재하고 있는데, 해외의 경우 Coordinator, Administrator, Director 등 다양한 명칭을 활용하고 있으며, 우리나라에서도 자원봉사관리자, 자원봉사지도자, 지도감독자(슈퍼바이저) 등이 혼용되어 사용되고 있다.

다만 「자원봉사활동 기본법」의 발의 과정에서 자원봉사관리자라는 용어가 등장하였고, 1995년 행정안전부 산하 자원봉사센터가 전국 시 · 군 · 구에 설치되기 시작하면서 센터 종사자들을 대상으로 하는 교육과정명을 '자원봉사관리자 교육'이라고 지칭하는 등 민간 교육전문기관과 광역단위 자원봉사센터를 중심으로 자원봉사관리자라는 명칭이 보편적으로 사용되고 있다.

2. 자원봉사관리자의 역할

자원봉사관리자의 중요한 역할은 행동 지침을 결정하고, 조직에서의 주어진 과제(vision)를 공유하도록 구성원을 격려하고, 그 과제를 달성할 수 있도록 구성원들에게 활기를 불어넣는 일이다. 따라서 자원봉사관리자는 효과적인 프로그램과 관리 기술을 인식하여야 한다.

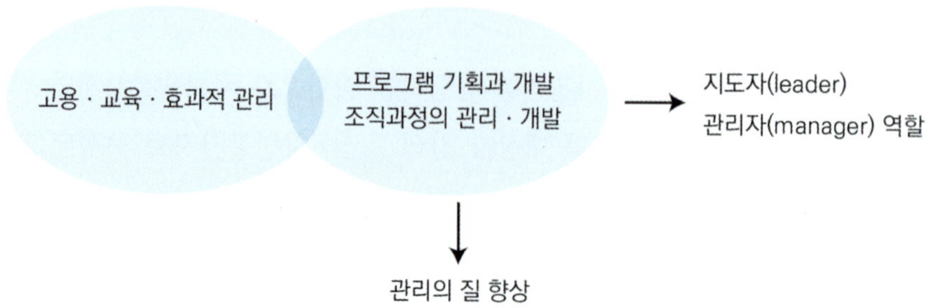

그림 5-2 자원봉사관리자의 역할

피셔와 콜(Fisher & Cole)은 기존의 연구 문헌과 자원봉사 분야에서 실제로 활동하고 있는 전문 직업인에 의해 거론되고 있는 자원봉사관리자의 업무 역할을 다음과 같이 설명하고, 특히 지도자(leader)와 관리자(manager)로서의 역할이 중요하다고 지적하고 있다.

① 자원봉사자들의 지도자와 봉사활동 지침의 결정자이다.
② 자원봉사 프로그램의 관리자와 인사관리자이다.
③ 조직에서 활동하는 자원봉사자들의 옹호자이다.
④ 조직과 조직에서 활동하는 자원봉사자들 사이에서의 주요 의사 전달자이다.
⑤ 자원봉사 프로그램의 지지를 위한 기금조성자이다.

그리고 자원봉사관리자의 역할을 활동 업무와 관련하여 제시하면 다음과 같다.

① 자원봉사자 프로그램을 계획하고, 보충하고, 관리하고, 평가한다.
② 자원봉사에 관한 정책개발을 보조한다.

③ 자원봉사자를 모집하고 선정하며 배치한다.
④ 자원봉사자의 오리엔테이션과 훈련을 담당한다.
⑤ 자원봉사 서비스의 제공을 관리한다.
⑥ 기관의 정규 유급 직원과 긴밀하게 협력한다.
⑦ 자원봉사활동 참여자들의 모임을 주관하고 참석한다.
⑧ 의사소통 체계를 제공하고 유지한다.
⑨ 지역사회모임, 대중연설, 매체접촉 등을 통하여 자원봉사에 대한 인식을 확대한다.
⑩ 자원봉사자 근무 당번표를 배정하고, 각종 기록과 통계자료를 유지 및 보관한다.
⑪ 보고서와 기안서를 작성한다.
⑫ 회보를 발간한다.
⑬ 예산을 수립하고 집행 및 관리한다.
⑭ 자원봉사 분야의 대행업체를 대표한다.
⑮ 지역사회와의 연계역할을 담당한다.

3. 자원봉사관리자의 전문성

어떤 분야가 그 전문성을 인정받기 위해서는 그 분야의 일을 하는 사람의 전문성과 역량을 인정받아야 한다. 지역사회의 변화를 가져오기 위한 자원봉사활동을 촉진하기 위해서는 자원봉사자들의 참여를 보다 효과적·효율적으로 촉진하고, 도울 수 있는 핵심 인력, 곧 자원봉사관리자와 리더의 역할이 무엇보다도 중요하다.

비전과 열정, 이를 떠받쳐 줄 수 있는 전문성과 역량을 갖춘 자원봉사관리자와 리더는 지역사회의 문제를 해결하기 위해 잠재적인 자원봉사자들을 발굴하고, 이들이 동기부여되어 즐겁게 활동에 참여하고, 스스로 지역문제를 해결할 수 있도록 체계적으로 프로그램을 기획한다. 한 사람의 준비되고 역량을 갖춘 자원봉사관리자 혹은 리더로 인하여 지역사회가 변할 수 있다.

따라서 자원봉사센터 및 사회복지자원봉사관리센터의 경우 자원봉사관리자를 대상으로 보수교육, 전문교육 등이 이루어지고 있다. 자원봉사관리 업무의 전문성 제고를 위해서는 모든 자원봉사담당자들을 대상으로 보다 실무 지향적이고 체계적인 자원봉사관리자 교육이 확대되어야 하며, 전문성 있는 자원봉사관리자를 양성하여 업무의 효과성과 효율성을 높이고, 윤리적인 자원봉사관리 실천이 이루어지도록 해야 한다.

제3절 자원봉사관리자의 조건과 자질

1. 자원봉사관리자의 조건

자원봉사관리자는 다양한 능력과 성실성을 갖추어야 하며, 자원봉사활동에 대한 분명한 이해를 하고 있어야 한다. 이와 관련하여 자원봉사관리자가 지녀야 할 능력에 대한 내용을 살펴보면 다음과 같다.

① 자원봉사활동의 의미, 필요성, 가치 등을 명확히 이해하도록 한다.
② 자원봉사활동의 전반적인 조직과 운영에 대한 전문지식을 습득한다.
③ 자원봉사활동 조정자로서의 역할을 충분히 이해해야 한다.
④ 자원봉사자를 귀하게 여기고, 자원봉사자가 가진 능력과 특성을 최대한 발휘하도록 돕는다.
⑤ 자원봉사활동의 현황 및 문제점에 관하여 알아야 한다.
⑥ 창의적인 사고를 바탕으로 모든 일에 계획성과 추진력을 가져야 한다.
⑦ 자원봉사활동의 결과에 대한 정확한 평가능력을 가져야 한다.

또한 자원봉사관리자에게 전문적인 교육과 훈련을 실시하는 것이 바람직한 것으로 인식되고 있으며, 이들의 교육 및 훈련에 포함되어야 할 내용으로는 다음과 같은 사항들이 있다.

① 자원봉사활동에 관한 이해이다.
② 자원봉사조정자가 일하는 기관의 기능과 업무이다.
③ 자원봉사활동 조정의 지식과 기술이다.
④ 조사방법론의 지식과 기술이다.
⑤ 각종 정보수집, 정리, 분석 제공 등의 방법이다.
⑥ 연수, 교육 프로그램 기획 · 실행 방법이다.
⑦ 각종 회의 운영에 관한 기술이다.
⑧ 소집단 지도 · 활용에 관한 기술이다.
⑨ 상담, 면접에 관한 기술이다.
⑩ 지역사회 자원 활용 기술이다.
⑪ 인간관계론 이해이다.
⑫ 홍보에 관한 기술 등이다.

이러한 자원봉사관리자들이 활동하면서 준수해야 하는 원칙들은 다음과 같다.

① 명확하고 지속적으로 평가되는 목표를 가지고 있어야 한다.
② 계획수립과 문제해결 및 방침 결정에 '직접 관련'된 사람들의 참여를 수용해야 한다.
③ 프로그램의 효과적 관리를 위해서는 현재 상황의 토대 위에서 자원봉사자와 유급직원을 함께 참여시키는 것이 유리하다.
④ 정기적 피드백 및 직원과 자원봉사자 합동회의를 가진다.
⑤ 자원봉사자를 위한 단기 및 장기적인 기간과 공간이 필요하다.
⑥ 오리엔테이션, 연수 및 능력향상과 성장의 기회는 자원봉사자, 직원 모

두에게 필수적인 사항들이다.

⑦ 융통성 있는 현장 규약이 필요하다.

⑧ 유사한 프로그램 간의 상호연계성을 가지도록 한다.

⑨ 지역사회 내의 다른 기관이나 조직, 그리고 이념집단과 협력하는 일은 건전한 프로그램을 위해서 필수적이다.

이와 같이 사회복지는 결국 인간의 행복을 실현시키는 것이며, 자원봉사는 이러한 사회복지의 시민참여 활동이기 때문에, 관리자 자신은 누구보다도 성숙한 인간성과 함께 고도의 교육과 훈련을 거쳐 전문인으로서의 소양을 갖추어야 한다. 자신에게는 엄격하면서도 타인에게는 너그러운 포용력과 조직의 활동과 프로그램의 방향을 바르게 제시하고, 교육하고, 친절하게 돌보는 지도력의 함양이 필요하다. 또한 인간을 탐구하는 기회를 많이 가지고, 편견과 차별 없이 클라이언트나 자원봉사자와 동등한 위치에서 인간관계를 유지해 나갈 수 있어야 하는 인간에 대한 이해와 지식이 필요하다. 인간의 행복이 무엇인지를 깊이 이해할 수 있는 직관력을 갖추고, 사회복지에 대한 인식과 실천할 수 있는 추진력이 있어야 한다. 자원봉사자의 적정 배치와 자원봉사활동의 문제점을 타개하기도 하고, 카운슬러 역할이 필요할 때 여러 가지 상황에서 적절히 대처해 나갈 수 있는 통찰력이 필요하다.

2. 자원봉사관리자의 자질

자원봉사 행위는 다른 사람만을 위한 것이 아니라 자신을 위한 행위도 된다는 의미에서 그 동기가 찾아져야 한다. 이러한 동기를 가지고 자원봉사하기를 원하는 지원자들을 자원봉사관리자는 세심히 배려하지 않으면 지속적인 자원봉사활동을 확보하기가 어려워진다. 이것은 과거의 자원봉사관리 방식과는 크게 다른 방법을 요구하는 것이며, 자원봉사관리자가 개개인의 욕구를 찾아내어 배려하는 것과도 일맥상통한다.

이처럼 변화된 환경은 그것이 발전해 갈수록 복잡성이 증대하고, 자원봉사관리 역시 점점 더 복잡한 상황을 만들며, 다양하고 확장된 역할을 요구받고 있다. 한국의 자원봉사도 급증하는 사회적 요구에 부응하기 위한 양적 성장, 제도화에 따른 활동 체계 확립의 시기를 거쳐 현재 명확하게 규정되진 않았지만 새로운 단계에 진입해 있다. 문제는 각 단계에서 요구된 역할들이 중첩되어 나타난다는 것이다. 또한 이러한 의미와 정체성은 자원봉사관리자의 역량을 규정함에 있어 중요한 열쇠 말이 된다는 것이다. 의미는 복잡 다양한 역할을 수행하는 자원봉사관리자들로 하여금 헌신을 넘어 정신적 측면을 지탱해 줄 요소이다. 정체성은 당위적인 규정이 아니라 현재 자원봉사관리자의 존재 조건에 대한 이해로 나아가는 데 도움을 줄 것이며, 그 영향력은 다음과 같다.

1) 사명감(commitment)

피터 드러커(Peter Drucker)는 비영리단체의 경영이란 책에서 "사명보다 더 중요한 것은 없다."라고 강조하였다. 비영리기관은 한 사회와 그 사회 개개인의 삶에 변화를 주기 위해 존재하기에 사명감 없이는 존재하기 어렵다. 지도자는 장기적인 안목을 가지고 주어진 사명을 확실히 보고, 듣고, 그대로 옮기도록 하는 것이다.

리더(leader), 지도자는 자기를 따라주는 사람들이 있어야 한다. 따라주는 사람이 있게 하려면 결국 리더는 분명한 비전을 가지고 있어야 한다. 어떠한 일을 새로운 차원의 경지로 발전시키기 위해서는 혼신의 힘을 다하지 않으면 안 된다. 사명을 성공적으로 수행하기 위한 요건은 '기회의 포착'과 '전문지식'과 '전신전력'으로 추구하는 각오이다.

사명감이란 사전적 의미로는 '주어진 임무를 잘 수행하려는 마음가짐'을 뜻한다. 어떤 일에 대해서는 이렇게 꼭 해야 한다는 기준이 된다. 사명감은 본인의 위치와 하는 일의 가치를 아는 것에서부터 시작되며, 그 영향력을 제시하면 다음과 같다.

① 지속적인 참여의 격려와 공유가치 진작이다.
② 낙관적인 견해와 유머 감각이다.
③ 모든 사람들에게 열린 마음의 진솔한 신뢰 획득이다.
④ 모든 일에 적극적으로 솔선수범하는 실천성이다.
⑤ 합목적적인 가치관과 업무의 융통성이다.
⑥ 더불어 사는 인간 공동체 구현이다.
⑦ 업무에 창조적 · 직관력 발휘이다.
⑧ 타인에 대한 존경과 예의이다.

2) 지도력(leadership)

지도력의 의미는 집단의 목표 달성과 유지 · 발전을 위하여 집단성원의 자발적 지지와 성원을 바탕으로 그들 간의 상호작용을 유도하고, 집단 내 · 외적 상황을 변화시키는 지도자의 행동을 말한다. 즉 체계에 영향을 주는 개인의 능력을 말한다. 또한 집단지도자의 역할과 관련된 특성이나 행동을 말하기도 한다. 지도자의 역할은 개인적 특징과 경험에 따라 개인에게 부여되고, 혹은 특정의 지위를 점유함으로써 부여되기도 한다. 자원봉사활동의 관리자로서 지도력은 조직의 활동과 프로그램의 방향을 바르게 제시하고, 교육하고, 친절하게 돌보는 것이다.

① 작은 것도 꼼꼼히 살피는 관찰력과 인내력이 필요하다.
② 좋은 언어의 구사력과 문장력이 요구된다.
③ 창조적으로 이끌어 가려는 의지와 능력이 필요하다.
④ 제반 문제를 간별할 수 있는 판단력과 용기가 필요하다.
⑤ 기존 정책을 이해하고 활용하며, 새 정책을 개발할 수 있는 능력이 요구된다.

⑥ 조직원의 욕구 · 능력 · 기술 · 기대 등을 분석 · 통합할 수 있는 식견이 필요하다.

⑦ 업무의 개관과 우선순위에 따른 의사 결정력이 요구된다.

⑧ 기획 · 감독, 그리고 평가할 수 있는 총괄적 조직력이 필요하다.

3) 능력(ability)

능력이란 한 개인이 행위를 수행하고 문제를 해결하거나 적응을 할 수 있도록 하는 자질을 말한다. 유능한 관리자로서 담당해야 할 능력을 요약해 보면 다음과 같다.

① 계획추진 및 집행의 융통성 부여이다.

② 조직원과 봉사자 사이에 좋은 관계로 협조하도록 업무환경 조성이다.

③ 봉사자를 적절한 프로그램에 배치 및 전체 조직과의 조정이다.

④ 정보 및 의사소통의 통로 확장과 감독이다.

⑤ 프로그램 집행과정 및 조직 평가이다.

⑥ 봉사자, 수요자, 시설물 관리, 그리고 교육 등이다.

⑦ 각종 서류 및 보고서 작성 · 보관 및 개발 등이다.

⑧ 각종 인쇄물이나 홍보물의 제작 · 편집 및 광고 등이다.

4) 자원봉사자 통솔력

① 생산적 업무환경을 만들고 규범에 따른 업무수행: 누구든 자원봉사자들을 감독하는 책임을 져야 한다.

② 투입을 위한 경로: 자원봉사자들이 건의할 수 있는 정식 경로가 없다면, 그들은 아무 때나 불평을 위한 불평을 할 수도 있다.

③ 감독자들에 대한 접근의 용이성: 단지 일주일에 한번 봉사하는 자원봉사자들을 위해서라도 업무를 지정하고, 질문에 대답해 줄 누군가가 그들이

방문했을 때에 있어야 한다. 만약 아무도 그를 맞을 수 없었다면 그가 할 일과 관련 업무 전체가 무산될 것이다.

④ 제공되어진 시간에 대한 존경: 자원봉사자의 시간을 낭비하지 말아야 한다. 무상으로 맡겨진 자원봉사자들의 시간을 현명하게 사용하려고 노력해야 한다.

⑤ 선택의 자유: 자원봉사자들은 싫다고 말할 수 있다.

⑥ 인정: '감사합니다.'라는 말은 자원봉사들이 받는 보수와 같다고 생각한다. 그리고 그 표시는 반드시 진지하게 이루어지도록 한다.

제4절 자원봉사관리자의 윤리

1. AVA(Association for Volunteer Administration) 윤리 8대 원칙

자원봉사의 영역 및 사회적 영향력이 많아지면서 자원봉사관리자의 윤리에 대한 중요성이 대두되고 있다. 미국자원봉사관리협회의 8대 자원봉사관리자 윤리원칙은 다음과 같다.

1) 자원봉사 철학

자원봉사관리자는 자원봉사 프로그램 개발에 있어서 다른 사람과 함께 일하는 것을 기반으로 자원봉사자가 자원봉사에 대한 일관된 철학을 개발하도록 윤리적 책임을 진다. 자원봉사관리자는 자원봉사 정신에 관한 기본적 원리, 역사, 목표, 윤리적 의미의 철학적, 그리고 실제적인 면에 관하여 이해를 하고 있어야 하며, 자신의 철학 성장에 기여할 수 있는 전문인 동료와 의사소통을 가져야 한다. 또한 직원 관계와 자원봉사 프로그램 개발에 있어 직접 관계하는 직원과 자원봉사 철학을 나누어야 한다. 자원봉사 철학에 따른 자원봉사 프로그램 개발을 하며, 자원봉사자는 어떤 역할을 맡아야 하고, 혹은 어떤 역할은 맡을 수 없다는 것을 설명할 수 있어야 한다. 자원봉사자, 서비스를 받는 대상자, 직원, 그리고 지역사회에 자원봉사 정신에 관해 설명해야 한다.

2) 인간의 존엄성

자원봉사관리자는 관계된 모든 사람의 인간 존엄성을 증진시키는 자원봉사 프로그램 개발에 윤리적 책임을 진다. 또한 자원봉사관리자는 서비스를 받는 대상자의 사생활에 대한 권리를 존중하고, 자기결정과 자조 정신을 향상시키는 프로그램 개발을 해야 한다. 또한 기관이나 단체, 그리고 직원, 자원봉사자, 기관의 회원, 서비스를 받는 대상자들의 복지와 이익을 향상시켜야 한다. 자원봉사관리자는 쇄신과 창조가 존중되는 분위기 조성을 권장한다.

기관의 목적에 따라 기증된 금전, 시간, 기술, 물품은 기관의 이름으로서만 받아야 하고, 적절하게 그리고 기증자의 의사에 따라 사용한다. 자원봉사자에게 개인적 성장과 훈련의 기회를 제공하고, 유급 직원의 역할과 상충하지 않게 하며, 그리고 자원봉사자 승진의 기회를 제공한다. 자원봉사자에게 그들의 개인적 본성을 존중하고, 역량을 키울 수 있는 방법으로 슈퍼비전을 하고, 필요한 경우 조언하고 보조한다.

또한 기관의 정책과 목표를 위해 맡아야 할 책임에 관해 자원봉사자와 동의서를 작성하고, 기관과 자원봉사자 쌍방의 기대에 관해 정직하고 현실적으로 설명한다. 가능한 신체적·정서적인 위험에 관한 정보를 포함해서 자원봉사자의 복지를 위해 모든 적절한 사전 조치를 취한다.

업무배치는 의미 있고 감당할 수 있게 하며, 자원봉사자가 확실히 성공할 수 있도록 지원체계를 마련한다. 기관과의 관계에 있어 모든 관련된 사람들을 공정하게 대한다는 것을 확실하게 하는 정책과 절차에 관한 규정을 제공해야 한다. 자원봉사자들에게 그들의 책임을 다할 수 있도록 적절하고 충분한 정보를 제공하고, 새로운 접근과 정책에 관해 계속 정보를 제공한다.

3) 상호 호혜성

자원봉사관리자는 어떤 자원봉사활동에서도 관련된 모든 사람의 고유한 상호이익에 대한 이해와 그 실현을 증진시키는 윤리적 책임을 진다. 따라서 자원봉사관리자는 상호 혜택의 기회를 제공할 수 있는 자원봉사 프로그램을 개발해야 한다.

자원봉사자들과 서비스를 받는 대상자들이 그들 공통의 경험을 통해 상호호혜성을 인식하도록 도와야 한다. 사람들은 상호 귀중한 기여를 하고 있다는 것을 깨닫게 하는 자원봉사자/서비스 대상자 간의 관계를 권장한다. 자원봉사활동의 목표를 정확하게 알게 하고, 서비스 받는 대상자들이 이들 목표 달성에 어떻게 기여하고 있는가를 이해할 수 있도록 자원봉사자를 지원하다.

또한 자원봉사 프로그램에 관련된 모든 직원, 그리고 기타 사람들이 상호혜택은 개개인의 존엄을 향상시킨다는 것을 인식하도록 도와야 한다.

4) 자주성

자원봉사관리자는 영향을 받는 당사자가 의사결정 과정에의 참여를 증진시키는 윤리적 책임을 진다. 자원봉사관리자는 자원봉사 서비스를 받는 대상자에게 제공되는 서비스가 무슨 서비스인지, 그리고 그 서비스의 내용을 결정할 때, 또한 서비스를 완수한 후의 평가에 이들을 참여시켜야 한다.

자원봉사자들이 기관에 대해 권유하고 싶은 사항이나 관심사, 그리고 하고 싶은 질문을 할 수 있는 기회 제공, 더 나아가 자원봉사자들에게 영향을 미치는 정책 수립과 계획에 주요 자원봉사자를 참여할 수 있는 기회를 제공해야 한다.

또한 자원봉사자 참여로 영향을 받게 되는 직원을 관련 정책결정 과정에 함께 참여할 수 있게 해야 한다. 지역사회의 경험을 통해 성장하는 지혜를 기관의 계획과 정책 결정 과정에 구체화시키는 통로를 마련해야 한다.

5) 사적 비밀 관리

자원봉사관리자는 개인의 사적 비밀(사생활)과 내밀하게 받은 정보를 존중하고 지켜줄 윤리적 책임을 진다. 자원봉사관리자는 정보제공자에게 어떤 종류의 정보는 비밀보장이 되지 않는다는 것을 명백하게 알려 주어야 한다. 기록에 있어서는 개인의 사생활이 존중되고, 그리고 꼭 필요한 정보만 포함하여 정확하게 기록하여 보관한다.

또한 타당한 사람에 의해 요청이 있을 때 기록으로부터 적절하고 정확한 정보를 제공하며, 권한이 없는 사람에게는 제공하지 말아야 한다. 어떤 인쇄물로 나가거나, 강연에 사용하거나, 혹은 케이스 기록이나 관련된 이야기에서 익명 사용을 확실하게 해야 한다. 무심결의 대화에 있어 관련된 사람에 관해서나, 혹은 그들의 문제를 발설하지 말아야 한다.

6) 직원과의 친밀한 관계

자원봉사관리자는 모든 직업적 전문가들과 기타 유급 직원들의 입무를 확대 강화하는 자원봉사 프로그램 개발에 책임을 진다. 자원봉사관리자는 기관이나 서비스받는 대상자, 그리고 자원봉사자의 이익향상을 염두에 두고, 직원 지원체계에 있어서 적극적인 역할을 해야 한다. 모든 유급 직원의 역할을 존중하고 또한 이해하는 한편, 자원봉사관리자와 서비스 자원봉사자를 위한 책임 있고 효과적인 역할을 개발한다.

유급 직원의 역할과 상충하지 않거나, 혹은 유급 직원을 배제하지 않는 자원봉사자의 승진을 개발한다. 적절한 직원훈련과 자문을 통해 직원에게 자원봉사 정신의 가치와 자원봉사자에 대한 책임에 관해 설명한다. 지역사회에 별로 넓게 관련하고 있지 않은 직원들에게 지역사회에 대한 기관의 관심사에 관해서 공정한 입장에서 설명해 준다.

7) 사회적 책임

자원봉사관리자는 사회 분위기, 즉 인간의 욕구가 충족되고 인간의 가치가 증진되는 그러한 분위기 창출의 윤리적 책임을 진다. 자원봉사관리자는 지역사회 관습의 이해를 발전시키고, 또한 그것들을 존중하나 그것들에 대한 변화와 비평도 받아들여야 한다.

소속한 기관의 지역사회에 미치는 영향에 대해 잘 알고 있어야 한다. 또한 지역사회의 사회적 조건과 관련하여 자원봉사자의 역할을 이해해야 하고, 지역사회의 사회적 문제와 자원봉사 프로그램과의 관계를 알아야 한다. 그리고 창조적이고 책임 있는 사회 개발과 변화에 기여해야 한다.

8) 직업 전문가로서의 책임

자원봉사관리자는 서비스 대상자로부터 전문직에 대한 신뢰성을 얻는 데 기여해야 한다. 자원봉사관리자는 높은 수준의 전문적 능력을 유지해야 한다. 그리고 전문적 역할수행에 있어 객관성과 성실성을 가지고 행동해야 한다. 또한 모든 자원봉사활동에 있어 윤리적 실제의 실행을 위해 활동해야 한다.

전문적 접촉에서 얻어진 정보나 상황을 다른 목적으로 이용하는 어떤 행동도 해서는 안 된다. 전문기관 혹은 자원봉사자들, 소속한 기관을 대표하는 말과 행동은 개인적 말과 행동과 명확하게 구분해야 한다. 그리고 기관의 목표와 정책에 정직하게 동조할 수 있을 때 한해서 업무를 받아들인다. 활동하는 기관의 허용된 구조와 절차 내에서 활동하며, 변화를 가져오기 위해 개방적이고 건설적인 방법으로 활동한다.

신문이나 방송, 기타 정보매체에 사용하는 정보의 타당성, 그것들을 내보내는 책임을 보도하기 전에 확실하게 해야 한다. 전문적 상담 제공의 책임을 져야 하며, 또한 필요한 경우에는 상담을 받아야 한다. 그리고 자신이 책임진 프로그램을 계속적이고 현실적인 평가를 한다. 평가에는 지역사회 대표자,

기관의 관리자, 직원, 자원봉사자, 그리고 서비스를 받는 대상자를 참가시켜야 한다. 또한 자신의 전문적 성장을 위해 열심히 활동해야 한다. 자원봉사에 관한 지식을 넓혀 가는데 기여해야 하며, 자신이 속한 전문기관의 효과적 기능과 개발을 위해 책임을 공정하게 분담해야 한다.

표 5-2 AVA(Association for Volunteer Administration) 윤리 8대 원칙

원칙	내용
자원봉사 철학	자원봉사관리자는 자원봉사 프로그램을 개발함에 있어서 다른 사람과 함께 일하는 것을 기반으로 자원봉사자가 자원봉사에 대한 일관된 철학을 개발하도록 윤리적 책임을 진다.
인간의 존엄성	자원봉사관리자는 관계된 모든 사람들의 인간 존엄성을 증진시키는 자원봉사 프로그램 개발에 윤리적 책임을 진다.
상호 호혜성	자원봉사관리자는 어떤 자원봉사활동에서도 관련된 모든 사람들의 고유한 상호이익에 대한 이해와 그 실현을 증진시키는 윤리적 책임을 진다.
자주성	자원봉사관리자는 영향을 받는 당사자가 의사결정 과정에의 참여를 증진시키는 윤리적 책임을 신다.
사적비밀(사생활)	자원봉사관리자는 개인의 사적 비밀(사생활)과 내밀하게 받은 정보를 존중하고 지켜줄 윤리적 책임을 진다.
직원과의 관계	자원봉사관리자는 모든 직업적 전문가들과 기타 유급 직원들의 업무를 확대 강화하는 자원봉사 프로그램 개발의 책임을 진다.
사회적 책임	자원봉사관리자는 사회 분위기, 즉 인간의 욕구가 충족되고 인간의 가치가 증진되는 그러한 분위기 창출의 윤리적 책임을 진다.
직업전문가로서의 책임	자원봉사관리자는 자원봉사자들에게 직업전문가로서의 신용을 얻는데 윤리적 책임을 진다.

2. 우리나라 자원봉사관리자 윤리강령

강령(綱領, Code)는 규범이자 방침이며 계획과 목적을 명시하고 표어로 표현되는 슬로건이기도 하다. 강령은 일의 근본이 되는 줄거리로, 어떤 업(業)의 사명과 의식, 가치를 선언하는 정신이다. 그렇기에 일련의 사회적 책임과 윤리

적 소명을 가지는 직업군에 윤리강령이 있는 것이다. 사회적 영향력을 감안한다면 자원봉사와 그 활동에서 일어나는 자원봉사관리야말로 윤리강령의 틀 안에서 그에 부합한 직업적, 사회적 소명을 실천하는 것이 중요하다 하겠다.

자원봉사관리자 윤리강령의 제정은 한국자원봉사관리협회, 한국자원봉사협의회, 한국자원봉사센터협회가 협력하여 2015년 「자원봉사관리자 윤리강령」을 선포하였다. 이후 자원봉사의 본질적 가치와 의미를 담고 사회 변화와 시대정신을 반영하여 2018년에 개정되었다.

표 5-3 우리나라 자원봉사관리자 윤리강령

자원봉사관리자 윤리강령

자원봉사는 시민의 권리와 책임에 기반한 활동으로 '건강한 시민'들이 '좋은 사회'를 만들어가는 동력이다. 자원봉사관리는 자원봉사가 일상의 문화로 자리 잡아 긍정적인 사회변화에 기여할 수 있도록 지원하고 촉진하는 과정이다. 이에 자원봉사관리자는 자원봉사의 가치를 수호하고, 자원봉사자와 함께 일하며, 개인 · 가족 · 집단 · 지역사회 등 공동체의 공존과 변화를 촉진하는 역할을 수행함에 있어 다음과 같은 윤리적 가치를 되새겨 우리 양식(良識)의 원천으로 삼는다.

시민성

자원봉사관리자는 더 많은 시민들이 자원봉사활동의 기회를 충분히 누리도록 안내함으로써 스스로 사회적 문제와 욕구 해결에 기여하는 시민임을 인식한다.

성장과 변화

자원봉사관리자는 지식과 기술을 갖춘 전문가로서 모든 이해관계자와 함께 상호 성장하고 변화함으로써 시민사회 발전에 이바지한다.

자율과 공평

자원봉사관리자는 자원봉사의 정책과 실천현장에서 자율성을 최우선 가치로 두며, 자원봉사가 지닌 공공성에 걸맞은 책임성을 가질 수 있도록 공평한 자원봉사 환경을 제공한다.

개방과 연대

자원봉사관리자는 다양한 주체 및 영역과 연결될 수 있는 열린 자세를 가지고, 정부 · 기업 · 시민사회의 다양한 주체와 영역 간의 적극적인 협력을 이끌어 낸다.

2015년 11월 5일 제정
2018년 12월 5일 개정

자원봉사관리자란

① 자원봉사자를 활용하는 기관이나 조직의 최고 실무 감독자

② 자원봉사 프로그램을 책임지고 있는 중간관리자

③ management(관리), coordinate(조정)로 일반적 사용

④ 자원봉사 슈퍼바이저는 자원봉사자 교육이나 사례관리에 초점

⑤ 자원봉사 감독자는 기관의 행정가와 같은 직책에서 행하는 역할

자원봉사활동 관리란

① 자원봉사자의 욕구(A)

② 서비스 이용자의 욕구(B)

③ 서비스 제공기관의 욕구(C)

④ 공통지점인 D부분을 찾아내어 새롭게 창조하고, 크게 만들어 주는 것

자원봉사활동의 전제조건

① 자원봉사자의 특성, 희망하는 활동 일감과 기대 욕구

② 서비스 이용자(돌봄 대상자)

③ 활동 기관의 욕구 등이 맞아야 함

자원봉사관리자의 역할

① 자원봉사자들의 지도자와 봉사활동 지침의 결정자

② 자원봉사 프로그램의 관리자와 인사 관리자

③ 조직에서 활동하는 자원봉사자들의 옹호자

④ 조직에서 활동하는 자원봉사자들 사이에서의 의사결정자

⑤ 자원봉사 프로그램의 지지를 위한 기금조성자

자원봉사관리자의 자질

① 사명감(commitment)

② 지도력(leadership)

③ 능력(ability)

④ 자원봉사자 통솔력

자원봉사관리자 태도의 8대 원칙(윤리적 책임)

① 자원봉사 철학: 일관된 철학을 개발
② 인간의 존엄성: 인간 존엄성을 증진시키는 자원봉사 프로그램 개발
③ 상호 호혜성: 상호이익에 대한 이해와 실현 증진
④ 자주성: 영향을 받는 당사자가 의사결정 과정에의 참여 증진
⑤ 사적 비밀관리: 개인의 사적 비밀(사생활)과 내밀하게 받은 정보 존중
⑥ 직원과의 친밀한 관계: 직원들의 업무 확대, 강화하는 프로그램 개발에 책임
⑦ 사회적 책임: 인간의 욕구충족, 인간의 가치 증진에 대한 분위기 창출
⑧ 직업전문가로서의 책임: 자원봉사자들에게 직업전문가로서 신용을 얻음

자원봉사관리자 윤리강령 제정

① 자원봉사관리자의 역할과 관련된 전문가 행동 수칙
② 한국자원봉사협의회를 비롯, 13개 자원봉사 관련 단체협의회들의 연대
③ 2015년 자원봉사관리자 윤리강령 제정, 2018년 개정
④ 외부로부터 전문가 집단으로 신뢰, 인정받는 기반
⑤ 자원봉사관리자 스스로의 직업적 정체성과 소명감을 다지는 지표

자원봉사활동 기본법 제4조(국가와 지방자치단체의 책무)

국가와 지방자치단체는 자원봉사활동의 진흥에 관한 시책을 마련하여 국민의 자원봉사활동을 권장하고 지원하여야 한다.

① 국가 - 중앙정부 및 지방정부 등 모든 공공 행정기관을 의미
② 국가와 지방자치단체 - 국가(중앙정부)와 지방자치단체(지방정부)

지방자치단체란 광역지방차지단체와 기초지방자치단체 모두를 의미
① 광역지방자치단체(시 · 도)
② 기초지방자치단체(시 · 군 · 구)

CHAPTER

06

자원봉사 프로그램 개발

CHAPTER

06 자원봉사 프로그램 개발

제1절 자원봉사 프로그램의 개념

1. 프로그램의 의의

자원봉사 프로그램의 정의에 대해 가장 많이 쓰이는 내용이 라프와 포에트너(Rapp & Poertner)가 말한 "특정 목표를 달성하기 위한 활동의 집합체"로 규정한 것과, 페티(Patti)가 "조직의 설립 이념 또는 사명을 충족시키기 위해서 서비스 기술이 클라이언트 집단에 적용되는 활동이 이루어지는 체계"로 정의한 것이다.

프로그램을 정의한다면 "어떤 목적을 이루기 위해서 의도된 계획에 따라서 인적 · 물적자원들을 활용한 상호 의존적인 일련의 집합인 활동들"이라고 정의할 수 있다. 다시 말하면, 프로그램이란 폭넓은 정책 방향 속에서 목적을 달성하기 위해 필요한 수단을 명료하게 해 주는 일련의 계획된 활동을 총칭하는 개념이다.

이와 관련하여 자원봉사 프로그램이란 사회문제를 인식하고 이를 변화시키기 위한 목표를 수립한 후 그 목표를 효과적이고 효율적으로 달성하기 위해 자원봉사 프로그램을 기획하고 실행하며, 평가하는 전 과정을 의미한다. 따라서 자원봉사 프로그램 개발이란 구체적인 활동은 물론 그 활동을 실행하는데 필요한 자원봉사 프로그램 기획에서부터 자원봉사자 모집, 교육, 지도, 평가 등 일련의 과정을 개발하는 활동이다.

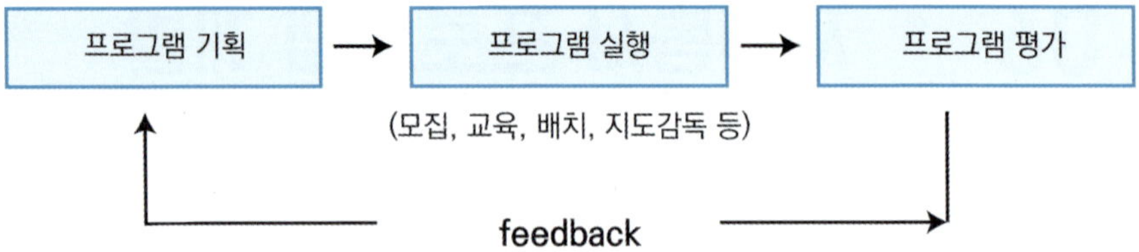

그림 6-1 자원봉사 프로그램 과정

2. 프로그램 개발 목적

우리가 자원봉사 프로그램을 개발하고자 하는 목적은 지역사회 문제를 인식하고, 이를 효과적으로 해결하기 위해 자원봉사자가 참여하는 활동 체계를 만들기 위한 것이다. 이는 일반적인 사회복지 프로그램과 유사하지만 자원봉사 프로그램은 '자원봉사자들의 참여가 문제해결에 효과적일 수 있는지'에 관심을 둔다. 따라서 프로그램 운영에 있어 자원봉사자가 참여할 경우의 특성을 고려하여 자원봉사 프로그램 개발 여부를 결정해야 한다. 자원봉사자가 참여할 경우의 장·단점을 보면 아래와 같다.

자원봉사자가 참여할 경우 장점은 다음과 같다.

① 결과를 예측하고 만들어 낼 수 있다.
② 서비스 전달상의 경비를 절약할 수 있다.
③ 활용 가능한 전문성 및 전문 인력이 늘어난다.
④ 지역사회와의 접촉이 많아지고 관계가 증진된다.
⑤ 수혜자에 대해 새로운 서비스, 또는 보다 나은 서비스를 제공할 수 있다.

자원봉사자가 참여할 경우 단점은 다음과 같다.

① 자원봉사자 감독에 소요되는 시간이 필요하다.
② 유급 직원들에게 미칠 잠재적인 악영향이 우려된다.
③ 자격을 갖춘 자원봉사자들을 충분히 모집하기에 어려움이 있다.

제2절 자원봉사 프로그램의 가능한 요소들

자원봉사 프로그램의 요소는 그 형태, 규모, 구조, 그리고 목적에 따라 달라진다. 다음은 자원봉사 프로그램의 내용에 들어가는 요소들이다. 목적에 따라 적용 가능한 것이 달라질 수 있다.

① 전반적 자원봉사에 관한 정책: 정책은 단체가 자원봉사자 활용과 관련된 제반 규정을 말한다. 자원봉사전문단체는 이 정책이 마련되어 있어야 한다.

② 자원봉사 프로그램을 위한 별도예산: 단체는 자원봉사 외에도 다른 일이 있을 것이다. 그러므로 자원봉사 프로그램을 위한 별도의 예산을 세울 필요가 있다.

③ 공식적 직원 교육 · 훈련: 자원봉사에 참여할 직원에게 필요한 교육을 실시하여야 프로그램을 효과적으로 실시할 수 있다.

④ 자원봉사자 직무명세서: 직무명세서는 단체가 자원봉사자를 모집하기 전에 모집된 자원봉사자를 어떤 일(활동을)에 연결시킬 것인가 하는 것을 구체적으로 기술된 것이다. 일단 자원봉사자로 받아들이게 되면 이 직무명세서를 제공해야 한다.

⑤ 자원봉사자들이 제공해야 할 최소한의 시간: 이것은 면접을 통해 확인된 가능한 활동 시간을 말한다. 무리하지 말아야 하며, 무리하게 되면 지속하지 못한다.

⑥ 모집을 위한 다양한 모집 전략: 지역사회에는 자원봉사 단체뿐만 아니고 자원봉사자를 활용하는 시민단체들, 그리고 사회복지 단체들도 많다. 따라서 모집에 있어 다양한 모집 전략을 생각하지 않으면 성공하기 어렵다.

⑦ 잠재적 자원봉사자를 위한 면접 절차: 자원봉사활동을 원해서 찾아온 사

람을 면접하는 절차를 마련해야 한다(면접할 사람, 그리고 면접에 적절한 장소선정 등).

⑧ 잠재적 자원봉사자에 관해 타 단체에 조회 의뢰: 면접을 통해 필요한 경우 과거 자원봉사 경력 관련해서 알고 싶은 것을 조회·의뢰한다.

⑨ 잠재적 자원봉사자에 대한 범죄 기록 체크: 본인의 동의를 얻어 필요한 경우 범죄기록 체크를 실시한다.

⑩ 새로운 후보 자원봉사자를 위한 시험기간 혹은 수습기간: 잠재적 자원봉사자가 마음의 결정을 내리지 못하고 한 번 참가해 보고 결정하겠다는 경우, 수습기간을 마련한다.

⑪ 활동 동의서: 자원봉사자로 결정하게 되면 활동 동의서에 서명토록 한다. 동의서는 별도로 작성하거나 혹은 신청서에 그 내용을 담을 수도 있다.

⑫ 오리엔테이션 및 교육: 처음 참가하는 자원봉사자에게 단체에 관하여, 그리고 프로그램에 관해 안내하는 절차이다. 이 오리엔테이션을 통해 동기부여 할 수 있다.

⑬ 지도 · 감독: 자원봉사자의 활동을 계속적으로 지도 · 감독해야 한다. 지도 · 감독은 간섭이 아니다. 참가하는 활동을 효과적으로 수행할 수 있도록 돕는 일이다.

⑭ 자원봉사자 활동 평가: 실시한 활동이 성과가 있었는가, 아니면 어떤 점이 잘못되었는가를 평가한다.

⑮ 자원봉사자 인정체계: 인정은 '감사를 표시'하는 것이다. 어떤 방법으로 감사를 표시하는가를 정해 놓아야 한다. 가급적 물질적인 것을 피하는 것이 좋다.

⑯ 자원봉사자와 직원 관계: 이것은 인간관계 문제이다. 직원과 자원봉사자와의 관계는 상하의 수직적 관계가 아닌 평등한 파트너 관계이다. 자원봉사자는 직원들의 태도에 민감한 반응을 나타낸다. 직원은 항상 우호적 관계 유지를 위해 노력해야 한다.

⑰ 조정: 자원봉사자에게 개인의 사정, 나이, 배경, 그리고 신체조건 등을 고려해서 각기 다른 활동 시간, 기간, 활동 종류 등을 고려해서 조정한다.

⑱ 자원봉사자의 의견이나 불만을 말할 수 있는 체계: 오랫동안 단체를 위해 활동한 자원봉사자는 그 단체를 잘 알게 된다. 그러므로 비판, 불만 그리고 개선을 위한 제언 등을 할 수 있다. 그러한 의사소통의 통로를 마련해 두어야 한다.

⑲ 자원봉사자를 위한 보상 체계: 보상은 자원봉사자가 자원봉사활동과 관련해서 사용되어진 금액(교통비. 식대. 차량을 이용시 기름값 등 실비)을 보상하는 것이다. 이러한 보상과 관련한 체계가 정해져 있어야 한다.

⑳ 자원봉사자를 위한 보험: 자원봉사활동에는 위험이 따를 수 있다. 자신이 사고를 당하거나 대상자에게, 혹은 남에게 피해를 입힐 수 있다. 이러한 사고에 대비한 보험에 자원봉사자를 가입시키는 것이다.

㉑ 공식적 출구 면접: 그동안 자원봉사활동을 하던 사람이 사정이 있어 그만 둘 때, 면접을 통해 그 이유를 알아본다.

㉒ 자원봉사 연간 행사: 단체가 계획한 일 년 동안의 여러 가지 행사들이 있다.

㉓ 자원봉사 경험자 우선 채용: 단체에 오랫동안 자원봉사 한 자원봉사자를 직원채용의 기회가 있을 때 우선적으로 고려한다.

㉔ 자원봉사관리자의 보조자로서 자원봉사자 활동: 자원봉사관리자가 있다면 경험 있는 자원봉사자를 보조자로서 업무를 맡긴다.

㉕ 자원봉사관리를 위한 전산체계: 단체의 자원봉사 프로그램 관리를 위한 전산 체계를 마련하고, 기록을 최신 것으로 한다.

제3절 자원봉사 프로그램 개발과정

1. 프로그램 개발과정

프로그램 개발은 프로그램 관리자, 자원봉사자 등 제3자가 이해하고 실행할 수 있을 만큼 구체적이어야 한다. 프로그램 개발과정이 현실 가능하고 지속적으로 연계 가능한 프로그램이어야 하므로 프로그램 작성 시 프로그램 개발자는 프로그램 전 과정에 대한 충분한 검증이 필요하다.

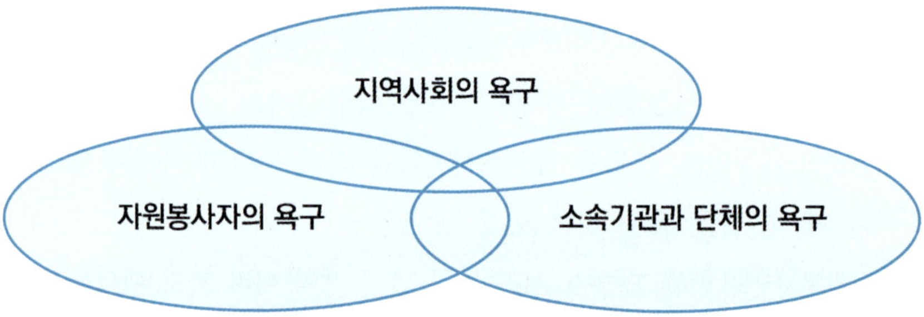

그림 6-2 프로그램 개발과정의 3가지 욕구

1) 지역사회의 욕구

① 조사, 연구 보고서 찾기
② 지역사회 문제를 찾을 수 있는 채널 확보(언론, 주요 단체들의 관심사 등)
③ 다양한 접촉을 통한 정보 습득

2) 자원봉사자의 욕구

① 자원봉사자가 즐겁게 할 수 있는 활동
② 쉽게 접근할 수 있는 활동

③ 계층별 욕구에 부합하는 활동
④ 헌신의 정도에 따른 활동
⑤ 전문성을 발휘할 수 있는 활동
⑥ 좋은 사람을 만날 수 있는 활동
⑦ 학습 효과를 얻을 수 있는 활동

3) 소속기관(단체)의 욕구

① 설립 취지와 문제 제기
② 주요 사업의 방향
③ 예산과 투입 인원의 한계
④ 기타(외부의 위탁 등)

2. 자원봉사 프로그램 기획의 방법(과정)

기획은 구체적인 목표를 설정하는 것을 첫째 순서로 한다. 프로그램 기획 시 목적을 달성하기 위해서 한 가지 이상의 일반 목표가 설정된다. 구체적인 목표 설정은 반드시 논리적 추론으로 설정되는 것이 아니고 사회문제 또는 지역사회 문제의 해결을 위해서 어떤 프로그램이 설정되고 이에 따라 구체적 목표가 설정되는 경우도 있다.

자원봉사 프로그램 개발의 기획과정은 자원봉사 프로그램 시행을 위한 적절한 방법, 기술, 업무 등을 선택 배치하고, 예산, 추진사항 등과 같은 행정상 계획을 짜고, 결과를 평가하는 세 단계로 이루어진다. 이 과정은 프로그램 방향을 설정하고 나아가 실질적 활동 사항을 구체화하는 과정이다.

이러한 과정에 따라 기획이란 자원봉사 프로그램을 기관, 단체에서 개발하고, 이를 실시하기 위해서 계획을 세우는 일련의 과정을 말한다.

1) 지역사회 문제를 진단한다.

먼저 자원봉사 프로그램을 계획하기 전에 왜 자원봉사 프로그램이 필요한가를 검토하는 작업이 중요하다. 이것은 곧 지역사회에 어떠한 문제와 욕구들이 존재하며, 이들을 해결하는 데 자원봉사가 필요함을 확인하는 작업이다.

발견된 문제는 자원봉사 프로그램의 존재 근거가 되므로 무엇보다 문제가 얼마나 크고 심각한지, 그리고 그 문제를 겪고 있는 사람과 조직은 누구이며, 왜 그리고 어떤 과정으로 문제가 진행되고 있는지를 파악한다. 이렇게 파악된 내용은 구체적인 통계 및 자료들을 통해 객관적으로 제시되는 것이 중요하다.

자원봉사 프로그램은 문제를 인식하고 변화시킬 계획을 수립하고, 그 계획을 실천함으로써 바람직한 상태, 또는 환경을 만들어 내는 인간의 노력을 표현한 것이다. 따라서 자원봉사 프로그램에 있어서 가장 선행되어야 하는 것은 문제를 발견하고, 논의를 통하여 원인을 규명하고 근본적인 문제를 진단하는 것이다. 문제의 진단은 현상보다 이면에 있는 문제에 접근하려는 노력이 필요하다. 그런데 많은 경우 본질적 문제보다 우선 나타나는 현상에 급급하여 무엇을 할까를 성급히 결정하려고 한다. 그래서 결과적으로 상대방의 입장에서가 아닌 자신의 입장에서 활동을 수행하게 된다. 문제 접근이 바르게 되어야 프로그램이 이루고자 하는 목적과 목표를 바람직하게 설정할 수 있는 것이다.

또한 지역사회 문제 심각도와 자원봉사자와 함께 하는 것이 필요한지에 대한 타당성을 검토하는 것이다. 즉 지역사회(혹은 기관)에 어떤 문제와 욕구들이 존재하며, 이를 해결하는 데 자원봉사자가 필요한 이유를 검토하는 작업이다. 발견된 문제는 자원봉사 프로그램의 존재 근거가 되므로 무엇보다 문제가 얼마나 크고 심각한지, 그 문제의 원인이 무엇인지를 규명하고, 그리고 그 문제를 겪고 있는 사람과 조직은 누구이며, 왜, 그리고 어떤 과정으로 문제가 진행되고 있는지를 파악하는 것이다.

2) 목적 · 목표를 수립한다.

지역사회에서 확인된 문제를 해결하기 위한 목적을 설정하고, 그 목적을 달성하는 데 필요한 구체적인 실행목표를 설정한다. 목적은 명백하게 문서화되어 있어야 하며, 그 프로그램의 추상적인 가치를 포함한다. 실행목표는 간단명료하고 실행 가능하며, 그 결과를 현실적으로 측정 가능해야 한다.

자원봉사 프로그램의 근본 목적은 사람과 사회를 변화시키는 궁극적인 문제해결에 있다. 따라서 프로그램의 목적은 문제 진단에 따라 설정된다. 즉 진단된 문제는 프로그램이 궁극적으로 해결하고자 하는 목적을 제공함으로써 프로그램의 존재 의의를 뒷받침하는 것이다. 문제정의가 명확하지 못하면 아이디어가 아무리 우수하여도 존재 의의를 갖지 못하게 되는 것이다. 목표는 무엇을 할 것인가? 그리고 누가 그 과업을 수행할 것인가? 그리고 언제 할 것인가? 등을 포함하는 것이다. 이것은 프로그램 수행방법과 관련된 문제이다. 상기해야 할 것은 수행 방법을 결정하기 전에 명백한 것이라고 할지라도 선택 가능한 다른 대안들에 대한 가치 검증을 결코 경시해서는 안 된다는 점이다.

한편 팀원들의 지속적인 자원봉사 프로그램 참여를 위하여 개인적 욕구와 목표를 실천 계획에 반드시 반영해야 한다. 대부분의 구성원들은 자기 성장을 위한 인간적 잠재력을 현실화하려는 욕구를 가지고 있다. 즉 팀원들은 자원봉사 업무를 수행하면서 자신의 능력과 잠재력 발휘를 통하여 성장함으로써 활동에 대한 만족을 얻으려 하며, 이를 통하여 적극적이고 지속적으로 활동하게 된다.

3) 구체적인 활동프로그램을 수립한다.

설정한 목표를 달성하기 위해서 필요한 활동이 무엇일까를 고민하는 단계이다.

첫째, 구체적인 활동프로그램을 수립할 때 고려해야 할 3가지 요소가 있다. 즉 기관의 사명인데, 목표에 적합한지? 자원봉사자의 관심사가 무엇인지? 클라이언트(도움을 필요로 하는 사람)가 무엇을 원하고 있는지를 알아야 한다. 이러한 각 요소에 속한 사람들의 관심사는 제각기 다르다.

예를 들면 빈민들에게 급식을 하는 곳이라면 급식에 관한 업무를 잘할 수 있는, 혹은 그 일을 좋아하는 사람을 모집해야 한다. 만일 급식소에서 봉사하는 자원봉사자가 그 일보다는 '상담업무'를 하길 더 원한다면, 그가 여러분의 기관이 아닌 상담 기관에서 일하도록 배려해 주어야 한다.

최고의 자원봉사자는 바로 이 세 요소들의 요구에 모두 부합하는 공통 지점에 있는 사람이다. 그래서 자원봉사자, 기관, 도움을 필요로 하는 클라이언트, 이 세 사람이 원하는 공통점을 찾아서 업무를 기획한다면 그것은 가장 좋은 프로그램이 될 것이다.

둘째, 그 공통점을 찾으려면 우선 기관에서 자원봉사자를 가장 잘 이해하고, 그들이 필요로 하는 직원을 찾아보고, 그다음 가장 훌륭한 자원봉사자를 찾아본다. 그리고 도움을 받는 클라이언트의 입장을 가장 잘 대변할 수 있는 사람을 찾는다. 그 사람은 도움을 받는 사람 자신이거나 기관의 직원일 수도 있고, 자원봉사자일 수도 있다. 그런 후 그 세 사람과 함께 한자리에 모여 '어떻게 하면 자원봉사를 잘할 수 있는지'를 의논하는 것이 좋은 방법이다.

셋째, 이를 위해서는 자원봉사 프로그램 담당자, 자원봉사자, 협력 기관이 있을 경우 그 기관 담당자, 수요처 담당 직원이 함께 참여해 아이디어 회의(brainstorming)를 하는 것이 필요하다. 그리고 선택된 내용으로 활동 프로그램을 수립한다.

넷째, 그리고 자원봉사자의 업무 내용도 구체적으로 서술한다. 참가자 수, 업무내용, 활동주기 및 시간 등을 구상하여 각 역할에 따른 업무설명서를 작성한다.

다섯째, 그리고 프로그램에 필요한 인적·물적 자원들 가운데 도움이 가능한 내용을 구체적으로 명시해 둔다. 또한 프로그램의 구체적 실행에 필요한 모든 준비물과 용품들도 미리 파악해 둔다.

4) 추진 방법 및 예산을 수립한다.

(1) 추진 방법 명시

구체적인 프로그램이 수행되기 위해서는 프로그램을 어떻게 추진해야 하는지에 대한 추진 방법과 일정, 그리고 지원체계를 수립하여야 한다. 추진 방법에는 자원봉사자는 어떻게 모집할 것인지, 이들에 대한 교육은 어떻게 할 것인지에 대한 구체적인 방법을 명시해야 한다.

(2) 추진 일정 수립

그리고 프로그램 단위를 몇 개월 단위로 할 것인지, 1년 단위로 할 것인지를 정하여 추진 일정을 잡는다. 지원체계에는 인력구성, 협력기관, 자원봉사자 인정 방법 등이 포함된다.

(3) 예산 수립

그리고 프로그램을 진행하는 데 필요한 예산을 잡는다.

5) 실행 · 평가한다.

모든 것이 준비되었으면 프로그램에 참여할 자원봉사자들을 모집하여 인터뷰하고, 적절한 활동에 배치한 후 실제 활동에 돌입하게 된다. 그리고 프로그램 진행 시 과정 평가와 프로그램이 끝난 후 최종 평가를 하는 가운데서 기존 프로그램을 수정 · 보완하거나 새로운 프로그램의 질을 높이는 자료로 활용될 수 있다.

제4절 자원봉사 프로그램 평가

평가란 가치를 결정하는 일련의 과정이다. 프로그램이 계획대로 운영되어 설정한 목표를 효과적, 효율적으로 성취할 수 있었는지를 분석하고 종합하는 평가계획은 본격적인 자원봉사활동에 앞서 반드시 프로그램 개발과정에 포함되어야 한다.

자원봉사 프로그램을 실시하고 나서 처음 의도한 것이 얼마나 달성되었는지, 무엇이 달성되고 또 안 된 것은 무엇인지를 평가하는 것은 대단히 중요하다. 평가를 통해서 보다 나은 프로그램을 계획할 수 있다. 평가하는 데 있어서는 반드시 기록에 의한 자료의 통계에 바탕을 두어야 한다.

1. 왜 평가를 하는가?

① 평가는 프로그램의 결과에 대한 실증적 자료를 제공함으로써 프로그램의 현재 또는 미래의 방향에 대한 결정을 내리게 한다.

② 평가는 프로그램의 성과 측정 방법, 그리고 분석기법 등을 통해 서비스 질과 효과성과 효율성을 높인다.

③ 평가는 목표가 달성되었는가를 알아보는 것으로써 실시한 프로그램의 가치와 의미를 판단하게 한다.

④ 평가는 프로그램을 비판적으로 검토하게 한다.

⑤ 평가는 변화가 어디에, 어떻게, 얼마나 일어났는지 알 수 있게 한다.

2. 평가를 해야 하는 세 가지 기본적 이유

① 자원봉사자들이 그들의 잠재력을 최고로 개발할 수 있도록 돕는다.

② 단체가 자원봉사자를 보다 잘 활용할 수 있게 한다.

③ 평가를 하지 않으면 자원봉사자들은 단체가 자기들의 활동에 별 관심이 없고, 자신들을 중요하게 생각하지 않는다는 인상을 주게 된다.

3. 평가를 위한 준비

① 자원봉사자들이 수행한 일(활동)에 관한 정보를 정기적으로 수집해 둔다.

② 수행한 일의 결과를 설정한 목적과 비교해 본다.

③ 충분한 정보를 바탕으로 평가한다.

④ 모든 자원봉사 평가를 기록한다.

⑤ 평가를 위한 설문지를 작성한다.

⑥ 평가 대상을 설정한다.

4. 평가해야 할 대상

① 자원봉사자들의 유형과 참가자 수

② 자원봉사자들에 의해 제공된 시간

③ 자원봉사자들에 의해 수행된 업무(활동), 혹은 서비스

④ 제공된 오리엔테이션 내용과 참가자들의 수

⑤ 실시한 교육·훈련 과목 및 강사

⑥ 탈락한 자원봉사자 수와 탈락 사유

⑦ 인정을 받은 수와 인정 형태

⑧ 지역사회에 대한 금전적/비금전적 기여도

⑨ 총 자원봉사자의 활동 시간을 금전적으로 환산한 액수(이것은 활동과 같은 일을 하는 유급직원에게 지불되는 시간당 임금 아니면 최저임금을 기준으로 한다). 자원봉사는 돈으로 계산될 수 있는 것이 아니다. 그러나 참고로 자원봉사자들에

게 제공한 활동의 금전적 가치를 알려 주게 되면, 그들의 서비스의 가치를 확인할 수 있다.

5. 평가회의 개최

평가회의에는 자원봉사관리자, 직원, 자원봉사자, 그리고 가능한 경우 서비스 대상자도 참석하는 것이 효과적이다. 평가회는 쌍방적이어야 한다.

자원봉사담당자가 자원봉사자들이 실시한 활동 결과를 칭찬하거나 더 잘할 수 있도록 의견을 말할 수 있는 기회이며, 자원봉사자들로서는 자신들의 업무(활동)를 어떻게 하면 보다 잘할 수 있는지를 말할 수 있는 기회가 된다.

또한 자원봉사자들이 자신들이 보다 하고 싶어 하는 일이 무엇인가를 말할 수 있는 기회가 된다. 평가회 실시 방법은 ① 과거를 재검토하고, ② 현재를 분석하고, ③ 미래를 계획하는 것이다.

6. 평가를 위한 조사양식

단체는 앞으로 보다 더 나은 서비스 향상을 위해 자원봉사 프로그램을 사정할 필요가 있다.

표 6-1 평가조사 양식

[자원봉사 프로그램 사정]

이 설문조사는 보다 나은 프로그램을 위해 실시하는 것입니다.
솔직하게 답해주시면 감사하겠습니다.

1. 우리 단체에서 얼마나 오랫동안 활동하였습니까?
   활동기간: ____________________
2. 직원들이 잘 도와주었습니까?
   ▢네 ▢보통 ▢아니오
3. 자원봉사 프로그램 개발 회의에 참가하였습니까?
   ▢네 ▢아니오
4. 봉사대상자로부터 환영을 받습니까?
   ▢매우 환영받다 ▢보통이다 ▢냉담했다
5. 주어진 일(활동)을 어떻게 생각하십니까?
   ▢만족하다 ▢불만이다 ▢모르겠다
6. 활동하기 전에 충분한 오리엔테이션을 받았습니까?
   ▢네 ▢아니오
7. 활동과 관련해서 충분한 교육 · 훈련이 제공되었습니까?
   ▢네 ▢아니오
8. 활동에 필요한 충분한 공간과 도구를 제공받았습니까?
   ▢네 ▢아니오
9. 주어진 일(활동)은 직무명세서와 일치합니까?
   ▢네 ▢어느 정도 ▢아니오
10. 활동에 보람을 느꼈습니까?
    ▢네 ▢어느 정도 ▢아니오
11. 당신이 하는 일(활동)에 관해 담당 직원과 이야기를 나눕니까?
    ▢네 ▢아니오
12. 우리 단체에서 자원봉사자가 할 수 있는 보다 책임 있는 일이 있다고 생각하십니까?
    ▢네 ▢아니오 ▢잘 모르겠다
13. 우리 단체 내에서 자원봉사자를 필요로 하는 다른 영역이 있다고 생각하십니까?
    ▢네 ▢아니오 ▢잘 모르겠다
14. 우리 단체에서 활동하는 동안 가장 좋았던 경험은 무엇입니까?
15. 우리 단체에서 활동하는 동안 가장 나빴던 경험은 무엇입니까?
16. 우리 단체 발전을 위해 어떤 좋은 의견이 있음은 말씀해 주십시오.

표 6-2 독거노인의 건강한 사회체계 구축 및 우울감 저하를 위한 집단 공예 활동 및 영상 제작 프로그램 "늘 솜 벗": 늘 솜씨가 뛰어난 벗

활동기간	2023. 4. 1. ~ 2023. 9. 30.
목적 및 목표	• 독거노인을 대상으로 1:1 매칭 공예 활동 및 영상 제작 활동을 통해 나에 대한 부정적 감정 제거 및 사회성 향상 • 여가 프로그램을 통한 삶의 질 향상 • 직접 만든 작품을 참여자들끼리 공유함으로써 서로 간의 지지체계 형성
사전준비	• 2022년 개척봉사단 16기의 활동 인원과 2023년 17기 신입 단원 모집을 통하여 프로그램 설명 및 자원봉사 신청을 받았음. 그중 노인 대상 봉사활동을 해본 경험이 있거나 노인 분야의 관심이 있는 단원들을 우선순위로 선발하였으며, 면접을 통해 적극적이고 열정적으로 활동할 수 있는 봉사자들을 발굴 • 활동 전 성서종합사회복지관 '늘솜벗' 프로그램 담당 사회복지사를 통해 봉사자 사전교육을 실시하였고, 대상자의 특징, 활동 시 유의사항, 자원봉사자의 태도 등과 같은 활동과 관련한 전반적인 기초교육 실시 • 매 회기 프로그램의 이해를 돕고, 원활한 활동 진행을 위해 따로 시간을 내어 샘플을 제작하거나 공예 영상 시청으로 만드는 방법을 숙지
활동내용	• 참여/19회, 196명 • 내용 - 여성 독거노인 12분과 1:1 랜덤 매칭으로 집단 공예 활동 및 영상 제작 활동을 진행 - 전반기와 하반기 총 두 차례에 걸쳐 생신 잔치를 진행 - 상반기 활동 피드백을 위한 중간평가로 하반기 활동을 개선하기 위해 노력 - 프로그램 마지막 날 영상제와 최종 평가회를 통하여 그동안 제작한 영상을 함께 시청하고, 소감을 나누며 마무리
활동성과 및 평가	• 여성독거노인 집단공예 프로그램을 통한 노년기 자아통합감 향상 • 대학생 자원봉사자 역량 강화, 단체와 복지기관 간의 협력체계 구축

자원봉사 프로그램이란

의도된 계획에 따라 구체적인 목표를 달성함으로써 사람과 지역사회를 변화시키고자 하는 것

자원봉사 프로그램 개발 목적

지역사회 문제를 인식, 이를 효과적으로 해결하기 위해 자원봉사자가 참여하는 활동 체계를 만들기 위한 것

자원봉사자가 참여할 경우 장점

① 결과를 예측하고 만들어 낼 수 있음
② 서비스 전달상의 경비를 절약할 수 있음
③ 활용 가능한 전문성 및 전문인력이 늘어남
④ 지역사회와의 접촉이 잦아지고 관계가 증진됨
⑤ 수혜자에 대해 새로운 서비스, 또는 보다 나은 서비스를 제공할 수 있음

자원봉사자가 참여할 경우 단점

① 자원봉사자 감독에 드는 시간이 필요함
② 유급 직원들에게 미칠 잠재적인 악영향이 우려됨
③ 자격을 갖춘 자원봉사자들을 충분히 모집하기에 어려움이 있음

행정안전부(표준, 2008)의 자원봉사 프로그램 개발과정

① 프로그램명 정하기
② 목적과 목표의 수립
③ 실행계획 수립
④ 자원봉사자 모집
⑤ 프로그램 실행
⑥ 평가

프로그램 개발의 전제조건(5P)

① Purpose: 합목적성 및 목표의 일관성
② Person: 능력 수준과 흥미에의 적합성
③ Problem: 프로그램의 통합성
④ Process: 프로그램의 지속성과 네트워크화
⑤ Place: 지역성

자원봉사 프로그램의 가능한 요소들

① 전반적 자원봉사에 관한 정책
② 자원봉사 프로그램을 위한 별도 예산
③ 공식적 직원 교육 · 훈련
④ 자원봉사자 직무명세서
⑤ 자원봉사자들이 제공해야 할 최소한의 시간
⑥ 자원봉사자를 위한 보험
⑦ 잠재적 자원봉사자를 위한 면접 절차
⑧ 자원봉사자의 의견이나 불만을 말할 수 있는 체계
⑨ 자원봉사자를 위한 보상체계
⑩ 자원봉사 경험자 특혜 채용

자원봉사활동 기본법 제5조(정치활동 등의 금지 의무)

자원봉사단체 및 자원봉사센터는 그 명의 또는 그 대표의 명의로 특정 정당이나 특정인의 선거운동을 하여서는 아니 된다.

> ① 자원봉사단체 및 자원봉사센터는 어떠한 경우라도 특정 정당이나 특정인을 위하여 선거운동을 할 수 없다.
> ② 특정 종교를 위하여 활동할 수 없다.

CHAPTER

07

활동주체별 자원봉사활동 Ⅰ

제1절　청소년에 의한 자원봉사활동

제2절　대학에 의한 자원봉사활동

CHAPTER

07 활동주체별 자원봉사활동 Ⅰ

제1절 청소년에 의한 자원봉사활동

1. 자원봉사학습의 이해

1) 자원봉사학습의 유래

자원봉사학습은 1960년대 초부터 미국의 대학교육을 중심으로 개척된 교수법이다. 1980년에 윌리암 베네피트(William Benefits) 교육성 장관의 제안에 따라 하버드대학, 조지워싱턴대학, 스탠퍼드대학, 브라운대학 등 4개 대학의 학장들이 공립, 사립을 불문하고 전 미국의 학장들에게 제안하여 연구추진조직(Campus Compact)을 설립하면서 일약 세계의 주목이 집중되었다.

2) 우리나라 청소년 자원봉사활동의 태동 및 도입 배경

1995년 5 · 31 교육개혁에서 제시된 새로운 시대 상황에 대응하는 교육정책 전개 방안의 일환으로 청소년 봉사활동이 도입(종합생활기록부의 도입)되었다. 당시 교육개혁 안에서는 획일화된 입시 위주의 교육으로 중 · 고교 교육 자체가 학생들의 다양한 자질과 특성을 반영하기보다는 대입과 고교입시에 집중하여 교육의 본연의 기능을 다할 수 없는 상황이라고 진단하였다.

현대사회는 세계화, 개인화, 다품종 소생산 체제, 개인적 · 사회적 욕구가 증대되는 현상이 두드러질 전망이므로 기존 교육체제는 이러한 상황에 대처

할 능력이 없다는 관점에서 교육개혁 안이 제시되었다. 이는 학교 교육의 자율성, 그리고 다양성 및 창의성을 살리기 위한 학교운영위원회의 권한 강화 등과 함께 청소년활동, 그리고 자원봉사활동을 강조하는 '닫힌 교육체계에서 열린 교육체계로의 방향전환'을 의미한 것이다.

청소년 자원봉사학습의 도입 배경으로는 학교 내·외의 문제 행동의 증가와 그 바탕에 깔린 규범의식, 또는 윤리관의 약화, 즉 범죄의 저연령화, 음주, 마약 등의 문제와 젊은이들의 정치에 대한 무관심(투표율 저하 등) 등이 계기가 되었다.

3) 청소년 봉사활동 지원체계

학생 봉사활동 지원체계란 학생 봉사활동을 지원하기 위한 제도나 정책, 그리고 지원하는 기관 등 학생 봉사활동을 둘러싼 제반 사회적 환경을 말한다. 제도, 그리고 정책적 요소는 학생 봉사활동을 지원하는 법령과 정책 등이 포함되고, 지원주체는 직접적으로 관련이 있는 청소년활동진흥센터, 활동 터전, 관련 단체나 기관, 학교, 지역사회 등이 포함된다. 이러한 지원주체들은 학생들에게 봉사활동 터전을 제공할 뿐만 아니라 봉사활동 프로그램을 개발하고, 상호 간 협력사업 등 학생 봉사활동 활성화에 기여한다.

이러한 학생 봉사활동은 우리나라의 교육이념(교육기본법 제2조)과 중·고등학교 교육과정과 교육부에서 마련한 '학생봉사활동운영계획'에 의해 작성한 시·도교육청별 '학생봉사활동 운영지침' 등을 근거로 한다. 이러한 교육과정은 창의적이고 자기 주도적으로 학습하는 능력을 길러주는 데 중점을 두고 있는데, 교육과정의 편제를 살펴보면 크게 국민 공통 기본교육과 고등학교 선택 중심 교육과정으로 구성되어 있다.

국민 공통 기본교육 과정은 ① 교과, ② 재량활동, ③ 특별활동으로 나누어져 있는데, 여기서 재량활동은 교과 재량활동과 창의적 재량활동으로, 특별활동은 자치활동, 적응활동, 계발활동, 봉사활동, 행사활동 등 5개 활동 영역으로 나누어지며, 고등학교 선택 중심 교육과정은 ① 교과, ② 특별활동으로 구분되는데 여기서의 특별활동 역시 국민 공통 기본교육 과정과 동일하게 5개 영역으로 나누어진다.

2. 청소년 자원봉사활동의 목적과 특성

1) 청소년 자원봉사활동의 목적

첫째, 지역사회의 일들에 관심을 가지고 참여함으로써 사회적 책임을 분담하고 호혜 정신을 기른다.

둘째, 다양한 봉사활동의 실천으로 서로 협력하는 마음을 기르고, 지역사회 발전에 이바지하는 태도를 가진다.

셋째, 타인을 배려하는 너그러운 마음과 더불어 사는 공동체 의식을 가진다.

2) 청소년 자원봉사활동의 특성

봉사활동은 완전한 자발성과 충분한 지속성을 갖춘 활동으로 학생들이 성인이 되어 실현해야 할 과제이다. 아직 미성숙하고 성장 과정에 있는 학생들에게 봉사활동은 완전한 의미의 봉사활동이라기보다 봉사활동을 통한 학습, 즉 '봉사학습'의 개념에 더 가깝다. 봉사학습은 학습자의 주체성을 존중하고 올바르게 육성하기 위한 사회체험 학습이다. 자아 발견과 지역사회에 대한 이해가 학교 교육의 중요한 한 영역이라고 한다면, 봉사학습의 궁극적인 목적은 '서로 돕고 배우는 것'이라고 할 수 있다. 따라서 학생들이 하는 봉사활동은 그 활동 과정을 통해 습득되는 인성의 발달에서 더 큰 의미를 찾을 수 있다.

첫째, 학생 봉사활동은 개개인의 완전한 자유의지에 따른 자발적 활동이라기보다는 교육적으로 지도되는 활동이다. 이는 1995년 5·31 교육개혁안을 통해 인성교육 강화의 일환으로 학생 봉사활동을 권장해 왔다. 봉사활동이 특별활동의 한 영역으로 자리 잡게 됨에 따라 봉사활동은 학교 계획에 의해 교육적으로 지도되는 활동이 되었다.

둘째, 학생 봉사활동은 계획에서 평가까지 전 과정을 학교가 지도하는 활동이다. 학생 봉사활동은 학생들의 성장을 돕고, 사회에 기여할 수 있어야 하며, 교육적으로 의미 있는 활동이어야 한다. 학습의 일환으로 이루어지는 학생 봉사활동은 학교 단위의 활동이나 개인 단위의 활동을 막론하고 계획수립과 검토과정을 거쳐 실행되어야 하며, 이 과정에서 학교장 또는 지도교사의 승인 절차가 필요하다.

셋째, 학생 봉사활동은 초·중·고등학교 학생들의 신체적·지적·사회적·도덕적 발달단계를 감안하여 학교급별로 적절한 활동이 이루어지도록 해야 한다. 초등학교의 경우에는 학생들의 본격적인 봉사활동 실천을 지도하기보다는 봉사 정신과 태도를 기르는 데 중점을 두고, 주로 교내 및 학교 주변을 중심으로 봉사활동을 하도록 한다. 중학교에서는 완전히 자발적인 봉사활동을 하기는 힘들지만, 어느 정도의 봉사활동 실천은 가능하다. 따라서 봉사학습의 개념에 입각하여 학교에서 안내·지도된 활동을 중심으로 실천하도록 하고, 학교 내·외뿐만 아니라 지역사회의 공공기관에까지 활동 영역을 확대한다. 고등학교에서는 자발적인 봉사활동을 권장하고, 지역사회의 다양한 부문으로 활동 영역을 확대한다. 특히 학생들에게 자신이 장차 선택하려는 진로 영역과 관련하여 봉사활동을 실천하도록 지도함으로써 진로 선택에 도움을 얻을 수 있도록 한다.

3. 청소년 자원봉사활동의 의의와 기대효과

1) 청소년 자원봉사활동의 의의

청소년기는 자아정체성을 정립하는 시기일 뿐만 아니라 일생을 살아가는 데 원칙으로 삼게 될 일련의 가치인 도덕성을 형성하는 시기이다. 그런데 자아 정체성과 도덕성은 사회문화적 맥락뿐만 아니라 교과 과정, 그리고 다양한 교과 외 체험활동을 통해서도 발달된다.

따라서 자아정체성과 도덕성을 통합시킬 수 있는 시기인 청소년기에 사회 참여의 기회로서 자원봉사활동의 경험은 청소년의 건전한 성장을 돕기 위해 꼭 필요하다. 특히 개인의 성격은 환경과의 상호교류를 통해 형성되며, 인간은 자신의 행동과 환경을 적절히 선택하는 능력을 가지고 있다는 생태학적 관점에서 볼 때, 청소년들의 건강한 인성 형성을 위해서는 새로운 경험, 즉 사회참여의 기회가 필요하다.

이러한 경험 기회는 구체적인 실천방안으로서 인간교육과 듀이(Dewey)의 교육철학에서도 잘 나타나 있으며, 청소년의 사회참여를 위한 하나의 방안으로서 청소년 자원봉사활동의 목표 설정에도 상당한 영향을 주는 것으로 나타났다. 새로운 환경으로서 사회참여의 경험인 자원봉사활동은 성인기로 이행되어 가는 과정에 있는 청소년의 개인적·사회적 발달에 큰 도움을 줄 뿐만 아니라 책임 있는 민주시민으로 성장하도록 도울 수 있을 것이다.

청소년의 봉사활동에 대해서는 지역사회에서 봉사활동을 통해 사회와 다른 사람에 대한 이해를 넓히고, 지역사회와 타인에게 공헌하는 활동이라고 하였을 때, 청소년의 봉사활동은 단순한 '제공'이 아니고 '헌신과 공헌'에 의미를 두고 있다.

청소년은 자원봉사를 통해 삶을 더욱 풍요롭게 만들고, 사회적 책임감을 배우며, 미래의 인재로 성장할 수 있다. 특히 청소년의 자원봉사활동은 다음과 같은 중요한 가치를 가지고 있다.

첫째, 사회적 책임감을 배울 수 있다. 청소년은 자원봉사활동을 통해 타인을 배려하는 태도를 알게 되고, 어떤 삶이 가치 있는지 배울 수 있는 기회가 된다.

둘째, 자기 계발을 할 수 있게 된다. 자원봉사활동을 통해 청소년은 능력을 향상하고, 새로운 기술을 습득하고, 나아가 자신의 진로에 도움이 될 수 있는 다양한 관계를 만들어 갈 수 있다.

특히 교과 관련 봉사활동 경험은 해당 교과에 대한 흥미와 자신감 향상, 학업성취, 진로 결정과 관련이 깊으며, 고등학생의 경우 전공 연계 봉사활동은 개인의 역량 강화, 문제해결력 향상, 성취동기 향상, 대인관계와 리더십 향상에 크게 도움이 된다.

셋째, 자원봉사활동을 통해 청소년은 타인과 소통하고, 타인을 이해하는 능력을 키울 수 있다. 타인과의 소통은 사람과의 관계에서 매우 중요한 능력인데, 봉사활동을 통해 낯선 상황을 자주 접하게 됨으로써 다양한 상황에 적응하고 소통할 수 있는 능력을 신장시키는 데 큰 도움이 된다.

넷째, 자원봉사활동을 통해 청소년들은 지역사회와 유대감을 형성하고, 지역사회의 발전에 기여할 수 있다. 청소년이 학교에서 배우지 못하는 사회를 봉사활동을 통해 경험하면서 지역사회에 대한 이해를 넓힐 수 있고, 장기적으로는 스스로 자신을 지역사회의 유용한 시민으로 바라보게 되며, 성인이 되어서도 지역사회의 활동에 적극적으로 참여할 수 있게 된다.

2) 청소년 자원봉사활동의 기대효과

콘래드와 헤딘(Conrad & Hedin)은 자원봉사활동의 경험을 통해 청소년들이 얻을 수 있는 기대효과의 영역들을 아래와 같이 제시하였다.

첫째, 자원봉사활동 경험은 청소년의 개인적 성장과 발달에 긍정적인 영향을 준다.

둘째, 지적 성장과 발달에 긍정적인 영향을 줄 것이다.

셋째, 사회적 성장과 발달에 긍정적인 영향을 줄 것이다.

표 7-1 자원봉사활동의 기대효과 영역

기대효과 영역	내 용
개인적 성장과 발달	자아존중감, 개인적 유능감, 자아와 도덕발달, 새로운 역할과 관심의 탐색, 새로운 도전의 수용과 위험의 감수, 가치와 신념의 수정과 강화, 책임감과 향상, 자기행동의 결과에 대한 수용
지적 성장과 발달	기본적인 학업기술(생각의 표현, 읽기, 계산하기), 높은 수준의 사고기술(편견 없는 태도, 문제해결, 비판적 사고), 봉사 경험과 직접적으로 관련된 내용과 기술, 경험으로부터 습득한 기술(관찰, 질문, 지식에 적용), 지식의 습득과 보유에 대한 동기, 책이나 강의를 통해서 설명할 수 없지만 꼭 알아야 할 통찰력, 판단 및 이해
사회적 성장과 발달	다른 사람의 복지에 대한 관심과 사회적 책임성, 정치적 유능성, 민주시민의 참여 정신 함양, 자원봉사와 관련된 직업에 대한 지식과 탐색, 다양한 배경과 삶의 상황에 처해있는 사람들에 대한 폭넓은 이해와 평가

이처럼 학생들의 사회성은 자신과 타인의 역할 인식과 자신이 타인의 입장에서 이해하려는 상호 역할 인식기를 거쳐 사회적 · 관습적 체계 역할 인식을 하게 된다.

이러한 측면에서 학생 봉사활동은 이들이 안고 있는 다양한 문제 해결을 위한 인성개발의 봉사학습(service learning)으로 제시되어야 하는데, 아직까지도 잘못 인식되어 전통적인 성인들의 봉사활동으로 보는 시각이 있다.

학생 봉사활동은 그 주체가 학생이며, 따라서 봉사활동이 단순히 볼런티어리즘(volunteerism), 즉 자원봉사활동 중심에 입각한 활동이라기보다는 '학습의 과정'이 포함된다는 점에서 일반 성인들의 봉사활동과는 구별된다.

즉 학생 봉사활동은 학교의 의도적 계획하에 자발적 또는 비자발적으로 다른 사람과 사회를 위하여 일하는 봉사를 체험하는 활동으로 일련의 교육과정으로 운영되며, 활동 결과 역시 평가라는 과정을 거치게 된다. 또한 활동 내용이 학교생활기록부에 기록된다는 면에서 순수 자원봉사와는 부분적으로 다른 개념이라고 할 수 있다.

4. 청소년 자원봉사활동의 제도화와 관점

1) 학생 봉사활동의 제도화

청소년 자원봉사란 청소년활동의 한 영역(문화 활동)으로 바람직한 성장과 역량 강화, 이타심 배양 등을 목표로 자발성에 기초하여 수행되는 청소년 학습과정 중심의 활동(청소년활동진흥법 제65조)이다. 이는 청소년의 건전한 의식 형성과 참여 욕구 증진을 위하여 전문화된 지원체계를 구축하고, 자원봉사자의 온라인 지원체계 구축 및 관련 시설과의 연계로 다양한 정보를 제공하며, 실적 관리의 효율화를 추구하는 것이다.

운영체계는 각 시·도에 청소년활동진흥센터를 설립하여 청소년의 자원봉사, 그리고 수련 활동 및 교육 등 통합서비스를 제공한다. 포털사이트(www.youth.go.kr) 구축으로 다양한 자원봉사 프로그램 제공, 실적관리, 자원봉사 동아리(커뮤니티) 활성화, 그리고 해외봉사단 모집·파견 등을 지원한다.

또한 학교나 복지시설 등과의 자원봉사 네트워크를 형성하고, 각급 학교에 교육·연구 및 봉사활동 프로그램을 제공하며, 청소년수련시설, 복지시설 등 공급 가능한 시설과 봉사자 간 연계 서비스를 제공한다.

청소년 자원봉사 'DOVOL'은 'Do Volunteer(자원봉사하다)'의 약자로 청소년들이 쉽고 편리하게 봉사활동 정보 검색, 신청, 실적 확인, 확인서 출력까지 원스톱으로 진행할 수 있는 청소년 특화 봉사활동 서비스이다.

2) 청소년 자원봉사활동의 관점

청소년 자원봉사활동은 자원봉사활동의 한 분야로서 상위 개념인 자원봉사활동의 기본적인 정신이나 철학, 그리고 이념 등을 바탕으로 하면서도 활동자인 청소년이라는 특수성이 반영되어 있다. 이러한 특수성을 감안하여 청소년 자원봉사활동의 관점을 크게 세 가지로 구분해 살펴볼 수 있다.

(1) '학습'으로서 자원봉사를 바라보는 관점

학생들이 봉사활동을 통하여 문제 해결의 방법을 스스로 찾아보도록 하며, 지역사회의 다양한 사회문제에 대하여 학교에서 배운 이론의 적용과 사회 현실의 경험, 그리고 도덕적 가치의 체험까지 동시에 통합적으로 습득할 수 있는 과정을 배우게 하는 것이다.

이러한 관점에서 보면 첫째, 학생 자원봉사활동은 점수 따기식의 봉사활동이 아니라 학업과 연계한 봉사학습이 되어야 하고, 둘째, 부여된 과제 완수 위주의 봉사활동보다는 학생들의 인성적 발달과 교육적 측면을 중시해야 하며, 셋째, 학생들은 사회 현실을 무시한 채 아무것도 모르는 사람이 아닌 무한한 잠재력을 지닌 사회구성원으로서 바라봐야 한다는 것이다.

(2) '활동의 방법'으로서 자원봉사를 바라보는 관점

이는 자원봉사가 시간과 장소를 불문하고 교육이 아닌 활동으로 이루어지기 때문에 참가하는 학생들이 주체성 · 자발성이 중요시되고, 본인의 봉사활동 경험을 기초로 스스로 작성하여 평가하며, 나아가 집단토의나 사례발표 등을 통하여 지식과 경험을 상호 교환하는 것이다. 이러한 관점에서 보면 첫째, 학생 봉사활동은 수동적 · 타율적 봉사에서 주체적 · 자발적 봉사활동으로 전개되어야 하고, 둘째, 보조적인 단순 노력 봉사에서 창의력 개발과 기술 양성이 가능한 활동으로 이어지며, 셋째, 청소년을 위해서(for)라는 자세에서 청소년과 함께라는 자세로 전환되어야 한다는 것이다.

(3) '생활구조'로서 자원봉사를 바라보는 관점

더불어 살아가는 생활은 인간 상호간의 도움과 협동을 필요로 하며, 구성원들이 상호부조와 연대감을 가지고 개인 생활을 전개해 나갈 때 가능한 것이다. 이러한 점을 생각한다면 학생 자원봉사활동이란 학생들 생활의 한 부분이며, 동시에 복지공동체 사회의 성립에 중요한 기초가 된다는 것을 알 수 있다.

따라서 이 관점은 생활 주체자인 학생들의 가치 및 행위 방식이 이타적이고 적극적인 생활구조로 될 때 봉사활동이 쉽게 가능하게 된다는 것이며, 나아가 사회환경, 그리고 학교환경이나 다른 환경의 조건이 학생 자원봉사활동을 쉽게 할 수 있는 생활구조로 만들어져야 한다는 것이다.

이 관점에서 학생 자원봉사활동은 첫째, 이기적이며 자기중심적 생활 활동에서 이타적이며 사회 정의적 생활 활동을 전개해 나가고, 둘째, 사회와 단체의 부담 또는 짐이라는 생각을 버리고 상호협력과 지원을 아끼지 않는 동반자적 관계로 인식하며, 셋째, 주어진 과제나 현재 사회문제의 해결이라는 단기적 봉사활동에서 더불어 살아가는 생의 의미를 발견하고, 복지공동체 사회를 구축한다는 장기적 시각에서 봉사활동을 바라봐야 한다는 것이다.

이러한 관점과 관련하여 학생 자원봉사활동에 대한 개인 및 사회의 태도 변화를 요약 정리하면 아래와 같다. 여기에서 주의할 점은 실제 학생 봉사활동이 이루어지고 있는 현장에서는 이러한 관점이 각각 개별적으로 이루어지는 것이 아니라 서로 상호·보완적이며 통합적인 관계에서 이루어져야 한다는 것이다.

표 7-2 학생 자원봉사활동에 대한 개인 및 사회의 태도 변화

관점	• 청소년 자원봉사활동에 대한 개인 및 사회의 태도 변화
학습	• 점수따기식 봉사활동 ⇒ 학업과 연계한 봉사활동(봉사학습) • 부여된 과제 완수 위주 ⇒ 청소년의 인성적 발달과 교육적 측면 중시 • 아무것도 모르는 사람 ⇒ 무한한 잠재력을 지닌 사회구성원
활동	• 수동적 · 타율적 봉사활동 ⇒ 주체적 · 자발적 봉사활동 • 보조적인 단순 노력봉사 ⇒ 창의력 개발과 기술 양성 • 청소년을 위해서(for)라는 자세 ⇒ 청소년과 함께(with)하는 자세
생활구조	• 이기적이며 자기중심적 생활 활동 ⇒ 이타적이며 사회 정의적 활동 • 사회 및 단체의 부담 또는 짐 ⇒ 상호협력과 지원을 통한 관계 • 단기적 문제해결 중심의 봉사활동 ⇒ 장기적 복지공동체 사회 구축

5. 청소년 봉사활동 세부 내용

1) 학교 교육계획에 의한 봉사활동

(1) 창의적 체험활동 영역의 봉사활동

학교의 연간계획에 따라 편성하며, 학년, 학급, 그룹 단위로 이루어질 수 있다. 일상적 학교 대청소 등은 지양하고, 실질적 봉사활동 프로그램으로 운영한다.

(2) 교내 자율 봉사활동

모든 학생을 대상으로 공개 모집(모든 학생에게 참여기회 보장)하고, 특정 학생이 여러 종류의 봉사활동을 하거나 한 종류의 봉사활동을 독점하지 않게 하며, 학기별로 운영한다. 그리고 봉사활동 시간은 다른 창의적 체험활동 영역의 시간과는 중복 인정이 불가하다.

2) 청소년 개인 계획에 의한 봉사활동

(1) 1365자원봉사포털, VMS, DOVOL을 이용하지 않은 경우

사전 봉사활동 계획서를 제출하여 학교장이 추천(허가)한 경우에만 봉사활동 실적으로 인정하며, 헌혈의 경우 사전 봉사활동 계획서 대신 학부모 동의서(불가피한 경우 사후 확인서)를 제출한 경우에만 실적으로 인정한다.

[학생]	➡	[학교]	➡	[학생]	➡	[학교]	➡	[학교]
봉사활동 계획서 제출 (담임, 담당교사의 지도 및 상담 등)		봉사활동 계획 승인		계획에 따른 실행 후 확인서 제출		봉사활동 확인서 평가		학교생활 기록부 기재

그림 7-1 봉사활동 절차(1)

(2) 1365자원봉사포털, VMS, DOVOL을 이용하는 경우

학생은 봉사활동 계획서 및 확인서를 학교에 제출할 필요는 없으나, 실시 전 상담을 실시하여 인정가능기관 및 활동인지 반드시 확인한다. 학생이 봉사활동 실적 연계 사이트를 이용하여 봉사활동을 실시한 후 나이스로 전송하지 않고 봉사활동 확인서를 출력하여 제출한 경우, 1365자원봉사포털에서 나이스로 해당 봉사활동 실적을 전송하도록 지도한다.

[학생]		[학생]		[학교]		[학교]
1365자원봉사포털, VMS, DOVOL에서 봉사활동 검색 후 **신청**	➡	봉사활동 실행 후 1365자원봉사포털, VMS, DOVOL에서 확인서 나이스로 **전송**	➡	1365자원봉사포털, VMS, DOVOL에서 나이스로 전송된 실적 자료 **확인 후 승인**	➡	학교생활기록부 **기재**

그림 7-2 봉사활동 절차(2)

※ 1365자원봉사포털 ⇔ VMS 자료전송 시 실적 공유,
1365자원봉사포털 ⇔ DOVOL 실적 자동 공유(자료 전송 불필요)

※ 실적 연계 사이트(1365자원봉사포털, VMS, DOVOL) 이용 관련 유의사항

- 학생 봉사활동 운영계획에 적합한 봉사활동 분야(프로그램 내용 등)를 확인 후 이용함
- 실적 연계 사이트를 통하여 나이스로 전송된 실적이더라도 인정할 수 없는 경우 존재

표 7-3 자원봉사활동 미인정 경우

✤ 실적 연계 사이트를 통한 실적도 다음 내용을 반드시 제외한 후 반영

✔ 봉사활동 운영계획에 적용되지 않는 봉사활동 실적(프로그램 내용, 인정 시간 등)
✔ 봉사활동 실적으로 인정할 수 없는 사례와 영리기관에서 실시한 봉사활동 실적
✔ 1일 기준시간(수업 시간과 봉사활동 시간 합산) 초과 시간
✔ 허위 봉사활동 실적

표 7-4 담임교사 및 업무 담당자 역할

〈담임교사 및 업무 담당자 역할〉

- 모든 개인 봉사활동은 교육 활동의 하나로 봉사활동 사전 상담 및 안전교육 시행
- 봉사활동 운영 기준 부합 및 인정 여부, 1일 최대 인정 봉사활동 시간 등 확인
  - 학생의 신체 발달과 건강을 고려하여 정규수업과 봉사활동 시간의 합이 기준 시간을 초과할 수 없음
  - 시간 단위로 확보하도록 사전 지도 철저(분 단위 인정 불가)
- 실적 연계 사이트(1365자원봉사 포털, VMS, DOVOL) 이용 관련 유의사항 안내
- 결석일에 실시한 봉사활동은 인정 불가

(3) 시간 및 활동 기본 인정기준

① 봉사활동 시간 인정은 1일 8시간 이내로 인정하는 것이 원칙

평일 수업 시간이 7교시인 경우 1시간, 6교시인 경우 2시간, 4교시인 경우 4시간으로 인정한다.

표 7-5 시간 및 활동 기본 인정 기준

구분	평일(6교시 수업 기준)	휴업일(토, 공휴일)
인정 시간	2시간	8시간

구분	평일(수업이 있는 평일)	휴업일(토 · 공휴일 · 방학 · 재량휴업일 등)
인정 시간	학교 수업시수에 따라 변동	8시간

※ 학생의 징계, 학교폭력 관련 조치 사항 등에 따른 학교 내 봉사활동, 사회봉사, 출석정지 기간의 봉사활동은 봉사활동 실적으로 인정 불가

② 실제 봉사활동 시간만 인정하는 것이 원칙

표 7-6 봉사활동 인정대상 시간

구분	출발	현장 도착	준비/교육	활동	식사	활동	평가	봉사활동 후 휴식	현장 출발	도착	귀가
인정			활동 인정대상 시간								

※ 이동 시간은 원칙적으로 불인정하되, 특별재난지역 등 국가적 재난극복을 위한 활동의 경우 2시간 이내에서 이동 시간 추가 인정

③ 봉사활동 실적은 시간 단위로 기록하는 것을 원칙

학교생활기록부에는 분 단위는 절사하여 기록(단, 동일 기관에서 같은 내용의 봉사활동을 지속해서 실시한 경우, 학기 말 합산 가능)한다.

표 7-7 봉사활동 실적 기록 원칙의 예

※ (예시1) 2026.3.22. ○○도서관 서가 정리 2시간 30분으로 연계되었을 때 → 2026.3.22. (개인) ○○도서관 서가 정리 2시간으로 입력 (예시2) 2026.5.23. 환경보전협회 환경 기본교육, 환경 봉사활동 3시간 40분 2026.5.24. 환경보전협회 하천 정화 활동 및 수생식물 식재 활동 2시간 30분으로 연계되었을 때 → 2026.5.23.~2026.5.24. (개인) 환경보전협회 환경 기본교육, 환경 봉사활동(하천 정화 활동 및 수생식물 식재 활동 등) 6시간 합산 입력

(4) 봉사활동 인정 가능 기관

① 도 교육감, 시(군)교육지원청 교육장, 학교장이 인정하는 기관

표 7-8 학생 봉사활동 인정 불가 기관

※ 학생 봉사활동 인정 불가 기관 영리를 목적으로 봉사활동을 진행하는 기관(단체), 종교적 내용으로 봉사활동을 진행하는 기관, 정치적 목적이나 소속 회원의 이익을 목적으로 활동하는 기관(단체), 공익목적에 어긋나는 기관이나 단체

② 자원봉사센터(행정안전부), 사회복지협의회(보건복지부), 청소년활동진흥센터(여성가족부) 등에서 인정하는 기관 중에서 시·도 및 학교의 봉사활동 운영 기준에 부합하는 기관

③ 예시나 기준이 없는 봉사활동의 인정 여부에 대해 학교별 「학생자원봉사활동진흥위원회」(이하 위원회)에서 종합적으로 판단하여 학교장의 결재를 받아 인정

3) 학생 봉사활동 평가

(1) 학생 봉사활동 결과에 대한 사후 평가 시행

① 일상생활 속에서 봉사활동을 지속할 수 있는 실천 태도 함양 모색

② 점검표, 소감문, 발표, 토의 등을 통해 봉사활동 내용 및 결과에 대한 반성과 협의 시행

③ 봉사활동 결과에 대한 인정 및 격려 등

(2) 창의적 체험활동 평가 기준

표 7-9 창의적 체험활동 평가 기준

기준	평가 관점
참여도	• 활동에 대한 참석 정도, 실천의 지속성 등
협력도	• 집단 활동에의 기여 정도, 실천 활동에 대한 협동성, 협력의 지속성 등
열성도	• 활동에 대한 흥미와 관심, 활동에 대한 책임감, 적극성, 자기 주도성 등

6. 청소년 자원봉사 지도자의 역할과 자세

봉사활동은 스스로 그 필요성을 자각하고 과제를 찾아내어 자주적, 그리고 자발적으로 행동해 나가는 것이다. 교사의 역할은 아이들이 봉사활동의 중요함을 자각하고 다양한 봉사활동을 자주적, 그리고 자발적으로 할 수 있도록 도와주는 것이다.

또한 봉사활동을 통하여 풍요로운 인간성과 사회성을 익히고 내면적인 성장을 도모할 수 있도록 도와주는 것이다. 따라서 교사는 아이들의 발달단계를 고려하면서 항상 아이들 옆에서 함께할 필요가 있으며, 때에 따라서는 다음과 같은 역할이 요구된다.

1) 지도자(Leader)로서의 역할

우선은 봉사활동의 의의와 구체적인 행동에 관하여 아이들에게 가르치는 역할이다. 봉사활동의 의의는 근본적으로 인간으로서의 존재나 삶의 가치에 대한 자각과 관련되어 있다. 자신에 관하여, 사회에 관하여, 인간에 관하여, 깊이 생각할 수 있게 됨에 따라 봉사활동의 의의도 깊이 받아들일 수 있게 된다. 아울러 구체적인 봉사활동도 생각할 수 있게 된다. 이에 관한 지식이나 기술에 관한 지도가 필요해진다.

사회가 급격하게 변화함에 따라서 봉사활동의 재검토와 새로운 활동도 필요해진다. 지도자에게는 사회의 변화와 미래를 예측하며, 봉사활동을 지도하는 역할이 주어진다. 이와 같은 지도를 위해서 교사는 관계 기관과의 교류를 긴밀히 하면서 항상 연수에 유념할 필요가 있다.

2) 코디네이터(Coordinator)로서의 역할

코디네이터로서의 역할이다. 아이들에게 볼런티어 활동에 대한 의욕을 심어주었을 때, 그것을 어떤 식으로 진행하면 좋을지에 관해 충고를 하거나, 봉사활동을 하는 장소나 도와줄 만한 사람을 소개하는 역할을 하는 것이다. 따라서 교사는 여러 관계 기관이나 봉사활동에 관련된 사람들과의 교류를 도모하고, 정보를 폭넓게 수집해 둘 필요가 있다.

3) 케어(Care)하는 사람으로서의 역할

봉사활동은 아이들에게는 거의 미지의 경험이다. 활동을 통하여 마음이 아프다거나, 불쾌감을 갖는 아이도 생겨날 것이다. 일상적인 체험과 전혀 다른 체험으로 인하여 부적응 증상을 일으키는 아이도 있다. 봉사활동을 추진해 나가는 데에 있어서 활동에 잘 적응하지 못하는 아이들을 어떻게 뒷받침해야 하는가도 큰 과제이다. 그것도 역시 교사의 중요한 역할인 것이다.

따라서 아이들의 마음을 이해하고 보살피는 다양한 방법에 관한 연수가 필요하다.

7. 새로운 교육과정 및 콘텐츠 개발 등 정책적 제안

1995년에 우리나라 교육과정에 도입된 학생들의 자원봉사활동은 그동안 여러 차례 변화가 있었다. 그러나 자원봉사활동이 생활기록부에 기록되고 입시에 반영되는 기본 기조는 유지됐으나, 2019 대입 공정성 강화방안에 따른 개인 봉사활동 실적 대입 미반영, 2022 개정 교육과정 창의적 체험 활동에서 봉사활동 영역 제외, 코로나19 감염병 등 외부 환경 변화에 따른 학생 봉사활동의 위축과 참여율이 저조해지면서 봉사활동 참여 청소년이 급격히 감소하게 되었다.

따라서 이러한 패러다임에 맞는 봉사활동 교육과정에 맞는 콘텐츠 개발은 아직 미흡한 편이며, 지속적인 수정을 통해 교육과정을 풍성하게 만들 수 있는 콘텐츠를 찾고 개발해야 한다. 아울러 콘텐츠 개발과정에서 청소년 전문가와 교사, 교육청의 교육과정 담당자들의 적극적인 참여·협력이 필요하며, 새 교육과정에 맞는 청소년 자원봉사를 활성화할 방안이 필요하다.

첫째, 청소년이 봉사활동에 대한 이해와 관심을 높일 수 있도록 봉사활동 교육을 강화해야 한다. 봉사활동 교육은 청소년이 봉사활동을 통해 얻을 수 있는 가치와 이점을 이해하고, 봉사활동에 대한 동기를 부여하는 데 도움이 된다.

둘째, 청소년이 다양한 분야에서 봉사활동을 할 수 있도록 봉사활동 프로그램을 다양화해야 한다. 지역사회 봉사활동, 환경보호 봉사활동, 문화예술과 체육 봉사활동 등 다양한 분야에서 청소년이 참여할 수 있는 봉사활동 프로그램을 제공해야 한다.

셋째, 청소년이 봉사활동에 참여할 수 있도록 다양한 방법으로 유도해야 한다. 개인 계획에 의한 봉사활동이 학교 현장에서 인정되지 않는 것이 현실이기 때문에 중학교의 경우에는 자유학년제, 고등학교의 경우에는 고교학점제 등과 연계한 봉사활동 프로그램이 계획되어야 한다.

넷째, 청소년이 봉사활동을 원활하게 수행할 수 있도록 봉사활동 지원체계를 강화해야 한다. 봉사활동을 위한 인프라를 구축하고, 장소 제공, 봉사활동에 필요한 장비와 도구 제공, 봉사활동을 위한 교육 및 훈련을 제공해야 한다.

이를 위해 지역사회의 다양한 시설·기관과의 네트워크가 필수적이다. 이는 자원봉사센터를 중심으로 다양한 단체, 시설, 공공기관, 사회적 기업 등이 촘촘한 네트워크를 만들어 갈 때 자원봉사활동의 효과는 더 증대될 것이다. 특히 공적영역뿐만 아니라 민간영역에서도 봉사활동이 활발히 이루어질 때 학생들은 다양한 봉사활동의 참여와 경험을 할 수 있다. 마을공동체 중심의 봉사활동을 학생 봉사활동과 연계해 학생과 지역주민들이 함께 모여 봉사활동을 할 수 있는 구조도 매우 의미 있는 활동이 될 것이다.

다섯째, 학생 봉사활동의 경력을 진로에 활용할 수 있는 방안을 어떤 형태로든 마련해야 한다. 기존 정책에서는 의무 권장 시간을 부여하고, 이 내용을 학생부에 기록하고, 이를 상급학교 진학에 활용할 수 있는 제도적 방법을 가지고 있었다. 그러나 학교생활기록부에 기록되는 내용의 신뢰성과 공정성에 대한 사회적인 의문과 문제가 제기돼 더 이상 학생 개인의 능력이나 강점 등이 상세하게 기록 또는 공인되는 과정이 삭제되게 되었다.

그러나 주도적으로 개인이 수행한 봉사활동의 경력을 각자의 진로에 활용할 수 있는 길을 전면 차단한 것은 심각한 문제가 있다. 개인의 진로 준비와 노력이 국가의 정책에 의해 활용되지 못하는 것은 국제적인 흐름에도 역행하는 상황이다. 미국, 프랑스, 일본처럼 자신의 봉사활동 경력을 진로와 진학에 활용할 수 있는 방안이 어떤 형태로든 마련돼야 한다.

여섯째, 청소년이 봉사활동을 수행한 후에는 평가와 피드백을 제공해야 한다. 이를 통해 청소년은 자신의 봉사활동에 대한 평가를 받고, 개선할 점을 파악할 수 있다. 자원봉사센터는 봉사활동을 꾸준히 하면서 사람과의 긍정적인 관계를 경험한 청소년의 사례를 발굴해 이러한 경험이 다른 학생에게도 공유될 수 있는 계기를 만드는 것이 필요하다.

아울러 학교 현장에서는 학교장 명의의 봉사상이나 선행상을 시상할 때, 학생의 교내·외 봉사활동 내역을 충실하게 반영하는 내부 규정을 두는 것도 학생에게는 좋은 피드백이 될 수 있다.

이처럼 청소년 자원봉사는 청소년이 자신의 시간과 노력을 기부해 지역사회와 사회 전반에 기여하는 활동이다. 청소년은 자원봉사를 통해 자신의 삶을 더욱 풍요롭게 만들고, 사회적 책임감을 배우며, 미래의 인재로 성장할 수 있다. 그러나 최근에는 청소년 자원봉사가 감소하는 추세를 보인다. 청소년 자원봉사의 가치와 필요성을 다시 한 번 되새기고, 청소년 자원봉사를 활성화할 방안을 모색해야 한다.

제2절 대학에 의한 자원봉사활동

대학은 교육, 연구, 봉사를 사명으로 한다. 대학의 사회봉사는 교육 및 연구 기능에 의한 결과를 직접 사회에 적용하기 위한 활동이며, 변천하는 사회문제와 관련하여 새로운 전문 인력의 육성 활동과 사회참여 활동을 의미한다. 대학은 민주국가의 리더십을 배양하는 최고 교육기관으로 장차 사회지도층으로 활동하게 될 젊은 인재들이 사회와 국가를 위해 솔선수범하는 인간미와 리더십을 갖추도록 교육시키는 책임을 맡고 있다.

그리고 사회봉사의 중요성이 인식되고 있어 대부분의 대학이 사회봉사활동을 정규 교양과목으로, 혹은 전공과목으로 채택하고 있으며, 점차 사회봉사에 대한 대학들의 관심은 확대되어 나타났다.

1. 대학 봉사활동의 발전과정

자원봉사활동은 대학의 입장에서는 대학이 지역사회의 발전과 상생을 위해 어떻게 협력하고 연대해야 하는가를 알려 주는 지표가 되기도 하지만, 인성과 도덕성이 완성되는 대학생 시절 경험한 사회봉사활동은 개인이 공동체 일원으로서 사회적 책임과 배려, 나눔을 어떻게 실천해야 하는지를 경험하게 되는 중요한 원천이 되기도 한다.

전통적으로 대학 봉사활동은 농촌봉사활동, 야학, 동아리 봉사활동 등으로 대부분이 학생 자치활동으로 이루어져 왔으나 1995년 교육개혁안 발표 이후 대학 봉사활동은 정규 교과의 하나로 이루어지게 되었다.

1979년 강남대학교 사회복지대학에서 처음으로 자원봉사 관련 정규과목인 '볼런티어론' 수업을 개설하였고, 1994년 한양대학교에서 사회복지 전공이 아닌 학생들을 대상으로 한 '사회봉사' 교과목을 교양필수로 지정하여 사회봉사 관련 교과목을 가르치기 시작하면서 이후 가톨릭대, 동덕여대, 인제대, 한동대 등 여러 대학에서 사회봉사 교과목을 정규 교양과목으로 채택하였다. 이후 많은 대학이 자원봉사 관련 교과목을 교양과목으로 채택·운영하고 있으며, 그 수도 점점 증가하고 있는 것에 비추어 보면 오늘날 대학들이 사회봉사에 많은 관심을 보이고 있음을 알 수 있다.

2011년 정부는 대학 기관평가와 정보공시 영역에 사회봉사를 포함시켰으며, 2022년 하반기 대학기관평가인증편람에서는 사회봉사 교과목 운영과 관련해 "담당교수를 배정하고 봉사이론 및 안전에 대한 강의를 해야 한다. 또한 대표자(처장 총괄 등)를 두거나 활동 시간을 (행정)직원이 확인만 하여 학점을 부여하는 운영방식은 인정하지 않음"이라는 구체적인 유의사항을 명시하여 사회봉사 프로그램(교과목) 운영의 엄중성을 더욱 강화하였다.

이렇듯 대학에서는 '교육', '연구'와 더불어 '봉사'를 대학 구성원들의 필수 요건이라는 인식 확산에 따라 사회봉사 교과목을 교양필수 과목으로 지정하거나, 의무 봉사활동 시간을 지정하여 봉사활동을 졸업 요건으로 규정하는 대학들도 늘어나고 있고, 학점제나 졸업 인증제 등의 다양한 유인책을 실시하여 대학생들의 사회봉사활동 참여를 장려하고 있다.

또한 사회봉사의 중요성이 더욱 부각됨에 따라 이러한 시대적 요구에 부응하여 많은 대학에서는 교과 과정과의 연계 외에도 학생들의 봉사활동을 권장하고 지원하고 있다. 대학 사회봉사단 또는 사회봉사센터 등의 사회봉사 전담 기구를 설립하여 운영하면서 대학의 사회봉사센터는 교과목 개설뿐만 아니라 봉사 프로그램 개발, 시민사회단체 지원, 해외자원봉사 파견, 자원봉사 축제 행사 등 대학생들의 다양한 봉사활동을 지원하고 있다.

2. 대학 자원봉사활동의 의의와 효과

1) 대학 측면

대학은 교육과 연구뿐만 아니라 사회봉사를 포함하는 3대 기능을 가진다. 대학이 수행하는 중요한 기능은 첫째, 학문을 전수하고 배우는 교수의 기능, 둘째, 학문의 자유에 요구되는 덕목들을 준수하면서 진리 탐구의 대열을 형성하고 탐구에 종사하는 기능, 셋째, 연구의 기능과 학문 교수의 기능에 의한 결과를 직접 사회에 적용·응용하여 사회에 환원하는 사회봉사 기능으로 나눌 수 있다.

그러나 대학은 최고의 지식인 집단으로서 이론학습과 학문의 전수뿐만 아니라 지역사회를 위해 선도적인 역할을 수행해야 할 의무가 있고, 우리 사회 전체에 확산되어 가고 있는 자원봉사를 솔선수범하여 수행해 줄 것을 사회로부터 요구받고 있다. 대학의 자원봉사활동은 대학 내 풍부하고 훌륭한 인적자원을 바탕으로 사회문제의 해결에 지도적인 역할을 담당할 수 있다.

따라서 대학의 자원봉사는 대학이 진리 탐구와 기초지식체계의 교육 외에도 대학이 속한 사회의 요구와 필요에 부응해야 한다는 것이다. 대학의 자원봉사 기능은 교육 및 연구 기능에 의한 결과를 직접 사회에 적용·응용하여 사회에 환원하는 것이며, 변화하는 사회문제와 관련하여 새로운 전문가를 육성하고 사회에 참여하는 활동을 의미한다. 자원봉사활동은 강단교육의 차원을 벗어나 실천 교육을 강조한다는 데서 행함의 교육이라고 볼 수 있고, 사회 현실에 대한 현장감을 제공한다는 측면에서 대학생의 자원봉사활동을 장려하고 있다.

2) 대학생 측면

(1) 사회지도자로서의 자질 형성

대학교육의 목적은 미래의 사회 각 분야 지도자를 양성하는 것이다. 지도력은 건전한 민주시민 의식을 토대로 형성되는데, 자원봉사의 정신적 바탕 위에 전문지식을 갖춤으로써 진정한 민주적 리더십이 형성된다.

(2) 전문지식 및 기술의 적용과 연마

학생들이 자신의 전공에서 학습한 전문지식과 기술을 자원봉사 실천 현장에 적용하여 지역주민들을 돕고, 동시에 자신의 기술과 지식을 보완하는 학습의 연장으로 삼을 수 있다.

(3) 사회문제에 대한 새로운 인식과 공동체 의식의 체득

학생들은 문제 해결 능력을 배양할 수 있고, 문제의 배경에 대한 시야를 갖출 수 있다. 또한 자신과 사회를 돌아보는 계기가 되고, 사회 전반 상황에 대한 새로운 인식을 갖게 되고 사회의 구성원으로서 책임감과 함께 공동체 정신을 함양하게 된다.

(4) 인간의 존엄성과 가치에 대한 인식

봉사활동을 수행하는 과정에서 자원봉사 대상자를 만나게 되고, 그들의 처한 어려움을 이해하게 되어 사회적 약자에 대한 가치와 인간의 존엄성을 생각하는 계기가 된다.

(5) 성숙한 자아의 형성

학생들은 자원봉사활동 과정에서 여러 사람과 협력하게 되고, 사람들이 직면한 다양한 문제를 발견함으로써 자신과 가족, 그리고 사회를 새롭게 볼 수 있는 시야를 갖게 된다. 또한 타인에 대한 배려와 이해심을 넓히는 경험을 하게 된다.

3. 대학자원봉사의 필요성

대학자원봉사는 대학의 본질적 기능인 교육, 연구, 봉사라는 측면과 관련하여 오래전부터 다양한 형식으로 이루어져 왔다. 대학생의 농촌봉사활동, 야학활동, 동아리 활동, 그리고 교직원들의 자원봉사활동 및 각종 기부나 후원활동처럼 대학 구성원의 자발적·비공식적 활동으로 이루어지던 자원봉사는 이제 대학 주도의 공식적인 활동으로 자리 잡아 가고 있다. 특히 최근 고등교육기관으로서의 대학은 어떻게 대학교육이 세상을 바꾸는 한 사람을 잘 길러낼 수 있을 것인가라는 물음에 직면하면서 상아탑 안에서의 교육 이외의 역할에 대한 기대의 목소리가 높아지고 있다.

또한 국가, 기업, 비영리조직 등 대부분 사회조직에 대해 지속 가능한 발전을 위한 사회적 가치 확립과 실천 노력이 중요하게 요구되면서 대학의 자원봉사는 대학이 지역사회와 어떻게 협력하고 사회적 가치를 구현해 나갈 것인가와 관련한 중요한 의제로 다루어질 필요가 있으며, 이러한 대학의 자원봉사활동이 강조되고 있는 이유는 다음과 같다.

첫째, 대학기관평가인증에서 대학의 자원봉사 기능이 주요 지표로 설정되었기 때문이다. 인증평가는 대학이 교육기관으로서의 기본요건을 충족하고 있는지를 판정하고, 그 결과를 사회에 공표함으로써 사회적 신뢰를 부여하는 제도로 그 결과에 따라 대학 신뢰도에 큰 영향을 미칠 수 있기에 각 대학에서는 자원봉사를 확대하기 위하여 노력하고 있다.

둘째, 대학생들의 자원봉사 경험이 인성교육, 전공역량 강화 등 긍정적인 영향을 미치기 때문이다. 대학생들의 자원봉사 경험은 그들이 인격적으로 성장하고 잠재능력을 실현하는 데 효과적일 뿐만 아니라 공동체 의식과 사회적 책임을 실천할 수 있는 기회가 될 수 있다는 것이 확인되면서 자원봉사의 중요성이 더욱 확대되고 있다.

셋째, 지역사회에 대한 대학의 역할이 강조되고 있기 때문이다. 지방분권 및 지방자치제의 실시와 주민참여, 공동체 회복 등의 사회적 의제와 더불어 지역공동체 회복과 지역사회역량 강화와 관련해 지역 대학의 역할이 더욱 중요해지고 있으며, 대학 구성원들의 체계적이고 책임감 있는 자원봉사활동은 지역사회를 변화시킬 수 있는 원동력이 될 수 있기에 대학 자원봉사활동의 중요성은 더욱 증가하고 있다.

4. 대학 자원봉사활동의 특성과 원리

1) 대학생과 자원봉사활동

대학생의 자원봉사활동은 봉사학습이라는 체험학습의 일환이며, 인지적 성장과 분리된 것이 아니다. 특히 성인이면서 학생인 대학생의 시기에 사회진출에 대비한 책임성 있는 성장을 준비하는 통합적 과정이다. 이는 자신의 덕성에 대한 스펙을 쌓는 것과는 차원이 다른 것이다.

대학생의 자원봉사활동은 일반적인 자원봉사활동과는 달리 사회참여와 자기 계발의 특성이 높다. 또한 사회진출을 앞둔 시기이자 신체적으로 가장 왕성한 활동을 할 수 있어서 역동적이고 활발한 활동이 가능하며, 학교에서의 전공과 연동하여 봉사하고 실습할 수 있는 계기가 된다. 즉 미래사회의 지도력으로서 자원봉사활동의 현재가치만이 아니라 미래가치에 큰 의미를 가지고 있다.

2) 대학생의 봉사학습

학생의 자원봉사활동에 대해 논의할 때 자주 거론되는 개념이 봉사학습이다. 학생의 자원봉사활동은 그 주체가 학생이며, 따라서 봉사활동이 단순히 볼런티어리즘(volunteerism), 즉 자원봉사활동으로서만이 아니라 학습과 교육의 과정이 중시된다는 점에서 일반 성인들의 자원봉사활동과는 구별되는 특성을 강조하고 있다.

또한 봉사학습은 자원봉사와 학습의 동시적 효과를 거두는 것을 목표로 하고, 행동에 의한 학습(learning by doing), 혹은 경험에 의한 학습(learning through experience)이라는 경험 교육의 철학에 기초하고 있다.

표 7-10 학생 봉사학습의 효과

[봉사학습의 효과]

- 특정 상황에 대한 문제의식과 합리적 문제해결 능력 등 학생들의 지적 발달에 조력한다.
- 자신과 다른 사람들과의 의사소통 기술과 같은 생활 필수적 기본기술의 습득을 도와준다.
- 직접적 체험을 통한 도덕과 윤리적 가치판단을 자연스럽게 갖추도록 만들어 준다.
- 예비 시민으로서 사회적 연대감과 책임감을 배울 수 있다.
- 사회에 대한 이해와 자신의 미래에 대한 설계를 가능하게 한다.
- 자신의 사회적 배경이나 출신 배경과는 다른 사람들과의 접촉으로 다양한 문화를 이해하고 자신과 이질적인 집단도 인정할 수 있는 넉넉함을 통해 함께 살아가는 법을 배운다.
  - 청소년의 봉사학습에 의한 효과로 럭스(Luchs)는 자원봉사에 참여한 학생들이 그렇지 않은 학생들보다 다른 사람들에 대해서 긍정적 태도를 가지게 되었을 뿐만 아니라 자아존중감이 향상되었다고 보고하고 있으며, 누먼과 러터(Newmann & Rutter)도 정규수업에서보다 자원봉사활동을 통해 학생들이 사회적 책임성과 개인적 유능성에서 보다 긍정적 영향을 받았음을 밝히고 있다.

3) PAR의 원리[P(Preparation)-A(Action)-R(Reflection)]

자원봉사 프로그램 기획에서 중요하게 이야기되는 PAR의 원리 역시 주로 봉사학습과 관련되어 언급되고 있으며, 자원봉사활동의 전체 과정에서 순환적인 과정이 체계적이고 조직적으로 잘 이루어졌을 때 학생의 자원봉사활동은 봉사학습으로서의 효과를 가질 수 있다.

첫째, 준비(Preparation)단계에서 학생들은 자신들이 좋아하는 분야와 문제들을 선정하고 실천전략을 기획한다. 둘째, 행동(Action)단계에서는 조직된 전략대로 실천에 나서는 것, 즉 활동 수정이 가능하고 학생들은 자신들의 활동이 잘 진행되고 있는지 전체를 주의 깊게 관찰한다. 셋째, 반성(Reflection)단계에서는 당초 계획대로 지역사회 문제가 해결되었나, 목표가 달성되었나, 진행 과정은 어땠나, 등을 평가 · 검토한다. 즉 수익자(활동 대상자) 중심, 지역 사회문제 해결 중심의 평가 없이 활동이 계속 진행, 그리고 마무리되었을 때 단순히 자기만족을 위한 행동에 지나지 않을 위험성(반성의 결과는 다시 준비단계에 이어져 이후의 프로그램을 수정하고 재실행에 옮겨지는 순환과정을 이룸) 등을 체크한다.

4) 민주적 · 사회 참여적 리더의 양성

이는 미래지도력인 대학생에게는 IQ, EQ(감성지수)보다도 SQ(사회성지수)에 대한 강조가 더욱 필요하며, 민주적이고 사회 참여적인 리더를 양성하기 위해 자원봉사활동은 가장 중요한 방안이 될 수 있음을 강조한다.

5) 교류와 소통 증진

사회적 배제가 심각한 상황에서 사회의 주변부에 배제된 계층과 대학생의 교류와 소통의 기회는 중요한 의미를 가진다. 장애인과의 소통 방법, 독거노인과 대학생의 소통 기회 등은 매우 단절되어 있는 상황이며, 소통의 증진은 사회의 통합성 증진과 지속 가능한 발전을 위해 중요한 요소이다.

6) 자원봉사활동의 수요자 효과와 공급자 효과

자원봉사활동은 활동의 수요자에게 도움을 준다는 측면과 아울러 활동에 참여하는 자원봉사자에게도 도움이 된다. 수요자의 이득과 공급자의 이득 중에서 대학생의 자원봉사활동은 일반 자원봉사활동에 비해 공급자 효과가 상대적으로 부각된다. 대학생 자원봉사자는 자선과 시혜로서가 아니라 대등한 교류와 공급자 효과에 대해 통찰하는 관점이 필요하다.

5. 대학생 봉사활동 현장 이해

1) 활동 영역과 현장 이해의 중요성

첫째, 자원봉사활동을 하기 위해서는 자원봉사 현장에 대해 정확한 이해가 필요하다.

둘째, 자원봉사활동의 현장으로 가장 많이 활용되는 곳이 사회복지시설 및 단체이다.

셋째, 환경단체 등 NGO, 정부 기관 등 공적인 기관 등도 활동 가능한 곳이다.

넷째, 이러한 기관과 시설뿐만이 아니라 일회적인 이벤트나 캠프와 같은 현장도 가능하다.

2) 봉사활동의 영역

대부분 많은 대학은 개인이나 동아리, 그리고 서클, 학과, 학생회 등의 단위를 중심으로 자원봉사활동 및 사회봉사를 펼치고 있다. 대학별 사회 봉사활동 현황에서 알 수 있듯이 일례로 한양대학교의 경우 사회복지, 교육, 환경, 의료 및 기타 분야에서 대학인(교수와 학생 등), 학과, 동아리 및 서클 등의 단위를 통하여 다양한 활동을 펼치고 있는 것으로 나타나고 있다.

봉사활동의 영역이란 자원봉사활동을 벌일 수 있는 분야 또는 대상을 의미

하는데, 인간 생활의 대부분이 해당되며, 이러한 자원봉사활동의 범위와 영역은 광범위하다고 할 수 있다. 따라서 자원봉사의 영역은 포괄적이어서 하나의 기준으로 분류하여 설명하기는 곤란하며, 대개 자원봉사의 영역은 활동의 장, 활동의 대상, 자원봉사 과업의 성격, 그리고 개입의 방법에 따라 구분될 수 있는데, 가장 일반적인 설명으로는 활동의 장에 의한 분류이다.

우리나라는 「자원봉사활동 기본법」 제7조에서 자원봉사활동의 범위를 다음과 같이 규정하고 있다.

① 사회복지 및 보건 증진에 관한 활동
② 지역사회 개발 · 발전에 관한 활동
③ 환경보전 및 자연보호에 관한 활동
④ 사회적 취약계층의 권익 증진 및 청소년의 육성 · 보호에 관한 활동
⑤ 교육 및 상담에 관한 활동
⑥ 인권 옹호 및 평화 구현에 관한 활동
⑦ 범죄 예방 및 선도에 관한 활동
⑧ 교통질서 및 기초질서 계도에 관한 활동
⑨ 재난관리 및 재해구호에 관한 활동
⑩ 문화 · 관광 · 예술 및 체육 진흥에 관한 활동
⑪ 부패 방지 및 소비자 보호에 관한 활동
⑫ 공명선거에 관한 활동
⑬ 국제협력 및 국외 봉사활동
⑭ 공공행정 분야의 사무 지원에 관한 활동
⑮ 그 밖에 공익사업의 수행 또는 주민 복리의 증진에 필요한 활동 등

그러나 이러한 자원봉사활동의 영역은 자원봉사활동 현장과는 다를 수 있음을 이해해야 한다. 영역의 다양성은 자원봉사활동의 내용이 여러 사회문제

분야에 넓게 분포되어 있음을 나타내는 것이고, 자원봉사활동 현장의 다양성은 자원봉사활동이 관심을 가지는 문제의 영역뿐 아니라 직접 활동하는 현장이 여러 종류가 있음을 나타내는 것이다. 같은 문제영역 내에서도 서로 다른 여러 가지 유형의 현장과 기관이 있을 수 있음을 이해해야 한다.

6. 대학자원봉사의 긍정적 효과

자원봉사는 봉사학습으로 일컬을 수 있다. 봉사학습이란 실천적 교육으로서 학생들의 지식과 가치를 향상시키기 위해 의도적으로 구조화된 기회를 통해서 인간과 지역사회의 욕구를 함께 해결하고자 하는 활동에 학생들을 참여시키는 교육을 말한다.

봉사학습을 통해 인간은 학습을 할 수 있으며, 더 나은 지성인으로 사회에 기여할 수 있다. 또한 자원봉사는 경험적 이론학습에 기초하고 있다. 자원봉사가 경험적 이론학습에 기초하고 있다는 의미는 구체적 경험과 추상직 개념형성으로부터 정보가 파악되고, 반성적 관찰과 적극적인 상호작용으로부터 의미 전환이 일어나는 역동적인 과정이라는 것이다. 따라서 자원봉사는 이론적 지향보다는 실천적이며 역동적인 변화과정을 추구한다고 이해할 수 있다.

봉사학습이 강의실에서의 구조화된 방법으로 활용될 때 학생들에게 기대할 수 있는 효과로는 ① 이론적, 사회적, 그리고 개인적인 기술들을 지역사회 향상에 적용할 수 있는 능력을 기르며, ② 가상이 아닌 실제적인 의사결정을 할 수 있는 능력을 기르며, ③ 개인적으로 성장하고 동료에 대한 배려심을 키우고, 또한 시민참여가 증대되고, ④ 학생 자신과 지역사회, 그리고 사회 일반에 대한 심화된 이해가 가능하며, ⑤ 타인을 도와주는 가운데 이니셔티브를 발휘하고, 문제를 해결하며, 팀의 일원으로 일할 수 있는 리더로서 성장시키는 것이다.

이에 봉사학습은 체험교육의 한 형태로서 지역사회에서 발생하는 각종 사회문제를 해결하는 데 있어서 개입과 조정, 그리고 지원하는 기회를 제공함으로써 자기 발견의 장을 마련하기 위한 것으로, 특히 반추적 사고와 상호작용을 강조하고 있다. 나아가 봉사학습은 지역사회 속의 인간을 확인하는 데 도움을 줄 수 있다. 공동체 내에 속해 있는 자아에 대한 인식 확장 및 지역사회에 대한 인식 제고에 기여한다.

한편 봉사학습은 다양한 실천 원칙을 내재하고 있다. 봉사학습의 실천 원칙에는 ① 모든 사람이 공동선을 도전적으로 추구하고, ② 반성 기회가 구조적으로 되고, ③ 활동과 목적이 분명히 기술되고, ④ 스스로 욕구를 정의하고, ⑤ 각 참여자의 책임이 분명하고, ⑥ 융통성 있게 진행되고, ⑦ 지속적·조직적 참여가 이뤄지고, ⑧ 모든 과정이 목적에 맞고, ⑨ 최대의 관심을 유도하고, ⑩ 다양한 사람이 참여토록 해야 한다고 규정하고 있다.

봉사학습의 과정으로는 준비(지역사회의 욕구 확인, 욕구조사 및 분석, 학습과 사회행동을 위한 셋팅), 행동(지역사회 문제해결에 참여, 지역사회와의 상호작용), 반추(개인적인 성장과 성찰과 통합시키는 봉사학습의 지속적이면서도 핵심적인 과정, 자신의 기술 평가, 타인에 대한 공감능력 신장), 발표(지역사회 활동을 통한 성취물 발표, 경험을 통합하고 합성함으로써 자기주도적 학습 실현)의 4단계로 이루어진다. 결국 실천지향적, 응용학문적 성격을 가진 봉사학습으로서의 사회봉사에 대한 지원체계 구축은 대학의 주요한 역할이라고 이해할 수 있다.

7. 대학의 자원봉사활동 발전 방향

대학의 교육이념과 교육목표에 부응하면서 학생들의 역량을 높일 수 있는 교육방법으로 자원봉사 프로그램의 적용 가능성을 탐구하고, 대학생들에게 공통적으로 요구되는 인성 함양과 지역사회에 대한 이해와 공감 능력, 그리고 자원봉사활동을 통한 인권 의식과 다문화 수용 능력 등을 형성할 수 있는 자원봉사 프로그램의 필요성, 또한 대학이 어떤 체계를 가지고 자원봉사 프로그램을 운영해야 하는지, 나아가 중·장기적으로 대학 혹은 대학 자원봉사 프로그램이 지향해야 하는지 등 대학 자원봉사의 발전 방향을 살펴보면 다음과 같다.

첫째, 운영지원체계의 확립이 필요하다. 자원봉사 프로그램 운영을 전담하고 대학의 자원봉사 프로그램의 방향성을 제시하고 지역사회와 협력·연계할 수 있는 전문성을 갖춘 전담 운영지원체계의 확립이 선행되어야 할 필요가 있다.

사회봉사를 단순히 구성원의 지역 사회봉사로 고민하는 차원을 넘어서 이제는 대학이 지역사회와 함께 지역의 문제를 해결하고, 지역사회와 상생할 수 있는 자원봉사 프로그램과 사회참여 방안이 무엇인지 고민하고 추진해서 운영지원체계의 위상이 재정립되어야 한다.

대학의 자원봉사 전담 조직은 지역사회의 사회봉사 혹은 사회공헌 요구를 수용하는 수동적 역할에서 벗어나 지역사회의 수요를 먼저 진단하고 대학과 지역사회가 협력하고 해결해야 할 사회적 과제를 도출하는 개방형 플랫폼 역할까지 수행할 수 있어야 한다. 또한 자원봉사 교과목을 발전, 체계화하기 위해서는 책임 교수제의 운영 및 전담 인력이 갖추어져야 할 필요가 있으며, 사회봉사 교과목 운영과 관련한 내부 규정의 마련이 필요하다.

둘째, 학습자 입장에서 자원봉사 교과목의 유연 학기제 실시와 같은 교과목 이수체계의 변화가 필요하다. 상당수의 대학이 이미 학기 중에 사회봉사 교과목 운영 외에도 계절 학기를 이용한 방학 중 자원봉사활동을 장려하고 있으며, 자원봉사를 대학 내 정착시키고 재학생들의 인성 및 지역사회의 이해를 증진시키기 위해서 방학 중 시간을 활용한 이수 방법뿐만 아니라 온라인 자원봉사활동을 인증할 수 있는 이수 체계의 변화에 대해서도 고민해 볼 필요가 있다.

셋째, 봉사활동에 대한 시간 인정 중심에서 사전 이론교육의 의무화와 활동에 대한 지도교수 혹은 전담 강사의 코칭과 멘토링 등을 의무화하여 교육적 의미를 강화할 필요가 있다. 교양 1학점 이수 요건을 충족하기 위해 자원봉사활동을 시작하기 전 이론교육을 이수하고, 일정 시간 이상의 봉사활동을 수행하며, 그 활동에 대한 사전, 중간, 최종 활동 평가를 이수 요건으로 규정하여 운영할 필요가 있다.

넷째, 자원봉사활동의 공공성과 지역사회 네트워크 강화를 위해 유관기관과의 연계·협력을 강화해야 한다. 자원봉사활동으로 인정받을 수 있는 지역 내 자원봉사활동 인증기관과 대학이 적극적 MOU를 체결하여 학생 봉사활동의 인증체계 마련을 위한 협력방안을 모색해야 한다.

비교과 자원봉사 프로그램이 온라인, 비대면 봉사활동, 프로젝트 기반 기획 자원봉사활동을 지향할수록 기존의 시간 인증제 방식으로는 활동 인증과 관련해 많은 제한점이 있을 수 있다. 따라서 대학 자원봉사 전담부서와 지역 자원봉사 전문기관이 서로 협력하여 대학 자원봉사 프로그램을 인증하고 관리할 수 있는 체계를 마련할 필요가 있다.

다섯째, 자원봉사 교과목 이수 방식 및 비교과 자원봉사 프로그램 관련 정보를 확인하고, 학생 자원봉사 프로그램의 성과를 환류할 수 있는 온라인 정보체계 구축이 필요하다. 자원봉사센터 자체 홈페이지를 개발하거나 혹은 학생 역량을 측정하는 플랫폼과 연결하는 방식의 온라인 플랫폼을 구축하여 학생 및 대학 구성원의 접근성을 강화하고, 지역사회와 시민들이 대학 자원봉사활동의 내용과 역할들을 공유할 수 있도록 해야 한다.

청소년 자원봉사활동이 갖는 의의

① 사회적 책임감

② 자기계발

③ 소통의 기술과 타인을 이해하는 능력 함양

④ 지역사회와 유대감 형성

청소년 자원봉사활동의 기대효과 영역

① 개인적 성장과 발달

② 지적 성장과 발달

③ 사회적 성장과 발달

청소년 자원봉사활동의 관점

① '학습'으로서 자원봉사를 바라보는 관점

② '활동의 방법'으로서 자원봉사를 바라보는 관점

③ '생활 구조'로서 자원봉사를 바라보는 관점

청소년 자원봉사 지도자의 역할과 자세

① 지도자(Leader) 역할: 관계기관과의 긴밀한 교류

② 코디네이터(Coordinator) 역할: 폭넓은 정보수집

③ 케어(Care) 역할: 마음 이해와 보살피는 다양한 방법

청소년 자원봉사 DOVOL(www.youth.go.kr)

① DOVOL은 "Do Volunteer"(자원봉사하다)의 약자

② 쉽고 편리한 봉사활동 정보 검색, 신청, 실적 확인, 확인서 출력

③ 원스톱 진행, 청소년 특화 봉사활동 서비스

Keypoint(요점정리)

대학 자원봉사활동이 갖는 의의

① 사회지도자로서의 자질 향상

② 전문지식 및 기술의 적용과 연마

③ 사회문제에 대한 새로운 인식과 공동체 의식의 체득

④ 인간의 존엄성과 가치에 대한 인식

⑤ 성숙한 자아의 형성

대학 자원봉사활동의 필요성

① 대학기관평가인증에서 대학의 사회봉사 기능이 주요 지표로 설정

② 사회봉사 경험이 인성교육, 전공역량 강화

③ 지역사회에 대한 대학의 역할 강조

④ 새로운 민주적 지도력의 형성

대학의 자원봉사활동 발전 방안

① 운영지원체계 확립

② 학습자 입장에서 교과목 이수체계의 변화 필요

③ 전문가의 코칭과 멘토링 등을 의무화한 교육적 의미 강화

④ 유관기관과의 연계 · 협력 강화

⑤ 온라인 정보체계 구축 필요

⑥ 자원봉사 인센티브제도 강화

자원봉사활동 기본법 제8조(자원봉사진흥위원회)

자원봉사활동에 관한 주요 정책을 심의하기 위하여 행정안전부장관 소속으로 관계 공무원 및 민간 전문가로 구성된 자원봉사진흥위원회를 둔다.

① 자원봉사 관련 담당부처(중앙행정기관)는 행정안전부

② 사회복지 관련 담당부처(중앙행정기관)는 보건복지부

CHAPTER

08

활동주체별 자원봉사활동 Ⅱ

CHAPTER

08 활동주체별 자원봉사활동 II

제1절 노인에 의한 자원봉사활동

우리나라는 본격적인 초고령사회로 접어들면서 노인에 대한 개념을 다시금 생각해 보아야 할 시점에 있다. 산업화, 도시화, 핵가족화의 진전으로 노인을 돌보는 전통적 가족부양 체계는 점차 허물어지고, 노인 단독세대가 크게 증가함에 따라 노인을 제대로 보호하기 어려운 가정이 늘어나고 있다. 이러한 시대적 배경으로 노인에 대한 자원봉사 서비스를 필요로 하는 영역이 늘어나게 되었고, 이러한 노인은 자원봉사 서비스의 수혜자가 된다.

한편으로는 건강한 노인들이 증가됨에 따라 사회적 참여의 요구를 수용하는 시스템이 더욱 필요하게 되었고, 바로 여기에 자원봉사영역의 중요성이 부각된다. 활동적인 노인은 사회의 어두운 부분을 밝혀 주는 자원봉사자로서의 역할을 담당한다. 따라서 노인은 자원봉사 서비스의 수혜자인 동시에 자원봉사자가 되는 것이다.

1. 노인과 자원봉사

의료기술의 발달과 건강에 대한 관심이 커지면서 건강한 노인들이 늘어나고 있다. 65세 이상의 노인이라는 말이 무색할 만큼 장년처럼 활동하는 노인들이 증가하고 있다. 또한 사회생활에서 은퇴한 노인들은 가정과 사회로부터 역할이 줄어듦에 따라 여가 시간이 늘어났다. 이러한 노인들은 본인의 과거 경험과 능력을 살리면서 의미 있는 노후를 보내기 위해 종교, 자원봉사, 동호회, 스포츠, 여행 등의 활동을 선호하고 있다.

이 중에서도 정신적으로 건강한 삶이 신체적으로 건강한 삶을 영위할 수 있다는 명제를 몸으로 실천하는 활동이 바로 자원봉사인 것이다. 건강한 노인들은 자원봉사활동을 통해 더욱 건강해질 수 있다. 몸과 마음을 활발하게 움직임으로써 더욱 건강을 유지할 수 있고, 노인들의 여가시간 또한 자원봉사활동으로 건전해질 수 있다. 따라서 노인들은 일생을 살아오면서 얻어진 다양한 사회 경험과 전문적인 능력을 사회에 다시 환원할 수 있으며, 전문기술이나 교육, 외국어, 문화예술 등의 분야에서 활동할 수 있고, 젊은 시절 여유가 없어 시도하지 못한 부분, 또한 자원봉사활동을 통해 전문성을 쌓아갈 수 있다.

이러한 노인의 자원봉사는 지역사회에서 공동체 의식을 높이고 건강한 사회를 만들어 가는 데 매우 중요한 인적자원이 된다.

2. 노인 자원봉사활동의 의의 및 효과

노인의 자원봉사는 노인 자신은 물론, 사회의 변화를 위해 노인 스스로가 변화의 주체가 되어 벌이는 사회참여 활동이라 할 수 있다. 노인의 자원봉사활동은 자신을 위한 권리임과 동시에 자신에 대한 의무로서 행하는 인간과 사회를 변화시키는 의미 있는 활동인 것이다.

이러한 정의는 노인자원봉사가 본질적으로 일반적 의미의 자원봉사활동과 결코 다르지 않다는 보편적 인식과, 또한 고령화 사회의 등장에 따라 최근 육체적으로나 정신적으로 건강한 상태를 유지하는 노인들이 상당수 생겨났고, 이와 함께 경제적 · 시간적 여유와 전문적인 기술을 소유한 노인들이 많아졌다는 사회적 상황을 반영하고 있는 것이다.

그러나 노인은 인생주기에서 마지막 단계에 있으며, 사회적으로는 현직에서 은퇴했음을 전제하므로 노인들이 자원봉사자로서 적극적인 사회참여 활동에 나서기 위해서는 사회적으로 활동의 여건을 마련해 주어야 할 필요성이 있다. 즉 신체적인 건강을 유지할 수 있도록 해 주어야 하며, 경제적 · 시간적 여유를 지닐 수 있도록 사회보장정책이 우선적으로 실시되어야 하며, 노인의 능력과 특성에 맞는 자원봉사를 할 수 있도록 적절한 자원봉사 프로그램과 기회가 마련되어야 한다.

그러면 노인의 자원봉사활동 참여는 자신과 사회에 어떠한 의의를 지니는가, 퀸즐랜드(Queensland) 대학의 연구 결과에 따르면 노인의 자원봉사는 다음의 두 가지 요인에 의해 건강한 노화에 기여할 수 있다고 하였다.

① 목적의식을 갖고 인생을 의미 있게 느끼며, 그들 스스로 유용하고, 능동적이고, 행복을 누리고 있다고 생각할수록 지역사회에 덜 관여하는 노인들에 비하여 질병에 걸릴 확률이 낮다.
② 노인 자원봉사자들은 노인을 위한 활동에서 쉽게 감정이입을 할 수 있다. 후기 노인(old old)을 위하여 자원봉사를 하는 초기 노인(young old)이 이러한 사례이다.

한편 노인 자원봉사활동이 노인 개개인과 사회에 주는 이익은 다음과 같이 정리될 수 있다. 우선 자신에게 주는 이익은 다음과 같다.

① 자원봉사활동 참여는 퇴직으로 상실된 사회적 지위와 역할을 보충해 준다. 자원봉사활동에 참여함으로써 사회 일원으로서 지위와 자원봉사활동을 하는 구체적인 조직 속에서 새로운 지위에 맞게 맡겨진 일을 보다 자발적이고 기쁜 마음으로 할 수 있게 해준다.
② 자원봉사활동 참여는 사회의 일선에서 물러나 자칫 상실되기 쉬운 자신의 사회적 가치성을 회복하거나 유지할 수 있게 해 주어 아직도 자신이 사회에 유용하고 중요한 존재가 되고 있다는 가치를 깨닫게 해 준다.

③ 자원봉사활동 참여는 노년기의 자아상을 긍정적으로 유지시켜 주고, 자존심을 유지 · 향상시켜 줄 수 있다.
④ 자원봉사활동 참여는 소외감을 극복하는 데 유익하다. 자원봉사활동은 다시 자신을 사회 속에 참여시킴으로써 사회로부터의 소외감을 극복할 수 있게 해 준다.
⑤ 자원봉사활동 참여는 자기 성장과 자아실현을 돕고, 창의성과 책임성을 발휘할 수 있는 기회를 제공해 준다.
⑥ 실직자에게 취업의 기회를 넓혀줌으로써 완전고용에 공헌한다. 자원봉사활동을 통해 취업에 도움이 되는 기술을 습득할 수 있고, 일터 네트워크에 접근할 수 있게 된다. 또한 자원봉사는 서비스를 개발함으로써 새로운 업무를 창출하기도 하는데, 그런 업무는 후에 기업이나 공공기관에서 유급 직업으로 전환되기도 한다.

또한 노인 자원봉사활동이 사회에 주는 이익은 다음과 같다.

① 자원봉사활동 참여는 노화 또는 노인에 대한 인상을 긍정적으로 바꿔놓는다. 노령에도 불구하고 별 지장 없이 중년기 때와 다름없이 사회를 위해 일할 수 있다는 것을 일반 사람들에게 보여줌으로써 노화와 노인에 대하여 긍정적으로 생각할 수 있는 증거를 보여줄 수 있다.
② 자원봉사활동 참여는 노인이 스스로 노인을 보는 인상도 새롭고 긍정적으로 만들어 준다.
③ 자원봉사활동 참여는 아름다운 노화의 모델이 된다. 노화현상은 자칫 신체적 노쇠, 정신 능력의 감퇴, 퇴직, 친구나 배우자의 죽음과 같은 부정적인 결과를 중심으로 인식되기 쉽다. 그러나 자원봉사활동 참여는 노화 과정을 경험 및 지혜의 축적, 기술 및 활동 능력의 향상과 같은 긍정적인 결과를 중심으로 보게 할 수 있다.

④ 자원봉사활동 참여는 지역사회와 관계를 맺고 자원봉사활동을 통해 지역사회의 문제를 완화 또는 해소하는 데 공헌하게 한다.

3. 노인 자원봉사활동의 관점

노인 자원봉사활동은 이상적인 사회를 만드는 데 필요한 사회복지와 공익사업을 위하여 노인이 주체가 되어 자신의 능력과 시간을 자발적으로 할애하여 무보수로 봉사하는 활동을 말한다. 노인 자원봉사의 의미를 깊이 있게 이해하기 위해서는 노인에게 자원봉사를 권유하는 이유들에 대해 검토하는 것이 보다 용이하다.

여기에는 자원봉사가 '노인에게 좋다'는 예방적 관점, '생산적 노화'로 보는 차용적 관점, '흥미 있는 여가활동'으로 보는 여가적 관점이 있다.

① 예방적 관점은 자원봉사활동을 하는 노인이 그렇지 않은 노인보다 더 행복하고 건강하다는 주장에 근거를 둔다. 자원봉사활동이 은퇴의 위험, 신체적 쇠약, 소외감으로부터 노인을 보호하고, 자원봉사활동을 통하여 그러한 상황이 전개되지 않도록 미리 예방한다는 것이다. 이 관점에서는 노인들이 자원봉사를 통해 즐거움과 보람을 느낀다는 것 자체가 중요시되며, 노인에게 다양한 자원봉사 기회를 제공하는 것이 강조된다.
② 차용적 관점은 경제적 관점에서 비롯된 것으로 노인을 비생산적이며 사회적 자원을 고갈시키는 부정적인 존재로 이해하는 것에서 출발한다. 이 관점은 현대의 노인들은 필요에 따라서가 아니라 노인이라는 사실 자체만으로 사회적 혜택을 받으며, 또한 혜택을 받는 노인들이 너무나 많기 때문에 더 필요한 곳에 사회적 자원이 배분되는데 저해가 된다고 보는 것이다.
③ 여가적 관점은 자원봉사를 여가활동의 한 형태로 규정한 것이다. 자원봉사가 즐겁고 보람된 일이라면 노인은 자원봉사에 참여할 것이다. 즉 노

인은 자원봉사와 다른 활동들, 즉 독서나 운동, 오락, TV 보기, 여행 등과 비교해서 자원봉사가 더 의미 있다고 판단되면 이를 선택한다는 것이다.

4. 노인 자원봉사활동의 필요성

현대사회에서 자원봉사활동이 필요하게 된 사회적 배경은 서비스 제공자와 서비스 수요자 측면으로 나누어 설명할 수 있다. 먼저 서비스 제공자의 측면에서 보면 무엇보다 여가시간이 증대되었고, 산업사회의 진행에 따른 소외감, 주체로서의 상실감에 따른 높은 삶에의 불안감이 인적 교류나 경험에 의한 심리적 충족에의 욕구를 불러일으키고 있으며, 또한 노인, 자살, 장애인, 청소년에 관한 문제가 심각한 사회문제로 대두되면서 그것이 곧 자신의 문제가 될 수도 있다는 의식에서 고양된 것으로 볼 수 있다. 또한 이를 다시 서비스 수요자의 측면에서 보면 다음과 같다.

① 대인적 욕구가 증대되었다. 이는 가족 기능의 약화는 가족 내 노인, 아동, 장애인에 대한 보호의 필요성을 대두시켰는데, 인간적인 만남, 정서적인 교류, 외출서비스, 식사서비스, 목욕서비스 등 물질적 · 금전적으로는 해결되지 않고 사람에 의해서만 해결이 가능한 대인적 욕구가 증대되었다.

② 공적 서비스의 한계가 나타났다. 복지욕구의 증가로 시설의 증대, 복지 전문가의 배치, 경제적 보장 등 공적 서비스가 증대되고는 있지만, 이러한 제도적 장치만으로는 다양하고 개별적인 욕구에 대응하기 어렵다. 따라서 공적 서비스의 보완 및 협력 차원에서 새로운 서비스를 창출하는 데 시민들의 참여가 절실히 요구된다.

③ 지역복지, 장애인 복지에서 통합화, 정상화의 새로운 복지관이 대두되면서 기본적인 인권문제를 일상적인 생활상의 가치나 인식의 문제로 받아

들여 바르게 세우려는 시민운동이 성숙하게 되었다.

④ 지역사회에 대한 관심이 증가되었다.

⑤ 교육과의 관련이다. 자원봉사를 통해 인간의 존엄성을 배우고, 자기발견이나 사회복지에 대한 이해, 지역사회에 대한 이해를 높일 수 있으며, 시민으로서의 주체적 역량을 형성할 수 있다.

이러한 사회적 배경 아래 그동안 노인 자원봉사의 필요성을 대변하는 다양한 주장들이 있어 왔다. 티프(Teaff)는 노인들이 자원봉사를 하는 수준은 극히 저조하지만, 노인들이 자원봉사에 참여함으로써 사회적인 접촉을 늘릴 수 있고, 친구 관계를 만들 수 있으며, 비공식적인 관계를 유지시켜 줄 수 있다고 하였다. 루치아니(Luciani)는 연구에서 자원봉사활동을 하는 노인들은 자원봉사를 하지 않는 노인보다 인생의 만족도가 높았으며, 행복의 정도도 높았다고 발표하였다. 버나드(Bernard)는 노인들이 자원봉사를 함으로써 잃는 것보다 얻는 것이 많은데, 특히 자원봉사는 노인들에게 정신적·육체적 건강에 도움을 주며, 뜻하지 않는 경험을 얻을 수 있게 한다고 하였다. 브램웰(Bramwell)은 자원봉사의 경험은 노인들의 삶의 질을 높이고, 자조와 상호원조의 기회를 제공한다고 하였다. 피셔와 셰퍼(Fisher & Schaffer)는 이러한 노인 자원봉사활동의 필요성을 다음과 같이 요약 정리해서 말하고 있다.

① 노인의 잠재적 생산력은 중요한 사회적·경제적 자원의 하나이다.

② 자원봉사활동이나 고령자 고용, 그리고 기업정신에 입각하여 노인층에게 생산적인 노화를 위한 기회를 제공하는 것은 사회와 공공의 책임이다.

③ 비록 노인 자원봉사활동이 사회적 문제들을 해결할 수는 없지만, 사회복지를 위하여 괄목할 만한 영향력을 행사할 수 있다.

④ 노인 자원봉사활동에 대한 지지와 투자는 사회와 개인 모두의 책임이다.

5. 노인 자원봉사활동의 현황

지금까지 우리나라 노인들은 자원봉사를 받는 대상자로서, 자원봉사를 하는 주체자로 인식되지 않아 노인의 자원봉사활동이 활성화되지 못하고 있는 현실이며, 노인들이 개별적으로 자원봉사활동을 하기도 하지만 노인복지관련 기관이나 지방자치단체, 종교단체, 자원봉사센터 등에 소속되어 활동을 하기도 한다.

통계청에 따르면 60세 이상 노인들의 자원봉사활동 분야는 환경보전이나 사회복지관련 기관·시설, 그리고 국가 및 지역행사 보조, 재해 지역 돕기, 기타 어린이 교육 분야 등에서 참여하고 있다고 보고되어 환경보전 활동 등과 같은 단순 노력 봉사활동에 치중하는 것으로 나타나 보다 다양한 영역에서 활동할 수 있는 프로그램의 개발이 필요한 현실이다.

또한 노인 자원봉사에 있어서의 문제점으로는 일반적으로 우리나라 자원봉사계의 전반적으로 드러나고 있는 프로그램의 개발·운영·관리를 담당할 조직이나 지원체계 미비, 자원봉사에 대한 사회적 경력인정이나 상해보험 등의 제도적 장치의 미비, 그리고 노인의 저조한 참여율, 노인 자원봉사에 대한 홍보 및 인식 부족, 노인들이 할 수 있는 다양한 활동의 결여 등이 지적되고 있다.

따라서 다양한 노인 자원봉사 프로그램 개발과 더불어 개발과정에 있어서도 노인의 욕구를 충분히 반영하기 위한 정책적 노력이 필요하다.

6. 노인 일자리 사업과 자원봉사활동과의 연계

노인 일자리 사업은 노년기 사회참여를 위한 중요한 매개적 의미를 지닌다. 노인 일자리 사업이 노인 일자리 사업만을 위해 존재하는 것이 아니라 지역사회 노인의 사회참여 기회를 마련하는 관점에서 접근했을 때, 노인 일자리 사업과 노인 자원봉사의 연계는 필연적이며, 노인 일자리 사업 시행 초기에 자원봉사와의 연계 모형을 제시하면 다음과 같다.

① 통합형은 노인자원봉사와 노인 일자리 사업 정책대상 노인을 완전히 통합하여 모집, 교육 및 훈련, 배치가 이루어지는 것이다.
② 분리통합형은 각각의 사업대상을 모집해 교육 · 훈련 · 배치를 일원화하는 형태이다.
③ 분리형은 각각의 별도의 주체가 모집, 교육, 배치를 하는 것이다.

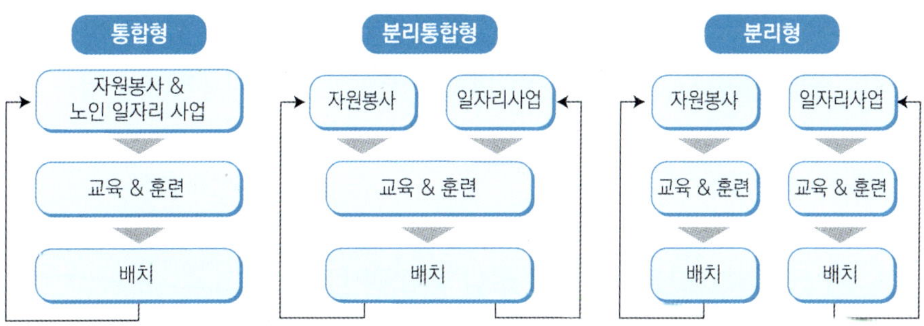

그림 8-1 노인자원봉사와 노인 일자리 사업의 연계 모형

급격한 고령화 진전에 비교하여 우리나라의 노인복지 정책 기반은 매우 부실한 실정이다. 특히 노인을 대상으로 한 정책은 주로 소득보장 정책, 돌봄 정책을 중심으로 논의되고, 고령화 대응 정책의 중요한 축을 담당하는 사회참여 정책에 대한 관심은 상대적으로 소홀하였다.

노년기의 주체적 사회참여는 인간다운 삶을 지탱하는 인권의 측면에서 중요한 의미를 지닌다. 생물학적 노화에 따른 사회적 편견, 차별, 그리고 주변인으로서의 소외된 대상으로 여생을 영위하는 노년기에 있어서 사회참여 문제는 다른 세대보다 더 인권의 문제로 다루어질 필요가 있다.

인권적 측면에서 노년기의 사회참여는 일상생활을 주체적으로 활동하고, 타 세대와 지식과 문화를 공유하며, 일상생활에 영향을 미치는 정책의 형성과 이행에 역할을 하며, 지역사회에 기여하여 스스로 개발하는 기회를 갖는 것을 포함한다.

UN의 노인에 대한 참여의 원칙에서는 노인은 사회에 통합되어야 하며, 그들의 지식과 기술을 젊은 세대와 공유해야 한다고 규정한다. 또한 지역사회 봉사를 위한 기회를 찾고 개발해야 하며, 흥미와 노력에 맞는 자원봉사자로서 봉사할 수 있어야 한다. 그리고 자신들의 잠재력을 완전히 발전시키기 위한 기회를 추구해야 하며, 사회의 교육적 · 문화적 · 정신적, 그리고 여가에 관한 자원에 접근할 수 있어야 함을 강조하고 있다.

정책대상에 대한 시혜적 관점을 넘어 사회적 배제에서 주체적 사회참여의 존재로 노인 인권보장을 위한 노인 일자리 사업과 노인 자원봉사의 적극적인 연계가 필요한 이유이다.

7. 노인 자원봉사활동 기관 및 주요 사업과 내용

1) 노인 자원봉사활동 관련 기관 현황

한국사회복지협의회에서는 사회복지자원봉사 관련 인증관리시스템(VMS) 관리, 보험지원, 자원봉사자 카드발급 등의 업무를 수행하고 있으며, 등록된 노인복지관에서는 노인 자원봉사자의 발굴 · 교육 · 활용 및 참여 관련 업무를 담당하고 있다.

이 외에도 지역회복지관에서는 노인 자원봉사의 모집 · 교육 · 배치 · 활동의 업무를 수행하고 있으며, 또한 사회복지시설에서의 노인 자원봉사활동 등이 있으므로 이 모든 단체를 합하면 노인 자원봉사 관련 업무를 담당하고 있는 기관은 매우 다양하다고 할 수 있다.

표 8-1 노인자원봉사 관련 기관 현황

구분	내용
지역사회시니어클럽	• 노인 소득 창출 역할 • 자원봉사활동은 일자리에 연계된 부가적인 사업으로 운영
대한노인회	• 노인자원봉사자 양성 • 자원봉사자 활동 관리
자원봉사센터	• 일반 봉사단에 노인이 포함되어 활동
종합사회복지관	• 일반 봉사단에 노인이 포함되어 활동

2) 노인 자원봉사활동의 종류

노인 자원봉사활동 활성화 사업은 전문노인 자원봉사 프로그램 지원, 퇴직 노인 자원봉사단 조직·운영, 노인 자원봉사 홈페이지 구축·운영, 전문노인 자원봉사 안내서 제작·보급 등이다.

사업에 대한 세부 내용은 다음과 같다.

표 8-2 노인 자원봉사활동 세부 내용

유형		활동 내용	수요처 및 수혜자
지역사회 봉사활동	주거 및 환경보호	마을공동체, 주거개선, 농어촌봉사, 기능·기술	전 계층 대상 (노인 및 노인이용시설, 공공시설, 어린이집, 지역아동센터, 학교, 지역사회 등)
	생활편의 지원	급식지원, 식사·반찬지원, 이동지원, 청결지원, 활동보조	
	안전 지도	교통안전, 어린이·청소년·취약계층 안전계도, 지역방범	
	상담 및 안내	말벗·상담, 전문상담, 진로상담, 취업상담, 집단 상담, 우울·자살예방, 치매예방, 도서관/박물관/미술관 도슨트, 프로그램 운영 강사(바둑, 장기 등) 등	
	교육지도	멘토링, 학습지도, 세대공감 교육, 학교폭력 예방교육, 노인학대 예방교육, 스마트폰 및 IT 정보화 교육, 시니어 소비피해 예방 교육	

유형		활동 내용	수요처 및 수혜자
재능나눔 활동	문화 예술	민요, 국악, 악기, 스포츠댄스, 인형극, 가요, 사진, 연극 등, 공연활동, 관광안내, 숲생태 문화해설, 캠페인, 행사보조 등	
	보건 의료	간호 · 간병, 발마사지, 약손봉사, 수지침, 지압, 테이핑요법, 수기요법, 이 · 미용서비스 등 ※ 보건의료 관련 자격증 소지자로 해당 분야에 한하여 활동해야 함	
특성화 활동		위탁기관별 특성화활동	
기타		위 활동유형에 해당되지 않는 다양한 자원봉사활동	

8. 노인 자원봉사활동 활성화를 위한 과제

1) 노인 자원봉사활동에 대한 사회적 인정시스템 강화

노인 자원봉사활동의 활성화를 위해서는 우선 노인들의 자원봉사활동에 대한 사회적 보상체계를 강화해야 한다. 자원봉사활동에 대한 전 국민의 관심과 중요성 인식이 필요하며, 특히 노인 자원봉사자들에 대한 사회적인 인정과 존경, 감사의 분위기가 무엇보다 필요하다. 그저 시간이 남아서 하는 활동이 아닌, 진심으로 자신의 시간과 물질, 그리고 에너지와 경험, 기술과 능력을 무보수로 이웃을, 그리고 지역사회를 변화시키는 활동이라는 것에 더 초점을 두어야 한다. 자원봉사활동을 통한 노인들의 건전 문화를 실천하는 한국 노인의 생활모델(봉사활동 모델)을 정립해야 한다. 혼자 사는 세상이 아닌 '함께 사는 사회'임을 인식하고 느끼게 하는 기회를 제공해야 한다. 이를 통해 사회의 도덕성이 회복되고 공동체 의식이 향상되며, 노인들의 자원봉사활동의 참여 동기를 강화시키는 계기가 되어야 한다.

2) 노인 자원봉사자를 위한 양적 · 질적 프로그램 개선

노인 자원봉사활동의 활성화를 위해서는 노인 자원봉사자들의 양적 · 질적 향상에 좀 더 초점을 두어야 한다. 노인 자원봉사자의 질적 향상이라는 원칙에 따라 자원봉사자의 양적 확대를 도모해 나가야 한다. 노인들의 자원봉사활동 참여를 높이기 위한 모집 방법에 있어서 다양한 방안이 모색 되어야 한다. 단순한 자원봉사자의 모집이 아니라 노인들의 그동안 쌓아온 경험이나 기술, 그리고 능력을 의미 있게 활용할 수 있다는 의미를 담은 홍보문구 등을 통해서 자발적 감동을 이끌어낼 수 있어야 한다.

그리고 노인 자원봉사자들은 초기 탈락자가 많아 이들의 관리 또한 중요한 문제로 대두되고 있다. 이러한 문제를 해결하기 위해서는 지역주민과 청소년, 노인 자원봉사자 혹은 노인 수혜자를 대상으로 변화되는 새로운 자원봉사에 대한 교육이 필요하다.

교육받은 것을 실행에 옮길 수 있도록 자원봉사 기관이나 단체에서는 다양한 봉사활동 프로그램 제공과 자원봉사 수혜처, 그리고 연결자 간의 만남의 장 마련 등 다각적인 노력을 해야 한다.

또한 노인 자원봉사자들이 자신의 동기와 욕구에 맞게 참여할 수 있도록 수요처 개발이 자원봉사자 확보와 동시에 이루어져야 한다. 복지서비스를 넘어 교육, 문화예술, 전문기술, 보건의료, 공공행정과 같은 분야에서 노인 자원봉사자의 활용도를 높여야 한다. 따라서 개인과 가정, 기관과 시설, 지역사회 등 자원봉사활동 영역별로 다양한 자원봉사 수요처 개발이 이루어져야 한다.

3) 노인자원봉사자에 대한 존경하는 문화 조성

어떤 정책이나 시책보다도 노인 자원봉사자에 대한 사회적 가치 인정 및 우대 문화가 우리 사회에 자리 잡지 않는다면 사회적 비용만 지출하는 대상이라는 인식만 남게 된다.

노인 자원봉사자는 그동안 사회적으로나 국가적으로 기여한 부분에 대해 인정을 받을 권리가 있다. 그리고 사회 전반에서 차별받지 않고 당당하게 인권을 누릴 수 있는 존재로 존중받아야 한다. 또한 노인 자원봉사자야말로 정부의 정책적 근간이 되고 있는 '사회적 통합'이라는 대전제에 가장 크게 기여하고 있는 사람들이라는 것도 인식해야 한다. 이러한 사회적 철학의 근저에는 노인에 대한 존경심, 그리고 역할론에 대한 진정한 사회적 분위기가 요구된다. 노인에 대한 존경심 없이 노인 자원봉사자에 대한 존경심이 생길 수 없기 때문이다.

이러한 사회적 분위기가 형성된다면 노인들은 자원봉사를 통해 성취감과 사회 기여에 대한 자부심, 그리고 기쁨과 보람을 가지게 될 것이며, 이를 통해 새로운 공동체 형성에도 기여하게 될 것이다.

제2절 장애인에 의한 자원봉사활동

1. 장애인의 이해

1) 개념 이해

장애인이란 신체적·정신적 장애로 오랫동안 일상생활이나 사회생활에서 상당한 제약을 받는 사람을 말한다(장애인복지법 제2조). 특수교육대상자란 교육장 또는 교육감이 다음의 어느 하나에 해당하는 사람 중 특수교육이 필요한 사람으로 진단 및 평가하여 선정된 사람을 말한다.

① 시각장애, 청각장애, 지적장애, 지체장애, 정서·행동장애, 자폐성장애, 의사소통장애, 학습장애, 건강장애, 발달지체 등

② 그 밖에 「장애인 등에 대한 특수교육법 시행령」에서 정의하는 장애(장애인 등에 대한 특수교육법 제2조 제3호 및 제15조).

③ 또한 장애가 있지만, 특별한 교육적 지원이 필요하지 않을 수 있다.

장애인은 전통적으로 노인과 더불어 대표적인 사회복지서비스 수혜자로 인식되고 있다. 장애라는 이유로 해서 사회적으로 차별과 배제의 대상이 되어왔기 때문에 그 사회에서 긍정적인 가치를 부여받은 역할을 수행할 수 있는 기회도 제한되어 왔다.

장애인의 좋은 삶을 위해서는 사회적으로 긍정적인 이미지를 제공할 수 있는 가치화된 역할을 제공하는 것이 중요하며, 또한 그러한 환경을 조성하는 것이 필요하다.

2) 장애등급제 이해

1988년 도입된 장애등급제는 장애를 의학적 기준에 따라 1~6등급으로 나누어 복지서비스를 차등적으로 제공하였다. 그러나 의학적 판정 기준에 따른 획일적 서비스 제공으로 장애인의 개별 욕구 충족에 한계가 있다는 지적에 따라 장애등급제를 폐지하고, 수요자 중심의 장애인 지원체계를 구축하고 추진하였다.

이에 따라 2019년 7월부터는 장애인등록은 '장애등급'이 아닌 '장애 정도'로 구분하였다. 1~6등급의 장애등급을 폐지(장애인등록제 및 15개 장애 유형은 유지)하고, 기존의 1~3등급은 '장애의 정도가 심한 장애인'으로, 4~6등급은 '심하지 않은 장애인'으로 인정(심사를 다시 받거나 장애인등록증을 새로 발급받을 필요 없음)하였다.

또한 2020년부터는 중증장애인에 대한 부양의무자 기준 폐지로 저소득층 장애인의 기본생활 보장 등을 강화하였다. 관련 법령으로는 「장애인복지법」 제32조(장애인의 등록), 제32조의4(서비스 지원 종합조사), 제32조의7(민 · 관협력을 통한 사례관리) 등이다.

2. 장애인 자원봉사활동의 의의와 기대효과

1) 장애인 자원봉사활동의 의의

자원봉사활동을 통해서 여러 가지 종류의 체험을 하는 것은 개인을 성장시켜 주며, 자기실현을 도모하는 중요한 요인이 된다. 현대사회에 있어서 자원봉사활동은 개인적인 발전을 위해서 필요불가결한 것이며, 또한 이 사회를 구성하고 있는 사회구성원으로서 의무이기도 하다. 기관에 따라서는 자원봉사자가 클라이언트로 되는 경우도 있고, 클라이언트가 자원봉사자로 되는 경우도 있다. 클라이언트 자신이 자원봉사자가 되어서 다른 사람을 원조할 수 있다고 느끼게 되었다면, 그것은 그 사람에게 있어서 상당히 유익한 경험일 것이다.

물질적 원조이든 대인적 원조이든 원조를 요구하는 것은 매우 어려운 일인 경우가 많다. 다른 사람의 입장과 문제를 수용한다고 하는 것과 수용당하는 측의 감정을 경험하는 것은 그 사람의 성장과 발달로 이어진다. 원조를 받는 측과 하는 측의 괴리를 메울 수 있는 것은 이러한 활동이 그 사람과 자신을 위해 도움이 될 뿐만 아니라 지역사회의 관용과 이해에도 깊게 영향을 미친다는 신념을 갖는 것이다.

그런데 이제까지는 자원봉사활동을 통한 사회참여와 관련해서 할 수 있는 사람, 할 수 없는 사람, 혹은 서비스의 담당자, 수혜자라는 분단의 문제가 있었다. 즉 노인이나 장애인은 할 수 없는 사람인 동시에 서비스의 수혜자로서 자리매김을 강요당해 왔던 것이다.

서비스 수혜자로서의 입장에 처해 있던 사람이 서비스의 담당자로서 자원봉사활동에 참여하게 될 때 스스로에 대한 유용감을 느끼거나 사회적 고립으로부터 탈피하여 소외감이 감소되며, 의사소통을 할 수 있는 기회를 부여받고 유용한 여가시간을 보낼 수 있게 됨과 동시에 사회적 지위와 역할을 보충하게 되는 바람직한 결과를 초래할 수 있다.

이처럼 장애인 자원봉사활동의 참여적 의의는 개인적으로는 활동을 통해

① 자아실현의 욕구를 충족시킬 수 있으며, ② 인간관계를 확장시킴으로써 삶의 보람을 얻을 수 있으며, ③ 일정한 역할을 획득하게 됨으로써 자기가치감이 증대되며, ④ 장애인들이 빠지기 쉬운 사회적 소외와 역할로부터 탈피할 수 있다는 데서 효과적이다.

또한 사회적으로 이제까지는 사회의 주류에서 배제되어 왔던 장애인들을 자원봉사활동에 참여시킴으로써 모두가 더불어 살 수 있는 사회통합을 성취할 수 있으며, 현대사회의 심각한 문제인 자원봉사 인력의 부족을 완화시킬 수 있다는 점에서 그 의의를 찾을 수 있다.

2) 장애인 자원봉사활동의 기대효과

자원봉사는 개인이 자신의 능력을 발휘하고 사회에 긍정적인 기여를 할 수 있는 기회를 제공하는 활동으로 이는 장애인에게도 동일하게 적용된다. 장애인의 자원봉사 참여는 개인적 성장과 사회적 통합에 매우 중요한 역할을 하며, 다양한 성공 사례들이 이를 뒷받침하고 있다.

첫째, 장애인의 자원봉사 참여는 자립심과 자기 효능감을 증진시키는 데 기여한다. 자원봉사를 통해 장애인은 자신의 능력을 발휘하고, 사회에 기여할 수 있는 기회를 제공받는다. 이는 장애인이 자신의 가치를 인식하고 자립심을 강화하는 데 중요한 역할을 한다. 특히 자원봉사활동을 통해 높은 자기 효능감을 경험한 장애인들은 삶의 질이 향상되고, 사회적 역할을 적극적으로 수행하는 경향이 있다.

둘째, 장애인의 자원봉사 참여는 사회적 통합을 촉진하는 중요한 수단이다. 자원봉사는 장애인과 비장애인 간의 상호작용을 증진시키고, 이는 상호이해와 협력을 도모하는 데 중요한 역할을 한다. 이러한 상호작용은 장애인에 대한 사회적 편견을 줄이고 포용적인 사회를 형성하는 데 기여할 수 있다. 장애인이 자원봉사활동을 통해 사회의 일원으로서 인정받고 존중받는 경험을 하게 되며, 이는 사회적 통합을 더욱 촉진시킨다.

셋째, 장애인의 자원봉사 참여는 실질적인 도움을 제공할 수 있다. 장애인은 다양한 분야에서 유용한 기술과 경험을 가지고 있으며, 이를 통해 자원봉사활동에서 큰 기여를 할 수 있다. 예를 들면 장애인이 장애 관련 문제에 대한 인식을 높이는 활동에 참여하는 경우 이는 매우 효과적인 교육적 자원이 될 수 있다. 또한 장애인 스스로가 자원봉사활동을 통해 다른 장애인을 돕는 경우 이는 동료의 지지자로서 중요한 역할을 할 수 있다.

넷째, 장애인의 자원봉사 참여를 촉진하기 위해서는 법적 · 제도적 지원이 필수적이다. 장애인의 자원봉사 참여를 활성화하기 위해서는 접근성과 편의성을 고려한 환경조성이 필요하다. 이는 물리적 환경뿐만 아니라 정보 접근성, 의사소통 지원, 적절한 교육 및 훈련 프로그램 등을 포함한다. 이러한 지원이 체계적으로 이루어질 때 장애인은 자원봉사활동에 보다 적극적으로 참여할 수 있다.

다섯째, 장애인의 자원봉사 참여를 촉진하기 위해서는 사회적 인식의 변화가 필요하다. 많은 경우 장애인의 능력을 과소평가하거나 그들의 자원봉사 참여를 부정적으로 보는 시각이 존재한다. 이러한 인식을 변화시키기 위해서는 장애인의 자원봉사 성공 사례를 적극적으로 홍보하고 장애인의 권리와 능력에 대한 긍정적인 인식을 확산시키는 노력이 필요하다.

3. 장애인 자원봉사활동의 주요 원리 및 특성

1) 장애인 자원봉사활동의 주요 원리

(1) 장애인에 대한 긍정적 이미지의 향상에 기여해야 한다.

사람들은 긍정적인 이미지를 가진 사람들에게 가치가 부여된 역할을 주고자 최대한 노력하는 경향이 있다. 즉 타인들이 보기에 긍정적 이미지를 지닐수록 존중받고, 존중받을수록 그 사람에게는 긍정적으로 가치 부여된 역할을 할 수 있는 기회가 더 많아진다. 그리고 장애인들은 자신의 이미지를 긍정적으로 바라보고 자신을 사랑하는 자아 이미지를 구축하는 것이 필요하며, 이를 위해 긍정적인 언어와 자기 대화를 사용하고, 자신에게 긍정적인 피드백을 주는 것도 도움이 된다.

또한 주변의 지지와 격려를 받는 것도 긍정적인 자아 이미지를 향상시키는 데 도움이 되며, 이러한 긍정적 이미지 향상을 위하여 고려해야 할 사항을 요약하면 다음과 같다.

① 장애인들이 사용하는 환경과 수혜자 환경과의 조화
② 환경 내의 자원봉사활동이나 프로그램과 수혜자와의 조화
③ 가치를 부여받은 사람들의 외양을 갖추도록 할 것
④ 가치를 부여받은 사람들의 봉사언어와 관습을 갖추도록 할 것
⑤ 가치를 부여받은 자원봉사자들과 같은 자율성 및 권리의 행사를 지원할 것
⑥ 가치를 부여받은 자원봉사자들과의 통합을 촉진할 것
⑦ 장애인들의 활동 및 활동 스케줄을 가치 부여받은 사람들이 하는 것과 부합되게 하고, 또래 집단 사람들에게 주어지는 기대치와 부합되게 할 것
⑧ 그 사회의 연령, 성 규범들에 부합되게 할 것

(2) 장애인의 능력개발을 지향해야 한다.

능력에는 신체적 완결성, 건강, 기능 등의 신체적 기능도 포함되지만, 자발성, 호기심, 그리고 합당한 위험 감수 등의 정신적 능력, 또한 스스로의 행동에 대한 책임감, 자신의 열정과 욕구에 대한 통제, 자신의 행동 결과에 대한 수용 등과 관련된다. 그리고 삶에 대한 자율 및 통제 능력, 사회적 예절, 매너, 친절함, 타인 및 그들의 요구에 대한 수용 등과 관련된 사회적 관계 능력, 개인적 안정감, 자기 확신, 타인과의 다양한 관계를 시작하고 유지하는 능력과 관련한

인간관계 능력 등이 포함된다.

이러한 능력개발을 위해서는 예를 들면 사람들은 자신들이 긍정적인 집단 내 모방모델을 제공하는지의 여부에 의해 능력과 자신감이 영향을 받는다는 것, 또한 사람들은 개성이 존중받을수록, 그리고 타인들과의 긍정적인 상호작용을 고무받을수록 능력을 발전시키기 쉬워진다는 것을 고려할 필요가 있으며, 이러한 장애인의 능력향상을 위하여 고려할 사항을 살펴보면 다음과 같다.

① 장애인들이 다른 이들과 집단화할 때 그 규모가 장애인 개인의 자신감을 향상시키기 용이하도록 할 것
② 긍정적인 집단 내 모델링 및 모방, 그리고 긍정적인 집단기대치를 통해 집단화가 가능하도록 할 것
③ 서비스 사용자, 서비스 고용인, 다른 사람들 간의 긍정적인 상호작용을 촉진시킬 것
④ 장애인의 시간을 효율적이고 집중적으로 사용하도록 할 것
⑤ 자신감을 향상시키는 개인 자산을 장려할 것
⑥ 자신과 다른 사람에 대한 통제력, 권위, 영향력을 키우도록 할 것

2) 장애인 자원봉사활동의 특성

(1) 자기 결정권에 기반한 자원봉사활동

자기 결정권이라는 말은 가장 자주 사용하는 곳은 아마도 장애계일 것이다. 자립생활 운동의 확산과 더불어 장애계에서 자기 결정권은 하나의 일상 용어가 되었다. 그렇다고 그것이 장애인에게만 특수하게 적용되는 권리는 아니다. 자기 결정권이란 자기결정을 내리는 여러 주체가 상호의존적 관계 속에서 서로의 의견과 판단을 소통하고 조율해 가며 실현할 수밖에 없는 권리이다.

인간은 다른 어떤 활동보다 사회적 활동을 할 때 가장 인지력이 왕성해지고, 면역력도 증가하며, 신체적 능력도 최고로 향상된다는 것을 연구에서 발표하

고 있다. 따라서 장애인들도 자기 결정권에 기반한 사회적 활동인 자원봉사활동이 활성화되어야 한다.

(2) 장애인 개인별 특성에 따른 적합한 자원봉사활동

장애인의 봉사활동 참여를 적극적으로 하기 위해서는 충분한 정보 제공을 통해 장애인들이 적절한 활동을 선택하고 필요한 능력을 갖추도록 하며, 활동 여건을 조성하는 준비과정이 매우 중요하다. 장애인들은 다양한 분야에서 유용한 기술과 경험을 가지고 있으며, 이를 통해 자원봉사활동에서 큰 기여를 할 수 있다.

(3) 교육과 훈련을 통한 자원봉사활동

자원봉사활동 기관과 봉사활동의 내용, 그리고 장애인 개인별 특성에 따라 교육과 훈련의 과정이 반드시 필요하다. 교육과 훈련이란 자원봉사자를 봉사현장/대상자에게 배치하기 전에 기본적으로 갖추어야 할 자세, 지식, 기술을 학습하는 과정이다.

교육과 훈련은 자원봉사활동에 대한 동기를 강화하고, 자원봉사활동의 사회적 의미를 이해할 수 있도록 도와주며, 자원봉사자로 하여금 수행하게 되는 업무에 기술적 · 심리적으로 적합하도록 준비를 시켜주는 것이다.

(4) 협력자와 함께 자원봉사활동

자원봉사활동이 팀을 이루어 참여할 경우, 장애인의 자원봉사활동 경험이 성공적으로 될 가능성이 높아진다. 협력자는 비장애인이 될 수도 있고 같은 장애인 동료가 될 수도 있는데, 비장애인이 협력자일 경우 서로를 좀 더 이해하고 친밀감을 경험하는 등의 긍정적인 효과를 가져온다. 장애인과 비장애인이 팀을 이루어 자원봉사활동을 하게 되면 지역사회에서도 장애인 자원봉사활동에 좀 더 개방적인 태도를 가질 수 있다.

(5) 지역사회 여건 조성

장애인이 자원봉사활동에 참여하기 위해서는 이들이 자원봉사활동에 참여할 수 있는 사회적 여건이 마련되어야 한다. 먼저 지역사회에서 장애인의 자원봉사활동을 받아들일 수 있는 태도와 인식의 변화가 필요하다.

아직도 장애인을 자원봉사자로 받아들이는 지역사회의 수용적인 태도가 미흡하며 사회적인 편견으로 인해 장애인의 인적자원을 적극적으로 활용하지 못하고 여러 가지 장벽으로 인해 어려움을 겪고 있는 것이 현실이다.

사회적인 인식 개선과 함께 장애 유무와 관련 없이 장애인들도 자기 결정권에 기반한 사회적 활동인 자원봉사활동에 참여할 수 있는 프로그램을 개발하여 프로그램을 통해 장애인의 자원봉사활동 참여기회를 넓혀야 한다.

4. 장애인 자원봉사활동의 활성화 방안

1) 자원봉사 영역의 차별화

자원봉사 영역에서 장애 인력의 활용을 극대화하기 위해서는 장애인 개개인의 할 수 있는 것과 할 수 없는 것에 대한 정확한 사정이 이루어져야 한다. 할 수 없는 것 가운데서도 활동의 차별화를 통해 가능성의 증대를 도모하거나, 일정 보조 장치나 편의시설의 확충을 통해 할 수 있는 것으로의 전환을 최대화하는 것이 필요하다.

2) 장애인들의 이동 편의와 관련된 환경 기반 강화

장애인들의 교통 이용에 대한 접근성 증진 및 이용의 편의성과 적절성이 보장되도록 하는 환경이 조성되어야 한다. 장애인의 자원봉사 참여를 활성화하기 위해서는 접근성과 편의성을 고려한 환경 조성이 필요하다. 이는 물리적 환경뿐만 아니라 정보 접근성, 의사소통 지원, 적절한 교육 및 훈련 프로그램을 포함한다. 이러한 지원이 체계적으로 이루어질 때 장애인은 자원봉사활동에 보다 적극적으로 참여할 수 있다.

3) 팀워크를 활용한 참여의 유도

장애인과 비장애인이 함께 팀을 이루어 자원봉사를 실시하여 자원봉사활동의 질적 향상과 동시에 팀워크를 통한 사회관계 형성을 도모한다. 팀워크는 공동의 목표를 위해 협력하는 공감대 형성과 집단 지성으로 문제를 해결하는 방법으로 한 사람의 지혜보다는 팀워크를 활용하였을 때 지혜가 훨씬 낫다는 속담을 생각하게 한다.

4) 자조집단 및 당사자조직 등 활용

자조모임이란 집단에 속한 구성원들이 서로 도움을 주고받으며 전문가 개입에 의해 파악되기 어려운 욕구나 문제들을 해결할 수 있는 기능을 갖는다. 또한 특정한 경험이나 문제, 그리고 욕구를 가진 개인은 모임을 통해 문제와 관심을 나누고 다른 사람들로부터 효과적인 지지와 지원을 받을 수 있게 된다. 이처럼 자조모임은 장애인이 공통의 관심이나 문제를 전문가가 도움을 주는 방식과는 다르게 서로 도움을 주고받으며 능력을 강화시킨다고 보고된다. 또한 자조모임은 장애인이 주체적 삶을 영위할 기회의 장으로 활용될 수 있다.

5) IT 활용

테크놀로지는 새롭고 다양한 자원봉사자들이 예전에는 물리적인 환경 때문에 접근하지 못했던 자원봉사활동 현장에 대한 제한을 없애줌으로써 지역사회의 조직들을 풍부하게 해 준다.

즉 제기되는 사회적 이슈, 위기 상황, 원조 네트워크, 지역사회 자원에 대한 즉각적인 접근성을 제공하게 하는 데 효과적이고, 또한 가상 네트워크는 이슈와 트렌드에 대한 시민적 의식을 높여주는 도구가 될 수 있다(가상 혹은 ON-LINE 장애인자원봉사센터 운영 등).

6) 장애인의 봉사활동에 대한 인식 제고

장애인 등을 특수한 욕구가 있는 개인으로 인정하고, 사회참여의 기회를 제공하기 위해서는 사회가 가지고 있는 기존의 이분법적 사고(정상, 비정상, 능력, 무능력 등)의 전환이 필요하다. 자원봉사에 참여하는 장애인들의 모든 기능이 반드시 최고의 수준에 달해야 하는 것으로 보지 않고, 그들이 가지고 있는 능력을 최대한 발휘할 수 있도록 기회를 주고, 그럴 수 있는 환경을 조성하는 것이 필요하다.

노인 자신에게 주는 이익으로써 자원봉사 참여

① 세대 간의 연대를 높여줌

② 상실되기 쉬운 자신의 사회적 가치성 회복 및 유지

③ 긍정적인 자아상과 자존심 유지 · 향상

④ 소외감 극복과 창의성 및 책임성 발휘 기회 제공

⑤ 신체적 능력에 긍정적인 효과

사회적 이익으로써 노인의 자원봉사 참여

① 노화, 노인들의 인상에 대한 긍정적 변화

② 노인 스스로 노인을 보는 인상을 새롭게 긍정적으로 만듦

③ 사회봉사와 사회발전에 기여

④ 사회참여활동 증진, 사회자본 증가 가져옴

노인 자원봉사활동의 필요성(피셔와 셰퍼, Fisher & Schaffer)

① 노인의 잠재적 생산력은 중요한 사회적 · 경제적 자원의 하나

② 노인층에게 생산적 노화의 기회를 제공하는 것은 사회와 공공의 책임

③ 사회복지를 위하여 괄목할 만한 영향력 행사할 수 있음

④ 노인 자원봉사활동에 대한 지지와 투자는 사회와 개인 모두의 책임

노인 자원봉사활동 활성화를 위한 과제

① 노인 자원봉사활동에 대한 사회적 인정시스템 강화

② 노인 자원봉사자를 위한 양적 · 질적 프로그램 개선

③ 노인 자원봉사자에 대한 존경하는 문화 조성

장애인 자원봉사활동의 참여 의의

① 자아실현의 욕구 충족 및 사회통합을 성취

② 인간관계 확장으로 삶의 보람

③ 일정한 역할 획득으로 자기 가치감 증대

Keypoint(요점정리)

장애인 자원봉사활동의 기대효과

① 자립심과 자기 효능감 증진에 기여
② 사회적 통합을 촉진하는 중요한 수단
③ 유용한 기술과 경험으로 실질적인 도움 제공
④ 체계적인 법적 · 제도적 지원 시 적극적인 자원봉사활동 참여
⑤ 사회적 인식 변화

장애인 자원봉사활동의 주요 원리

① 장애인에 대한 긍정적 이미지 향상에 기여
② 장애인의 능력개발 지향

장애인 자원봉사활동의 특성

① 자기 결정권에 기반한 자원봉사활동
② 장애인 개인별 특성에 따른 적합한 자원봉사활동
③ 교육과 훈련을 통한 자원봉사활동
④ 협력자와 함께 자원봉사활동
⑤ 지역사회 여건 조성

자원봉사활동 기본법 제13조(자원봉사자의 보호)

자원봉사자에 대한 보험의 가입 등 보호의 종류와 내용에 관하여 필요한 사항은 대통령령으로 정한다.

관련 보험 가입 조건 요약(해당 대통령령)
① 자원봉사활동 중인 자원봉사자의 신체적 보호
② 자원봉사활동 중에 발생한 자원봉사자의 경제적 손실보호
③ 자원봉사활동 중에 발생한 타인의 신체 또는 재물손괴에 대한 보호

CHAPTER

09

활동분야별 자원봉사 Ⅰ

CHAPTER

09 활동분야별 자원봉사 I

제1절 아동을 위한 자원봉사활동

아동을 대상으로 자원봉사를 하기 위해서는 인간발달과정에 대한 이해가 선행되어야 한다. 현실적으로 자원봉사의 주 대상이 되는 요보호아동은 일반 아동과는 다르게 관리하여 현재 상태와 환경을 정확하게 파악하여 더 좋은 서비스를 할 수 있는 방법과 방안을 가지고 접근해야 한다.

이러한 아동은 사율성을 지닌 존재이면서 또한 성인에게 보호를 받아야 하는 의존적 존재로서 적절한 영양과 양육 보호, 의사 표현을 통한 자기 결정권 등 건전한 성장·발달이 도모되어야 한다. 아동을 위한 자원봉사활동으로는 상담, 심리적 지지, 교육지원, 여가선용지도, 사회활동지도, 보호활동 등의 직접적 활동과 업무 보조, 초청 및 방문, 조사 활동, 정보 제공, 캠페인 등의 간접적 활동으로 구분할 수 있다.

1. 아동에 대한 이해

주로 성인과 대비되는 개념으로 쓰이는데, 「교육법」에서는 만 6~12세까지를 초등학교 의무교육을 받아야 할 학령 아동으로 규정하고 있다.

우리나라 「형법」상으로는 만 13세 미만인 자, 「아동복지법」상으로는 만 18세 미만인 자로 정의되어 있고, 미국의 「형법」에는 12세 미만, 미국 지방정부에는 16~18세 이하로 다양하게 규정되어 있는데, 만 12세 이하의 아동에 대한 의견은 일치하지만, 만 13~18세 사이의 청소년에 대해서는 의견이 분분하다.

또한 아동기는 신체적 · 사회적 · 정서적 · 지적 발달의 속도가 매우 뚜렷하기 때문에 이를 다시 아동 전기와 아동 후기로 나누기도 한다. 즉, 6~8세까지를 아동 전기, 9~12세까지를 아동 후기로 하여 발달단계를 구분한다. 아동기의 앞을 유아기(3~5세), 아동기 이후를 청소년 전기(12~14세)라고 한다.

2. 아동의 특성

1) 일반적 아동의 특성

표 9-1 일반적 아동의 특성

구분	내용
의존성과 보호	의존은 아동기의 가장 중요한 특징 중의 하나로 아동은 생존과 신체적, 지적, 사회적 발달을 위해 타인의 보호를 받아야 한다.
성숙	아동기는 미성숙단계에서 성숙단계로 옮겨가는 과정이다. 아동은 개인적 수준에 따라 각 성장에 적절하게 자신의 생활상황에 대처하면서 신체, 정신, 인지능력 등을 발전시켜 나간다.
민감성	아동은 욕구나 희망에 대한 만족을 즉각적으로 얻기를 원한다. 욕구충족에 대한 계속적인 실패는 불안이나 불신, 적개심을 유발할 수 있다.
욕구	아동기는 생리적 욕구가 가장 중요한 욕구이며, 더불어 정신적, 심리적, 사회적 욕구 등의 충족이 필요하다.
적응(사회화)	아동기는 인간으로서 독립된 생활을 가능케 하는 사회적응을 학습해야 하는 시기로 이를 위한 교육과 지도가 필요하다.

2) 요보호아동의 일반적 특성

표 9-2 요보호아동의 일반적 특성

구분	특성
① 시설 아동	• 부모와의 관계 및 가정환경이 아동의 건강한 성장발달에 지대한 영향을 미침에도 불구하고 이혼이나 가출, 학대, 빈곤 등으로 인해 부모가 아동에게 적절한 양육을 제공하지 못한다. • 아동양육시설에 입소한 아동들은 입소 전 가정불화, 학대, 방임 등의 경험이 있다. 이는 우울이나 불안, 사회적 위축, 분노, 공격성, 폭력성, 학교생활 적응의 어려움 등의 문제들이 발생할 가능성이 높다. • 시설에서 보호됨에 따라 통제된 사회적 상호작용, 시설 내에서 제한된 물리적 · 사회적 경험, 집단생활로 인한 사생활의 부족 등의 경험으로 건전한 심리사회적 발달이나 사회적응, 인간관계 등에서 어려움을 경험한다.
② 빈곤가정 아동	• 경제적 어려움과 함께 부모의 심리적 · 정신적 고통 등으로 인해 가정의 안정된 분위기나 따뜻한 보살핌, 세심한 배려, 관심을 받을 수 있는 기회를 제공받기 어렵다. 이는 정신적 불안이나 적개심 유발, 학습장애, 또래집단, 학교, 사회 등에서 적응하는 데 어려움을 겪게 될 가능성이 높다. • 특히 저소득 맞벌이 가정의 증가로 아동들이 방과 후에 방치되어 각종 안전사고 발생위험이 높고, 폭행, 인터넷, 게임 등에 과도하게 노출되어 신체적 · 정서적 불안정 문제, 학습능력 저하, 영양 및 발육상의 문제 등 발달상의 어려움이 발생할 수 있다.

3. 아동복지서비스

아동복지의 대상이 요보호아동을 포함한 일반 전체 아동으로 확대되어졌을 뿐만 아니라, 아동 개개인이 가진 욕구와 문제들이 매우 다양하기에 아동복지서비스 또한 다양하다. 다양한 아동복지 사업은 대상, 장소, 기능, 방어선을 기준으로 분류할 수 있다.

1) 대상을 기준으로 한 분류

① 요보호아동을 위한 서비스: 양육환경상 문제가 있는 경우, 장애를 지닌 경

우, 방임과 학대 등에 의해 특별한 보호가 필요한 경우 등 위기 상황에 있거나 장기적인 보호와 치료가 필요한 아동들을 위한 서비스이다. 이러한 사업은 대부분 선별적 서비스의 원칙에 따라 치료적 관점에서 제공되어진다.

② 일반아동의 복지사업: 가정 외부로부터 특별한 도움을 받지 않고도 생활할 수 있는 아동과 부모를 위한 서비스는 지속적으로 개발되어야 한다.

2) 장소를 기준으로 한 분류

① 가정 내 서비스(in-home service, 재가서비스): 아동이 부모 및 다른 가족구성원과 함께 자신의 가정에서 생활하면서 외부로부터의 여러 가지 도움을 받는 사업을 말한다.

② 가정 외 서비스(out-of-home service): 아동이 자신의 가정을 떠나 다른 가정이나 시설에서 생활하면서 여러 가지 도움을 받는 사업을 말한다.

3) 기능을 기준으로 한 분류

① 지지적 서비스: 아동발달에 대한 지식과 기술이 부족한 경우, 부모-자녀 관계, 부부관계 및 기타 가족관계가 원만하지 못한 경우와 주변 환경의 부족으로 올바른 양육을 하지 못하는 경우 제공된다.

② 보충적 서비스: 아동이 가정에서 그 부모와 함께 생활할 수 있도록 보장하기 위해 사회가 부분적으로 양육책임을 실제로 책임진다는 의의가 있다.

③ 대리적 서비스: 부모의 사망이나 유기, 질병 등의 사유로 가정이 와해되거나 부모 역할을 포기하게 되는 경우, 부모 역할의 전부를 대신하는 대리적 서비스가 주어지게 된다.

4) 방어선의 위치에 의한 분류

쥬크만(Zuckerman)의 저서 『아동복지』에서 방어선의 개념에 의해 아동복지서비스를 분류한 것이다.

① 제1차 방어선으로서 가정지원 서비스: 아동복지의 기초가 되는 서비스로 예방 및 치료의 효과를 동시에 볼 수 있다. 따라서 상담 및 교육서비스, 보육서비스, 프로텍티브 서비스, 지역사회 중심의 아동복지사업, 소득보완사업 등 대부분의 아동복지사업은 이에 속한다고 할 수 있다.

② 제2차 방어선으로서 대리가정 서비스: 가정이 정상적인 기능을 수행할 수 없을 경우, 대리 부모를 통해 일반아동과 마찬가지로 가정생활을 누릴 수 있도록 하는 것이다. 위탁보호서비스와 입양서비스가 대표적이다.

③ 제3차 방어선으로서 시설보호서비스: 시설보호서비스는 아동이 받을 수 있는 최후의 서비스로서 3차 방어선에 도달하기 전 예방 차원의 아동복지 서비스가 더욱 확대되어야 할 것이다.

4. 아동을 위한 자원봉사활동

아동을 위한 자원봉사활동은 아동의 일반적 특성과 요보호아동에 대한 이해를 바탕으로 하여 아동의 욕구를 충족시키고, 아동이 건전한 성장발달을 도모할 수 있는 프로그램을 개발하여 제공하는 것이다.

표 9-3 아동을 위한 자원봉사활동의 종류

구분	내용	
직접적 자원봉사	상담	문제행동아동 상담, 가족 상담, 학교 부적응 상담 등
	심리적 지지	요보호아동 결연, 정서 지도 등
	교육지원	학습지도, 학습부진아 지도, 교육프로그램 지도 등
	여가선용지도	취미교육, 동아리활동 지도, 캠프, 레크리에이션 지도 등
	사회활동지원	동반 외출, 농촌활동 지도 등
	보호활동	방과 후 아동보호 지도, 영유아보호시설 아동 돌보기 등

구분	내용	
간접적 자원봉사	업무 보조	기관의 행정업무 보조, 차량 지원 등
	복지시설 방문 봉사	놀이터, 화단 정비, 자연학습장 만들기, 시설물 관리 등
	조사·정보제공 활동 등	유해환경 조사 및 감시, 위험장소 조사, 아동안전지도제작 등
	행사 및 캠페인 등	결식아동을 위한 모금행사, 저소득가정아동의 교육비 지원을 위한 물품 기증 바자회, 아동학대 예방 및 신고 캠페인, 도시지역 책 장난감 보내기 캠페인 등

5. 아동을 위한 자원봉사자의 역할

표 9-4 아동을 위한 자원봉사자의 역할

구분	역할 내용
인간화의 역할	• 아동이 건전한 인격을 형성하기 위해서는 자립할 수 있을 때까지 사랑, 관심, 보호를 받으며 자라야 한다. • 자원봉사자는 아동의 인격적 성장에 필요한 좋은 환경을 조성하도록 노력해야 한다.
사회화의 역할	• 아동의 사회화 과정은 가정을 비롯하여 또래집단, 학교생활 등에서 인간관계를 통하여 이루어진다. • 자원봉사자는 아동 자신의 능력으로 스스로의 문제를 극복하고 원만한 대인관계를 가지도록 하여 건전한 사회인으로 성장할 수 있도록 돕는다.
치료자로서의 역할	• 자원봉사자는 전문가와 함께 아동이 부적절한 문제행동을 하지 않도록 돕는다. • 특히 가정이 경제적 어려움, 부모의 이혼, 별거, 가출 등의 이유로 심리적, 정서적, 행동상의 문제를 가지게 된 아동들이 문제를 극복하도록 돕는다.

6. 자원봉사자의 자세 및 유의사항

1) 대상 아동에 대한 지속적인 관심과 이해

자원봉사활동에서 가장 중요한 것은 대상 아동에 대한 지속적인 관심과 진정한 이해이다. 자원봉사자는 대상 아동에 대해 지속적인 관심을 가지고 아동의 심리·정서적 변화와 주위 환경의 변화를 세심하게 관찰해야 한다.

2) 약속 시간 엄수와 신뢰 관계 형성

아동은 자원봉사자와의 활동을 통해 타인과의 유의미한 관계를 알아가고, 인간에 대한 믿음과 사랑을 성장시켜 나간다. 자원봉사자가 대상 아동과의 약속 시간을 자주 어기게 되면 아동은 자원봉사자를 신뢰할 수 없고, 바람직한 관계 형성이 어렵게 된다.

3) 원만한 대인관계 기술 및 일상생활 지도

가정과 학교, 사회에서의 부적응 현상을 나타내는 아동들에게 원만한 대인관계 기술과 일상생활 지도를 통하여 사회성과 적응력 향상을 도와야 한다.

4) 아동의 성장 수준에 맞는 자원봉사

아동의 정서적 · 사회적 · 신체적 발달에 대한 이해를 통하여 성장 과정에 맞는 지도가 가능한 자원봉사활동을 해야 한다. 지나친 과잉친절은 삼가고, 아동의 해당 연령별 수행력을 파악하고 성장할 수 있도록 보조하는 것이 중요하며, 자선심이나 동정심에 의한 일방적인 시혜성의 선물은 자칫 잘못하면 아동에게 수치심, 무력감, 상처, 의존심을 줄 수 있으므로 유의해야 한다.

5) 아동의 솔직한 자기감정 표현과 긍정적인 감정의 유도

아동기에는 다양하고 강한 욕구를 가지게 되며 이러한 욕구의 표현을 통한 충족을 필요로 하는데, 아동이 가지는 욕구가 적절하게 충족되지 못하면 아동은 심리적 · 정서적 상처뿐만 아니라 욕구 충족을 위해 거짓말 등의 왜곡된 욕구의 표현, 그리고 도벽 등의 비행 행동을 유발할 수 있다. 자원봉사자들은 아동의 올바른 사회화를 위해 이들로 하여금 스스로의 감정을 말로 표현하도록 격려하며, 적개심이나 소극적인 감정을 긍정적이고 적극적인 것으로 전환시킬 수 있도록 도와야 한다.

6) 시설아동을 위한 자원봉사에 대한 각별한 주의

아동에게 무리한 약속을 해서는 안 되며, 프로그램 책임자와 논의된 활동 범주 내에서 자원봉사가 이루어지도록 한다. 아동들에게 직원에 관한 사항을 말하거나 직원을 비방하는 말을 하지 않도록 하며, 봉사자와 아동과의 관계 형성은 봉사자가 봉사를 마치고 돌아간 후 아동과 직원과의 관계에도 영향을 미치게 된다. 아동의 개인적인 과거를 묻지 않아야 하며, 아동들을 동정의 눈이나 호기심의 눈으로 보지 않도록 한다.

제2절 노인을 위한 자원봉사활동

오늘날 의학 수준의 향상으로 인간의 평균수명을 연장하게 되면서 노인 인구의 급속한 증가로 고령화 사회로 이어지게 되었다. 노인은 생리적 · 생물학적으로 퇴화기에 이르는 시기로 노년기에는 사회적 지위와 역할이 상실하게 된다. 사회 · 경제의 도움이 없다면 빈곤, 질병, 고독 등과 같은 소외 현상이 빈번하게 발생할 수 있다.

이러한 노령인구 중 절반이 빈곤층이고 자살률도 매우 높다고 한다. 이러한 취약 노인에 대한 복지를 위해 노인에 대한 자원봉사가 필요하다.

1. 노인에 대한 이해

1) 개념 이해

1951년 제2회 국제노년학회에서는 노인을 인간의 노령화 과정에서 나타나는 생리적, 심리적, 환경적 변화 및 행동의 변화가 상호작용하는 복합적 형태의 과정에 있는 사람으로서 다음과 같이 정의하고 있다.

① 환경의 변화에 적절히 적응할 수 있는 조직기능이 감퇴되고 있는 사람
② 인체의 자체 통합능력이 감퇴되고 있는 사람
③ 인체의 기관, 조직, 기능에 쇠퇴 현상이 일어나는 시기에 있는 사람
④ 인체의 적응 능력이 점차로 결손되고 있는 사람
⑤ 조직의 예비능력이 감퇴하여 적응이 제대로 되지 않는 사람

사회정책상 노인의 규정이나 인구집단으로서의 노인 인구에 대한 규정은 역연령(chronological age)에 기반한다. 한국을 포함하는 대부분의 산업화된 사회에서 노인은 65세 이상인 사람을 지칭한다. 65세의 규정은 임의적인 기준으로, 1889년 세계 최초로 제정된 독일의 「노령연금법」에서 노령연금 수혜 자격을 65세로 규정한 것에 기원한다. 한국에서 노인을 대상으로 하는 사회보장제도의 대부분은 65세를 노인의 시작 연령으로 규정하고 있다.

2) 노인의 특징

노인은 생애 과정의 후기에 들어와 신체적 노화를 경험하는 사람을 의미한다. 이러한 노인에 대한 정의는 생물학적 차원, 심리적 차원, 사회적 차원 등 여러 면에서 이루어진다.

생물학적 차원에서 노인은 신체적 노화를 경험하는 사람으로 정의되며, 심리적 차원에서 노인은 자신을 노인이라고 인지하는 주관적 자각에 기반한다. 사회적 차원에서는 중년기까지 지속되던 주된 사회적 역할, 특히 일을 하는 역할을 그만두고 노령연금을 수급하거나, 조부모라는 새로운 역할을 습득하는 경우를 말한다.

이처럼 노인은 생물학적, 심리적, 사회적 측면에서 노화로 인해 일반적으로 신체적 · 정신적 기능이 쇠퇴하고 사회적 역할이 감소되는 특징은 보인다. 특

히 만성질환 발병률이 증가하고, 일상생활이나 사회생활에서 활동이 제한된다. 신체적 · 심리적 · 사회적 노화는 보편적으로 나타나지만, 이는 다양한 과정으로서의 노인 개개인에 따라 상당한 차이와 다양성을 보인다.

3) 노인의 욕구

① 신체 및 정신건강의 유지, 자립적 일상생활, 치료와 요양 등 건강에 대한 욕구
② 소득 및 경제적 안정의 욕구
③ 안정된 주거환경에 대한 욕구
④ 여가 및 문화 활동에 대한 욕구
⑤ 사회적 관계의 유지와 사회참여에 대한 욕구
⑥ 고용 및 직업적 기회에 대한 욕구
⑦ 지식 습득, 교육에 대한 욕구
⑧ 차별, 학대 등으로부터 자유로울 수 있는 기본적 권리에 대한 욕구
⑨ 우울 등 정신적 문제의 예방, 죽음에 대한 대처 등과 같은 정서 안정의 욕구

4) 노인의 문제

① 노인성 질환 증가, 신체 · 인지 기능의 저하로 돌봄 수요 증가 문제
② 경제적 어려움, 높은 빈곤율 문제
③ 사회적 역할 상실 문제
④ 사회관계망 단절, 소외 및 고독, 고리 문제
⑤ 가족부양 기능 약화로 인한 부양, 보호 문제
⑥ 여가활용 문제(남는 시간을 어떻게 보내야 하는지 모르는)

2. 노인복지 정책

우리나라의 노인복지 정책은 「노인복지법」을 중심으로 노인서비스 프로그램이 실시되고 있다. 이를 소득보장, 의료보장, 주거보장, 사회복지서비스로 나누어서 살펴보면 다음과 같다.

표 9-5 노인지원 정책

구분	정책 내용
소득 지원	• (기초연금) 만 65세 이상, 소득 하위 70% 어르신 대상 지급 • (통신요금 감면) 기초연금 수급자 이동통신요금 감면 • (노후 긴급자금 대부사업) 만 60세 이상 국민연금 대상자는 전 · 월세 자금, 의료비, 배우자 장제비, 재해복구비 등 긴급생활안정자금 저금리 대출 지원
일자리 지원	• (사회활동) 만 65세 이상 어르신의 공익활동 • (일자리지원) 만 65세 이상 어르신의 사회서비스형 일자리 지원 * 일부 직종 만 60세 이상 • (고령자고용지원) 만 60세 이상 어르신의 민간기업 취업지원
건강 지원	• (어르신 실명예방 관리사업) ① 눈 검진: 만 60세 이상 어르신 중 저소득층 우선 ② 개안수술: 만 60세 이상 기초생활수급자, 차상위계층, 한부모가족 어르신 중 수술비용 본인부담금 전액 지급 • (국가예방접종 지원) 만 65세 이상 어르신 대상 인플루엔자 백신, '폐렴구균 23가' 다당질 백신 무료 예방접종 • (무릎인공관절수술 지원) 만 60세 이상 기초생활수급자, 차상위계층, 한부모가족 어르신 대상 수술비 지원 • (건강보험혜택) 65세 이상 어르신의 틀니와 치과 임플란트 본인 부담률 30%로 인하 • (외래정액제) 의원급(동네의원) 외래 진료 시 진료비 부담 경감 • (전립선 등 어르신 성질환 예방관리) 도서지역 거주 중인 55세 이상 남성 대상 전립선 무료검진 등 지원 • (치매국가책임제) ① 검진: 만 60세 이상 대상 보건소에서 무료 '선별검사', 기준 중위소득 120% 이하는 협약병원에서 실시하는 '진단검사 및 감별검사' 비용 지원 ② 치료 · 관리비 지원: 치매치료제를 복용 중인 기준 중위소득 120% 이하는 만 60세 이상 치매환자대상 약제비 · 진료비의 본인부담금 일부 지원 ③ 전국 치매안심센터 설치: 맞춤형 치매서비스 제공 ④ 신경인지검사 · 영상검사 건강보험 적용 ⑤ 경증 치매환자도 장기요양서비스를 받을 수 있는 '인지지원등급' 신설

구분	정책 내용
돌봄 지원	• (노인맞춤돌봄서비스) 65세 이상 기초수급자 · 차상위 · 기초연금수급자 중 독거 · 조손가구 등 돌봄이 필요한 노인에게 안전지원, 사회참여, 생활교육, 일상생활 분야의 다양한 서비스를 서비스 제공계획에 따라 직접 또는 연계 제공 * 기존 6개 노인돌봄사업을 '노인맞춤돌봄서비스'로 통합 · 개편('20.1. 시행) ① 노인돌봄기본서비스, ② 노인돌봄종합서비스, ③ 단기가사서비스, ④ 초기독거노인 자립지원 사업, ⑤ 독거노인 사회관계 활성화 사업, ⑥ 지역사회 자원 연계 사업 • (지역사회 통합돌봄) 혼자서 일상생활이 어려운 어르신이 살던 곳에서 다양한 통합서비스를 누릴 수 있도록 선도 사업 시행 • (장기요양보험) 65세 이상 또는 노인성 질환을 가진 65세 미만인 자 중 6개월 이상 혼자서 일상생활을 수행하기 어려운 어르신에게 장기요양서비스 제공 • (응급 안전알림 서비스) 만 65세 이상 기초생활수급자, 차상위계층 혼자 사는 어르신으로 치매환자이거나 장기요양서비스 대상자 또는 상시보호 필요 어르신 댁에 화재 · 가스감지기와 활동센서, 응급호출기를 설치해 응급상황 발생시 대처 • (보호전문기관) 학대피해 어르신과 그 가족을 위한 상담, 일시보호, 법률지원 제공 • 기초생활보장제도 주거급여 부양의무자 기준 폐지, 수급 대상 확대 • (특별 현금급여) 장기요양급여 수급자가 가족 등으로부터 방문요양에 상당하는 장기요양급여 서비스를 받은 경우, 당해 수급자에게 가족요양비 지원
주거 지원	• (고령자 맞춤형 공공임대주택) 무장애 설계 적용 · 복지서비스 연계 등 맞춤형 공공임대 5만호 공급 • (연금형 매입임대) 고령자 주택을 매입 · 리모델링해 임대로 공급, 대금은 연금식 지급 • 주택 개보수 지원을 위한 수선유지급여 지원 확대 • (노인주거복지시설) 양로시설, 노인공동생활가정, 노인복지주택에 무료 또는 유료 입소 지원
역량강화 지원	• (민간단체 지원) 어르신 복지 단체 수행사업에 대해 국고보조금 지원 • (노후설계 서비스) 국민연금 대상자와 수급권자 포함 전 국민은 노후 준비를 위한 재무 · 건강 · 여가 · 대인관계 등 상담 · 교육과 사후관리 서비스 제공 • (혼자 사는 어르신 사회관계 활성화) 가족, 이웃 등과 접촉이 거의 없어서 고독사, 우울증, 자살 등의 위험이 큰 혼자 사는 어르신 대상 맞춤 프로그램 제공

3. 노인을 위한 자원봉사활동

표 9-6 장소에 따른 자원봉사활동

<table>
<tr><th>구분</th><th colspan="2">활동 내용</th></tr>
<tr><td rowspan="4">재가노인을
위한 봉사활동</td><td colspan="2">지역사회에 거주하는 노인의 가정을 방문하거나 이용시설에서 노인 및 부양자들에게 필요한 서비스를 제공하는 봉사활동</td></tr>
<tr><td>가정방문
봉사</td><td>가사봉사(청소, 세탁 등), 간병봉사(방문간호, 병원동행, 수발 등), 심리사회적 봉사(말벗, 상담 등), 도시락 배달 등</td></tr>
<tr><td>주간보호,
단기보호</td><td>심신이 허약한 노인을 낮 동안 또는 단기간 보호해 주는 시설에서의 봉사활동으로 급식, 목욕, 기능훈련, 오락, 말벗 등 봉사</td></tr>
<tr><td>교육봉사</td><td>사회교육 봉사, 여가 프로그램 봉사 등</td></tr>
<tr><td>시설노인을
위한 봉사활동</td><td colspan="2">• 말벗, 상담, 급식, 목욕 서비스, 취미 교육, 오락 지도, 물리치료 보조, 각종 행사 돕기, 위문 공연 등
• 업무 보조, 시설환경 정비, 차량 운행, 시설행사 보조, 후원자 결연사업 지원 등</td></tr>
</table>

표 9-7 목적에 따른 자원봉사활동

구분	활동 내용
삶의 보람 증진을 위한 자원봉사활동	노인대학 운영 보조, 문맹노인 학습지도, 노인체육 지도, 노인취미활동 지도, 노인특기개발 지도, 노인취업알선 지도 등
간호 및 재활을 위한 자원봉사활동	치매노인 사회적응 지도, 욕창관리 지도, 노인건강 강화 지도, 노인진료 보조, 목욕 보조, 이미용 지원 등
기타 자원봉사활동	복지기관의 노인대상 도시락 배달, 나들이 행사, 병원이송 등 노인대상 지원사업이 효과적으로 수행될 수 있도록 차량 운행 등 봉사활동

4. 노인을 위한 자원봉사활동 원칙

① 노인은 현재 신체적, 경제적, 사회적으로 어떠한 상황에 처해 있든 존중받아야 하며, 한 사람의 개인으로서 개성이 인정되어야 한다.

② 노인은 자신의 문제를 해결하는 데 있어서 스스로 결정할 수 있는 권리를 가지고 있으며, 자기 결정권은 최대한 존중되어야 한다.

③ 하나의 인격체로서 노인의 자주성과 독립성이 인정되어야 한다.

④ 노인은 사회를 발견·유지시키는 데 기여한 공헌자로서 복지혜택을 받을 수 있는 권리가 있으며, 동시에 자기의 문제해결을 위한 책임 의무를 다할 기회를 제공받아야 한다.

⑤ 노인은 그의 상황에 맞는 전문적인 서비스를 제공받을 수 있어야 한다.

⑥ 노인을 도울 때는 신체적, 심리적, 지적, 사회적, 영적 제반 영역을 다 같이 고려하여 전인적인 측면에서 도움을 받을 수 있어야 한다.

⑦ 노인도 변화하는 시대의 독특한 욕구에 맞는 종류의 서비스를 제공받을 수 있어야 한다.

5. 노인을 위한 자원봉사자의 자세와 유의사항

1) 자원봉사자의 자세

① 기본적인 예의범절 준수: 항상 단정한 외모와 겸손한 태도를 가지고 봉사활동에 임함으로써 노인에 대한 존경의 마음을 전한다.

② 노인들의 신체적, 정신적, 사회적 특성을 구체적으로 이해한다.

③ 노인들이 관심을 두는 일부터 시작하고, 노인들의 욕구를 고려해 활동한다.

④ 노인과 의논한 봉사활동을 계획, 그리고 실천한다.

⑤ 봉사활동의 분명한 한계 설정과 무리한 행동을 자제한다.

⑥ 봉사활동 약속을 잘 지켜서 상호신뢰를 유지하도록 한다. 노인들은 봉사 자체보다도 누군가를 만난다는 것에 대해 더 큰 비중을 두고 있는 경우가 많으므로, 특히 독거노인들과의 약속을 사전 양해 없이 어기는 것은 마음의 상처를 줄 수 있다(봉사자들의 방문을 매우 기다리기 때문).

⑦ 노인들의 자존심이 상하지 않도록 각별히 유의한다. 노인들의 프라이버시 존중, 노인의 의견을 무시하거나 일방적인 명령, 강요, 설교 등을 하지 않는다.

⑧ 서비스를 제공할 때에는 노인이 할 수 있는 일은 스스로 하도록 하며, 지나치게 개입하지 않는다.

2) 노인과의 대화 시 유의사항

(1) 상대방의 속도에 맞춤

노인에게는 알아듣기 쉽게 천천히 말한다. 노인은 동작이 느리고 이해하는 속도가 느리기 때문에 대답을 재촉하지 말고 대답할 수 있는 충분한 시간을 드린다.

(2) 알아듣기 쉬운 언어를 사용함

젊은 사람들만 알아들을 수 있는 말들은 사용하지 말고, 노인이 이해할 수 있는 언어를 사용한다. 대화 중 은어나 유행어 등을 지나치게 사용하거나 언어를 사용하여 노인으로 하여금 소외감을 느끼지 않도록 주의해야 한다.

(3) 경청

노인은 하소연이 많은 경향이 있고, 귀도 잘 안 들리기 때문에 대화가 원활하지 않을 수 있으므로 인내심을 가지고 경청하는 것이 필요하다.

(4) 대화하기 어려운 경우

여러 가지 장애로 대화가 어려운 노인의 경우는 장애의 정도를 정확히 파악하여 머리, 손, 눈 등 신체 전체를 이용한 의사소통으로 끈기를 갖고 대하도록 한다. 특히 청력이 많이 저하된 경우에는 가까이서 정확히 한마디씩 바르게 발음하며, 억양을 넣거나 몸짓, 표정, 사물, 글자 등을 사용하여 대화를 이어간다.

제3절 장애인을 위한 자원봉사활동

장애인복지를 정당화하는 일차적인 근거는 인간의 존엄성이다. 장애인은 인간으로서 지니는 모든 권리를 가지며, 그 권리의 양과 질은 다른 사람과 동일하다. 장애인복지가 별도 혹은 추가 부담을 정당화하는 근거는 바로 장애인이 인간으로서 모든 시민과 같은 권리를 보장해야 한다는 데 있다.

장애인복지의 기본 이념인 정상화(normalization)는 정신지체인에 있어서 시설보호를 지양하고, 일상적인 생활 형태를 강조하는 개념으로 등장한 바 있다. 정상화는 개인의 성장과 발달에서 정상적인 발달경험, 인생주기에서의 선택의 자유, 정상적인 이웃과 같이 하는 가정에서의 삶, 지역사회에 통합되어 있는 삶을 강조하면서 시설보호를 반대한다. 장애인이 사회적으로 평가 절하되는 것은 그 사회가 지향하는 가치에 의해 규정되며, 지향하고 있는 가치의 각 측면에서 가치절하를 받는 인간이 되는 것이다. 어떤 인간의 능력이나 존엄성이 실제보다 평가절하되는 것은 사회의 동등한 구성원으로 살아갈 수 있는 여지를 좁히는 결과를 가져온다.

따라서 장애인과 같이 사회에서 가치 있는 사회구성원으로서 지위를 확보하기 위해서는 가치절하를 유발하는 차이를 줄이거나 예방하는 방법과 가치절하의 대상이 되지 않도록 사회적 인식이나 가치를 변화시키는 것이다.

1. 장애인에 대한 이해

1) 개념 이해

일반적으로 쓰이는 장애의 의미는 신체적 · 정신적 장애로 오랫동안 일상생활이나 사회생활에서 상당한 제약을 받는 자를 말한다. 우리나라에서는 「장애인복지법」 제2조, 동법 시행령 제2조 및 동법 시행규칙 제2조의 규정에 의해 이를 분류하고 있다. 한편 세계보건기구(WHO)는 1980년 '국제장애분류(ICIDH)'라는 개념을 발표한 바 있다. 이 개념에 따르면 장애는 기능장애(Impairment)와 능력장애(Disability), 그리고 그에 따른 사회적인 장애(Handicap)로 구분된다. 하지만 이 3가지 장애는 분리된 것이 아니고, 인과적 · 시간적 연속관계에 놓여 있다는 것을 강조하고 있다.

2) 장애유형

장애유형에 대해서는 정도와 특성에 따른 장애의 분류를 의미한다. 우리나라는 보건복지부와 교육부의 장애분류가 다르다.

보건복지부에서는 「장애인복지법 시행규칙」 제2조 및 [별표 1]의 장애인의 장애등급표와 '장애등급판정기준'에 장애를 지체장애, 뇌병변장애, 시각장애, 청각장애, 언어장애, 안면장애, 신장장애, 심장장애, 간장애, 호흡기장애, 장루 · 요루장애, 뇌전증장애, 지적장애, 자폐성장애, 정신장애로 분류하였다.

교육부에서는 「장애인 등에 대한 특수교육법」을 근거로 시각장애, 청각장애, 지적장애, 지체장애, 정서 · 행동장애, 자폐성장애, 의사소통장애, 학습장애, 건강장애, 발달지체 등으로 분류하고 있다.

2. 장애인복지

장애인은 「장애인복지법」에 따르면 신체적 · 정신적 장애로 오랫동안 일상생활이나 사회생활에서 상당한 제약을 받는 자를 말하며, 신체적 장애, 정신적 장애를 가진 사람에 대해 국가와 지방자치단체는 장애발생 예방, 의료와 재활치료, 사회적응 훈련, 교육, 직업, 정보의 접근, 편의시설, 안전대책 강구, 사회적 인식개선, 선거권 행사를 위한 편의 제공, 주택보급, 문화환경 정비, 복지연구, 경제적 부담의 경감에 대해 기본 정책을 강구해야 한다.

이에 따라 장애인으로 등록된 사람에 대해 재활 상담, 장애아동수당, 장애수당, 장애인연금 및 장애연금, 장애인 자립자금 대여, 주택 특별공급 및 입주자 선정 특례, 주거 편의 지원, 소득세 감면, 상속세 및 증여세 감면, 자동차구입 관련 세금 감면, 장애인보장구 관련 세금 감면, 공공시설 요금 감면, 전기요금 감면, 도시가스요금 감면, 공공 교통요금 감면, 유료 고속도로 통행료 감면, 통신요금 감면, TV수신료 면제, 공공시설의 우선이용, 고용촉진, 생업지원 등의 복지 조치가 있으며, 장애인자립생활지원센터, 활동지원급여의 지원 등의 자립생활 지원, 장애인복지시설과 단체를 설치함으로써 장애인의 사회참여를 보장하고 있다.

3. 장애인을 위한 자원봉사활동의 이념적 성격

1) 인간의 존엄성

인간은 누구나 성취 여부나 능력에 관계없이 존엄한 가치가 있으므로 존중받을 권리가 있다. 장애인은 인간으로서의 모든 권리를 가지며, 시민과 같은 권리를 보장받아야 한다.

2) 정상화

장애인의 일상생활과 사회생활이 비장애인과 동일해야 하며, 이에 걸맞은 사회환경을 구비해야 한다는 개념이다. 개인의 성장과 발달에서 정상적인 발달 경험, 인생주기에서의 선택의 자유, 지역사회에 통합되어 있는 삶을 강조하는 개념이다. 시설보호를 반대하고 일상적인 생활 형태를 강조하며, 생활 리듬과 패턴 측면에서 정상적인 생활을 하도록 강조한다.

3) 사회통합

장애인의 총체적 삶을 비장애인과 함께 하는 '더불어 사는 사회'를 추구하는 개념이다. 장애인과 비장애인이 모든 기회를 서로 공유하고 협력해 나가면서 가능성을 높여 나가는 과정을 강조하며, 사회참여의 중요성을 강조한다.

4. 장애인을 위한 자원봉사활동의 목표

① 장애인이 주류사회에 통합되어 정상적인 생활을 할 수 있게 한다.
② 장애인도 비장애인이 하는 경험과 같은 경험을 할 수 있게 한다.
③ 장애인의 잠재력이나 소질이 충분히 계발되고 장애가 개선되게 한다.
④ 장애인이 많은 체험과 지식을 갖게 하고, 생활에 필요한 기술을 획득할 수 있게 한다.
⑤ 장애인이 여가를 선용하고 풍부한 정서생활을 할 수 있게 하며, 기타 원하는 활동이나 해야 할 활동을 할 수 있게 한다.
⑥ 보다 많은 장애인이 취업하고 직장에서 적응을 잘할 수 있게 한다.
⑦ 장애인이 지역사회 및 기관을 편하게 이용할 수 있게 한다.
⑧ 장애인이 자신감과 삶의 의욕을 가질 수 있게 한다.
⑨ 장애인에게 필요한 정보나 자료를 단기간 내에 확보해 이를 활용할 수 있게 한다.
⑩ 비장애인들로 하여금 장애인을 이해하고, 그들에게 필요한 지원이 무엇인지에 대해 관심을 가질 수 있게 한다.
⑪ 비장애인은 물론 장애인도 사회적 의식(공동체 의식)을 가질 수 있게 한다.

5. 장애인을 위한 자원봉사활동

장애인을 위한 자원봉사활동은 장애인의 연령층과 장애유형별로 특성이 다양하기 때문에 다른 대상들을 위한 활동보다 매우 다양하다고 할 수 있다. 또한 장애인은 심신의 어떤 부분에 장애라는 특수성을 지녔을 뿐 삶의 전반에 걸친 모든 영역에서 다른 사람들과 똑같은 욕구를 지녔기 때문에 장애인에 대한 자원봉사활동의 종류를 일률적으로 정하기가 어려운 상황이다.

따라서 자원봉사활동의 종류는 자원봉사활동을 정형화하기보다는 장애인들이 지역사회 내에서 삶의 보람을 느끼고 일상생활을 영위할 수 있도록 돕는 방향으로 봉사활동이 이루어져야 한다.

표 9-8 자활 기능 향상을 위한 서비스

<table>
<tr><th colspan="3">자활 기능 향상(직접 대인서비스)</th></tr>
<tr><td>심리적 지지</td><td>심리 · 정서적 지원</td><td>재활전화 상담, 책 · 신문 읽어주기, 말벗, 심리재활 프로그램 안내 및 보조 등</td></tr>
<tr><td rowspan="2">사회성 증진</td><td>사회활동 지원</td><td>장애인 대중교통 이용 및 지역기관 이용 지도, 의사소통을 위한 수화통역, 중증장애인 외출동행 및 나들이 보조 등</td></tr>
<tr><td>교육지원</td><td>장애아동 학습보조 및 학습지도, 장애인 컴퓨터교육, 장애아동 통학보조, 시각장애인 이동훈련 보조 등</td></tr>
<tr><td rowspan="5">생활 안정</td><td>여가선용 지원</td><td>체육활동 지도, 현장학습 보조, 견학 및 야외학습 보조 등</td></tr>
<tr><td>취업 지원</td><td>구직처 개발, 구직 장애인을 위한 직업상담, 취업알선 및 사후지원, 작업지도 및 보조 등</td></tr>
<tr><td>생활 지원</td><td>목욕보조, 반찬지원, 이 · 미용지원, 가사활동지원 등</td></tr>
<tr><td>보호활동</td><td>장애아동 돌보기, 장애인 그룹홈 관리보조 등</td></tr>
<tr><td>의료 및 건강 지원</td><td>병원이용 안내, 병간호, 신체적 수발, 물리치료 및 재활치료 보조, 건강관리 지도 등</td></tr>
</table>

<table>
<tr><th colspan="3">사회적 지지(간접 서비스)</th></tr>
<tr><td rowspan="2">장애인시설 지원활동</td><td>업무보조</td><td>행정업무 보조, 시각장애인을 위한 녹음도서 제작 보조, 장애인 관련 행사 보조, 후원자 개발 및 관리 보조 등</td></tr>
<tr><td>기술지원</td><td>시설설비 및 장비 보수, 환경관리 등</td></tr>
<tr><td rowspan="2">사회환경 조성</td><td>조사</td><td>장애인 관련 조사연구 보조 등</td></tr>
<tr><td>행사 및 캠페인</td><td>장애인 관련 각종 행사 및 캠페인 보조 등</td></tr>
</table>

6. 자원봉사자의 역할

표 9-9 자원봉사자의 역할

구분	역할 내용
진정한 동료친구로서의 역할	장애인이 처한 상황을 공감하고 이해해 주며, 관심을 가지고 도와줄 준비가 되어 있으며 경청하는 역할
재활의 조력자로서의 역할	재활프로그램에 참여하여 전문가의 지시에 따라 치료를 돕거나 교사의 요청에 따라 학습을 도울 수 있으며, 자립 훈련의 훈련자로서의 역할
대변자로서의 역할	장애인 문제에 대하여 지역사회가 관심을 갖도록 알리고, 장애인에 대한 인식 개선을 추구하며 장애인을 지지하는 역할

7. 자원봉사자의 자세 및 유의사항

1) 자원봉사자의 자세

(1) 자원봉사활동의 목표에 대해 충분히 숙지

자원봉사활동의 목표는 장애인이 사회에 통합되어 함께 생활할 수 있도록 하고, 비장애인과 같은 경험을 할 수 있도록 도우며, 장애인의 잠재력이나 소질을 충분히 계발하고 삶에 대해 자신감과 의욕을 가질 수 있도록 하는 것이라는 점 등을 충분히 숙지하고 자원봉사활동에 임해야 한다.

(2) 장애인과 공감대 형성

장애인이 처한 상황을 공감하고 이해해 주어야 한다. 장애인도 비장애인과 똑같이 생활의 즐거움이나 인생의 의의, 경제적 풍요함을 갈구하고 있다는 것을 권리적인 측면에서 이해해야 한다. 장애인이나 가족이 장애를 심리적으로 수용하는 과정이 결코 평탄하지 않았을 것이므로 장애인이 과거에 극복해 온 좌절감이나 절망감, 상실감으로 거듭 고통받지 않도록 배려할 필요가 있다.

(3) 관련 전문지식과 기술 습득

봉사대상자인 장애인의 상황에 맞추어 사전에 준비해야 할 것들이 무엇인지 점검하고, 봉사활동의 기준은 장애인의 재활과 자립에 두어야 한다. 또한 케어의 순서대로 올바르게 행하고, 장애인이 신체동작들을 자립적으로 할 수 있도록 유도해야 한다.

(4) 개별화

장애인을 획일화하지 말고 각기 독특한 개성을 가진 인격체라는 사실을 인식하고, 이러한 개인차를 존중하여 개별화된 처우를 해야 한다.

2) 자원봉사자의 유의사항

(1) 용어 사용에 유의

장애인에 대한 반대 용어로 '정상인'의 용어 사용은 삼가야 한다. 우리나라의 장애 개념은 의학 개념이므로 이를 감안하면 장애인의 반대 용어는 '비장애인'이나 '장애가 없는 사람'이 적절하며, 장애인에 대한 잘못된 호칭(장님, 벙어리, 귀머거리 등)은 삼가야 한다.

(2) 보장구를 사용하는 장애인에 대한 기본예절

장애인 보장구는 장애로 인해 손상된 능력을 회복시킨다는 의미에서 장애인에게는 신체의 일부나 다름없는 것이므로 보장구를 비하하는 표현을 사용하거나 보장구를 가지고 장난을 치는 것은 절대 금물이다. 도움이 필요한지를 항상 먼저 물어본 후 휠체어를 밀어주는 것이 바람직하며, 휠체어에 기대거나 의지하지 않아야 한다.

(3) 시각장애인에 대한 기본예절

도움이 필요한지를 먼저 물어본 후 안내를 시작하며, 흰 지팡이를 쥔 손

반대편의 반보 앞에 서서 시각장애인이 봉사자의 팔꿈치를 잡고 안내받을 수 있도록 한다. 함께 걸을 때는 장애인의 팔을 잡는 것보다 봉사자의 팔을 잡게 하는 것이 더 안전하며, 계단이나 엘리베이터, 또는 예외적인 곳에서는 우선 멈춰 서서 상황을 잘 설명해 주어야 한다. 주변 상황을 설명할 때 여기, 저기라는 말보다는 방향, 거리를 정확하게 말해주어야 한다. 시각장애인 안내견을 함부로 만지거나 부르거나 음식물을 주어서는 안 된다.

(4) 청각장애인에 대한 기본예절

청각장애인과 대화할 때에는 우선 발음을 확실하게 하며, 입 모양을 크게 하여 천천히 말한다(구화). 글을 쓰거나(필담) 수화를 하는 방법으로 대화하도록 한다. 청각장애인들이 잘 듣지 못한다고 하여 함부로 대하거나 반말을 하는 것은 절대 금물이다.

(5) 지적장애인에 대한 기본예절

지적장애인을 도울 때에는 지능 대신 감성적으로 민감함을 이해하여 접촉하며, 말할 때에는 발음을 분명하게 천천히 쉬운 단어를 골라 이야기해야 하고, 필요하다면 몸짓을 덧붙여 이해를 돕도록 한다.

지적장애인을 돕거나 가르칠 때에는 그가 감당할 수 있는 수준에서 반복적이고 지속적으로 하는 것이 바람직하며, 지적장애인이 지능이 부족해서 의견이나 생각이 없을 것이라 예단하여 묻지 않고, 대신 결정하거나 장애인 당사자의 결정을 무시하고 고쳐주려는 행동을 해서는 안 된다. 무조건 반말을 하거나 나이 어린 사람을 대하듯 하는 말과 행동은 절대 금물이며, 실제 나이에 맞게 예절을 갖추어야 한다.

요보호아동의 일반적 특성

① 시설아동

② 빈곤가정아동

기능 기준으로 한 아동복지서비스 분류

① 지지적 서비스

② 보충적 서비스

③ 대리적 서비스

방어선 위치에 의한 아동복지서비스 분류(쥬크만, Zuckerman)

① 제1차 방어선으로서 가정지원 서비스

② 제2차 방어선으로서 대리가정 서비스

③ 제3차 방어선으로서 시설보호 서비스

아동을 위한 자원봉사활동

① 직접적 자원봉사: 상담, 심리적 지지, 교육지원, 여가선용지도, 보호활동 등

② 간접적 자원봉사: 업무보조, 복지시설 방문 봉사, 조사 · 정보제공 활용 등

장애인을 위한 자원봉사활동의 이념적 성격

① 인간의 존엄성

② 정상화(normalization)

③ 사회통합(social integration)

장애인에 대한 자원봉사자의 자세

① 자원봉사활동의 목표에 대해 충분히 숙지

② 장애인과 공감대 형성

③ 관련 전문지식과 기술 습득

④ 개별화

장애인에 대한 자원봉사자의 유의사항

① 용어 사용에 유의
② 보장구를 사용하는 장애인에 대한 기본 예절
③ 시각장애인에 대한 기본 예절
④ 청각장애인에 대한 기본 예절
⑤ 지적장애인에 대한 기본 예절

장소에 따른 노인을 위한 자원봉사활동

① 재가노인을 위한 봉사활동
② 시설노인을 위한 봉사활동

노인을 위한 자원봉사활동 원칙

① 존중과 개성 인정
② 자기 결정권 존중
③ 자주성과 독립성 인정
④ 복지혜택 권리, 문제해결을 위한 책임 의무 기회 제공
⑤ 상황에 맞는 전문적 서비스 제공
⑥ 변화하는 시대의 독특한 욕구에 맞는 서비스 제공

자원봉사활동 기본법 제16조(국유 · 공유 재산의 사용)

자원봉사활동의 진흥을 위하여 자원봉사단체 및 자원봉사센터가 대통령령으로 정하는 특정한 사업을 수행하기 위하여 국유 · 공유 재산이 필요하다고 인정하면 이를 무상으로 대여하거나 사용하게 할 수 있다.

국유 · 공유 재산의 사용 내용 요약(해당 대통령령)
① 국제행사에 관한 사업
② 재난복구 및 구호에 관한 사업
③ 국가 및 지방자치단체가 자원봉사활동의 진흥을 위하여 필요하다고 인정하는 사업은 무상으로 대여 가능

CHAPTER

10

활동분야별 자원봉사 II

제1절 사회복지시설에서의 자원봉사활동

제2절 보건의료시설에서의 자원봉사활동

제3절 지역사회에서의 자원봉사활동

CHAPTER

10 활동분야별 자원봉사 II

제1절 사회복지시설에서의 자원봉사활동

우리 사회는 장애 인구의 증가, 인권 의식의 고양, 지역 유대의 약화, 가족의 부양능력 저하 등으로 말미암아 사회복지 욕구는 보편화, 다양화, 고도화, 중복화되고 있다. 이러한 사회적 욕구에 대응하는 방식 가운데 하나가 시설보호이다.

시설은 특수한 욕구 또는 가정생활상의 이유로 보호가 필요한 사람에게 가정을 대신하여 생활의 장을 보장해 주고, 자활 및 재활서비스를 제공하여 이들의 사회복지를 돕는 것을 목적으로 설치 · 운영되고 있다.

시설생활자에게는 시설이 가정이다. 그러므로 가정생활과 유사한 형태의 삶이 이루어지기 위해서는 지역사회와의 교류가 필수적이다. 특히 아동복지시설이나 모자복지시설과 같이 일정 기간 시설에서 생활하고 지역사회에 나가서 자립생활을 해야 할 때에는 지역주민과의 교류가 더욱 필요하다.

이러한 교류는 주민의 자원봉사활동이나 시설생활자의 자원봉사활동으로 상당 부분 가능해진다. 따라서 시설에서의 자원봉사활동은 더욱 절실히 필요한 것이고, 효과적인 시설 자원봉사활동이 전개되도록 전문적 지원과 노력이 필요하다.

1. 지역사회의 사회복지시설

자원봉사의 장은 지역사회의 각종 활동이 일어나고 있는 장소(환경), 또는 기관 및 시설을 말한다. 일반적으로 알려진 자원봉사활동의 장으로는 ① 가정, ② 사회복지기관 및 시설, ③ 의료기관 및 시설, ④ 교육기관 및 시설, ⑤ 환경단체 및 시설, ⑥ 경제단체 및 시설, ⑦ 사회문화단체 및 시설, ⑧ 정부 및 지방자치단체 산하기관, ⑨ 국제관계 기관, ⑩ 기타 지역사회 안전과 질서를 유지하기 위한 기관 및 시설 등이 있다.

자원봉사의 대상으로는 생활 능력이 없는 ① 아동 및 청소년, ② 노인, ③ 장애인, ④ 질병 환자, ⑤ 지역사회의 비복지적인 환경개선 활동 등을 들 수 있다. 지역사회 내에서 사회복지 자원봉사활동이 이루어지고 있는 영역은 크게 재가복지사업 영역과 시설보호 영역으로 나누어 볼 수 있다.

실제로 자원봉사자의 활동 영역 조사 결과를 살펴보면 주로 노인, 장애인, 아동 등 소외계층을 대상으로 하는 사회복지 영역에서 자원봉사활동이 이루어지고 있으며, 다음으로는 농촌봉사활동, 환경캠페인 등으로 나타났다.

2. 사회복지시설의 개념

사회복지사업이란「사회복지사업법」제2조의 가~허 항목의 법률에 따른 보호·선도, 또는 복지에 관한 사업과 사회복지상담, 직업지원, 무료숙박, 지역사회복지, 의료복지, 재가복지, 사회복지관 운영, 정신질환자 및 한센병력자의 사회복귀에 관한 사업 등 각종 복지사업과 이와 관련된 자원봉사활동 및 복지시설의 운영 또는 지원을 목적으로 하는 사업을 말하며, 사회복지

표 10-1 사회복지시설 구분

구분	내용
생활시설	도움이 필요한 대상자가 입소하여 생활, 보호받는 시설
이용시설	집에서 거주하는 대상자가 이용할 수 있는 시설

시설이란 사회복지사업을 할 목적으로 설치된 시설을 말한다(사회복지사업법 제2조).

3. 사회복지시설의 종류

사회복지시설이란 사회문제를 가지고 있거나 위험에 처해 있는 사람들에게 사회복지서비스를 제공하는 시설을 의미한다. 이용 대상에 따라 노인복지시설, 아동복지시설, 장애인복지시설 등으로, 이용 방법에 따라 거주하는 생활시설과 이용시설로 분류되며, 이용시설은 사회복지 대상자(클라이언트)가 본인의 집, 또는 시설에 거주하면서 통원하는 방법 등 여러 형태의 시설이 있다.

표 10-2 서비스 이용 형태에 따른 분류

소관부처	시설종류	세부종류		관련법
		생활시설	이용시설	
보건복지부	노인복지시설	노인주거복지시설 노인의료복지시설 학대피해노인전용쉼터	재가노인복지시실 노인여가복지시설 노인보호전문기관 노인일자리지원기관	「노인복지법」
	복합노인복지시설	농·어촌 지역에 한해 노인복지법 제31조 노인복지시설을 종합적으로 배치한 복합노인복지시설을 설치·운영 가능		「농어촌주민의 보건복지증진을 위한 특별법」
	아동복지시설	아동양육시설 아동일시보호시설 아동보호치료시설 자립지원시설 공동생활가정 피해장애아동쉼터	아동상담소 아동전용시설 지역아동센터 아동보호전문기관 가정위탁지원센터 자립지원전담기관	「아동복지법」
	장애인복지시설	장애유형별 거주시설 중증장애인 거주시설 장애영유아 거주시설 장애인단기 거주시설 장애인공동생활가정 피해장애인쉼터	장애인지역사회재활시설 장애인직업재활시설 장애인의료재활시설 장애인생산품판매시설	「장애인복지법」

소관부처	시설종류	세부종류		관련법
		생활시설	이용시설	
	어린이집		어린이집	「영유아보육법」
	정신건강증진시설	정신요양시설, 정신재활시설 중 생활시설	정신재활시설 중 이용시설	「정신건강증진 및 정신질환자 복지서비스 지원에 관한 법률」
	노숙인시설	노숙인자활시설 노숙인재활시설 노숙인요양시설	노숙인종합지원센터 노숙인일시보호시설 노숙인급식시설 노숙인진료시설 쪽방상담소	「노숙인 등의 복지 및 「자립지원에 관한 법률」
	사회복지관		사회복지관	「사회복지사업법」
	지역자활센터		지역자활센터	「국민기초생활 보장법」
	다함께돌봄센터		다함께돌봄센터 (학교돌봄터 포함)	「아동복지법」
	결핵 · 한센시설	결핵 · 한센시설		「사회복지사업법」
여성 가족부	성매매피해지원시설	일반지원시설 청소년지원시설 외국인지원시설 자립지원공동생활시설	자활지원센터 성매매피해상담소	「성매매방지 및 피해자 보호 등에 관한 법률」
	성폭력피해보호시설	성폭력피해자보호시설	성폭력피해상담소	「성폭력방지 및 피해자 보호 등에 관한 법률」
	가정폭력보호시설	가정폭력피해자 보호시설	가정폭력상담소 긴급전화센터	「가정폭력 방지 및 피해자 보호 등에 관한 법률」
	한부모가족복지시설	출산지원시설 양육지원시설 생활지원시설 일시지원시설	한부모가족복지상담소	「한부모가족지원법」
	청소년복지시설	청소년쉼터 청소년자립지원관 청소년치료재활센터 청소년회복지원시설		「청소년복지지원법」

4. 사회복지시설에서의 봉사활동 종류

1) 주요 생활시설에서의 자원봉사활동

표 10-3 생활시설에서의 자원봉사활동 종류

구분	자원봉사활동 종류
아동 및 청소년 복지시설	학습지도, 상담, 캠프지도 및 보조, 취미교육, 운동과 레크리에이션 지도, 식사보조, 외출동행, 이미용, 말벗, 시설환경미화, 일일위탁부모 등
노인복지시설	말벗 및 상담, 책읽어드리기, 외출보조, 식사보조, 목욕봉사, 물리치료보조, 이미용, 세탁, 청소, 공연, 원예지도, 시설수리 등
장애인복지시설	말벗 및 상담, 학습지도, 수화통역, 재활훈련보조, 외출보조 및 심부름 대행, 직업훈련보조, 식사보조, 목욕봉사, 물리치료보조, 이미용, 보조장비 등 시설 기자재 수리, 공연 등

2) 주요 이용시설에서의 봉사활동(지역복지관 중심)

표 10-4 이용시설에서의 자원봉사활동 종류

구분	자원봉사활동 종류
아동복지 프로그램	방과 후 아동보호, 아동보육 보조, 학습지도, 취미지도, 레크리에이션 지도, 캠프지도 및 보조, 상담활동 등
청소년복지 프로그램	학습지도, 상담활동, 성교육, 동아리 활동지도, 청소년 유해환경 단속 및 계몽 등
노인복지 프로그램	식사배달지원서비스, 경로식당, 취미교실, 노인대학운영보조, 물리치료 보조, 노인체육지도, 이 · 미용 등
지역주민 프로그램	각종 직업교육 프로그램(요리, 제과제빵 등)을 위한 강사, 각종 사회교육 프로그램(노래 교실, 컴퓨터, 영어 등)을 위한 강사, 도서실운영 등
기타	환경정리, 행정업무보조, 모금, 바자회, 캠페인활동 등 행사 보조 등

5. 자원봉사자의 자세 및 유의사항

1) 시설의 목적과 사업내용의 올바른 이해

시설의 목적과 사업의 내용을 알고 시작하게 되면, 보다 효과적인 자원봉사 활동을 계획하고 실천할 수 있다.

2) 시설에서 필요로 하는 봉사실시

시설에서 필요한 자원봉사활동의 내용이 무엇인지를 미리 파악하여 시설의 여건에 맞추어 자원봉사활동에 참여해야 한다.

3) 비밀보장

봉사활동 수행 과정에서 알게 된 주민 및 시설생활인의 개인적인 사항, 가정과 관련된 사항에 대한 비밀은 반드시 보장되어야 한다.

4) 무분별한 약속 금지

대상자들이 어려운 여건 속에 있다고 해서 즉흥적이고 일방적으로 '내가 무엇을 해 주겠다'며 약속을 하는 것은 약속 이행에 문제가 있을 뿐만 아니라 의타심 형성 등 많은 문제를 야기할 수 있다.

5) 시설직원과 상호협조체계 구축

시설직원과 자원봉사자는 각기 서로 다른 역할과 방법으로 대상자에게 도움을 주므로 좋은 팀워크를 이루게 되면 시설 전체의 생활에 활력을 준다. 시설직원과 자원봉사자는 활동 과정에서 서로 간에 긴밀한 대화와 충분한 상호연락을 하는 것이 중요하며, 특히 봉사대상자에게 어떤 변화가 있을 경우 직원에게 이를 알려 주는 것이 필요하다.

봉사대상자가 자원봉사자에게 어떤 불안을 털어놓을 경우 그것을 혼자서 받아들이고 판단을 하기보다는 그 사실을 직원과 같이 의논해서 적절하게 처리하도록 한다.

6) 편견 · 선입견 배제, 인간적 존중 등

생활시설에서 생활하는 사람들과 평소 접촉할 기회가 없거나 드물게 방문을 하는 사람들은 일종의 동정심을 가지고 대하는 경향이 있으므로 유의해야 한다. 상대방의 자존심을 상하게 하지 않도록 하고, 대답하기 곤란한 질문이나 동정하는 말과 행동을 삼가야 한다. 경제력과 능력에 있어서 격차를 느끼게 하는 인상을 주지 않도록 한다.

7) 시설 생활인의 개인적인 사생활 존중

생활시설은 대상자들을 보호 · 교육하거나 치료하는 곳으로서 대상자들의 생활공간이지 삶의 영역이므로 기본적인 생활 안정을 위해 어느 정도의 폐쇄성을 필요로 하며, 시설 내에서의 생활과 개인의 프라이버시를 충분히 존중해 주어야 한다.

8) 지역사회와 생활시설의 교량 역할

생활시설은 시설의 유형에 따라 특수성이 있으며, 입소자의 생활영역이기 때문에 어느 정도의 폐쇄성이 있다. 자원봉사자의 봉사활동을 통해 지역사회와의 거리를 좁힐 필요가 있으며, 자원봉사자는 지역사회가 시설에서 생활하는 분들과 시설의 운영에 관심을 가질 수 있도록 노력해야 한다.

제2절 보건의료시설에서의 자원봉사활동

1. 병원에서의 자원봉사활동

병원에서 이루어지고 있는 자원봉사활동은 인구구조의 고령화에 따른 만성퇴행성질환의 증가와 함께 의료 이용량의 급속한 증가와 대응 의료자원의 부족, 의료서비스 환경 변화 등으로 인하여 그 중요성에 대한 인식이 점차 확대되고 있다.

이러한 이유를 보면, 첫째 사회적 문제의 해결책으로써 자원봉사가 요구되고 있기 때문이다. 둘째, 병원 자원봉사는 의료자원이 수요에 비해 턱없이 부족한 현실에서 자원과 수요의 공백을 보완해 주는 주요한 역할을 하고 있기 때문이다. 셋째, 대다수 사람들은 병원에 대한 다양한 정보와 진료 경험을 근거로 병원 이미지를 형성하기 때문에 병원 생존 전략의 하나로서 자원봉사활동이 요구되어진다.

1) 병원 자원봉사활동의 의의

병원에서의 자원봉사는 부분적으로 병원의 공익성에 대한 시비가 있지만 보건의료와 사회복지는 분리해서 생각할 수 없으며, 누구나 질환에 노출되어 있다는 잠재성과 효과성을 고려했을 때 병원에서의 자원봉사를 확대할 필요가 있다. 병원에서의 자원봉사활동은 자원봉사자가 지역사회의 대표로서 병원의 실무에 스스로 참여하고 치료를 받고 있는 이웃들에게 도움의 손길을 베풀어 그들의 조속한 쾌유에 일조를 하게 되는 순수한 활동이다.

또한 봉사활동을 통해 보람과 함께 건강의 소중함에 대한 인식과 보건·의료 관련 지식수준을 높여주며, 자원봉사자를 통한 병원 홍보 효과도 얻을 수 있다. 그리고 환자에게는 편안한 지지적인 도움을 줄 뿐만 아니라 가족에게까지 신체적 · 시간적 · 정신적 여유를 제공해 주는 등 환자를 치료하는 의료진을 비롯한 전문직과 일반인 모두에게 도움을 줄 수 있다는 점에서 긍정적인 파급효과는 매우 크다고 할 수 있다.

2) 자원봉사활동 장으로서의 병원

(1) 병원 측면에서 볼 때

① 서비스의 다양화에 기여: 병원 내부 인력의 부족으로 인해 활용하지 못했던 부분의 업무들을 자원봉사자를 활용함으로써 다양한 서비스를 제공할 수 있다.

② 서비스의 질적 보완이 가능: 병원 자원봉사들은 병원 내부의 전문가들이 형성하기 어려운, 또한 간과하기 쉬운 병원 내 친밀한 비공식적 인간관계에 대한 환자 및 가족들의 욕구를 충족시켜줄 수 있다.

(2) 자원봉사자 측면에서 볼 때

① 병원 자원봉사자는 환자와 자연스럽게 접촉하여 사회의 일원으로서 그들을 이해하고 상호신뢰를 바탕으로 한 인간관계를 맺음으로써 공동사회를 형성하기 위한 인간 존중과 상부상조라는 자원봉사활동의 철학을 실현할 수 있다.

② 자원봉사자는 자신이 거주하고 있는 지역 내 병원에서의 활동을 통해 지역사회에 기여할 수 있고, 자신의 자원봉사활동 결과가 환자들에게 직접적인 도움이 됨을 체감하는 정도가 높아 자원봉사활동의 의지를 더욱 고양할 수 있다.

③ 병원이라는 환경의 특성상 질병에 대한 이해 및 그에 관한 다양한 정보를 얻을 수 있다는 부가적인 이익이 있다.

3) 병원 자원봉사활동의 목표

(1) 고통 분담

① 인간이라면 누구나 병에 걸릴 가능성이 있다.

② 병원 자원봉사의 목표 중 하나는 의료보험제도나 의료보호제도의 한계를 보완하여 물질적 · 정신적 고통을 분담하는 것이다.

(2) 의료 환경의 질적 향상

병원 자원봉사자는 건강에 대한 교육과 홍보를 통해 지역사회가 건강에 관심을 가지도록 하고, 환자에게 관심과 지지를 보임으로써 의료 환경을 질적으로 향상시키며, 궁극적으로는 질병을 가지고 있는 사람들의 삶의 질을 높일 수 있다는 것이다.

(3) 공평한 의료서비스의 제공

① 사실상 모든 환자가 똑같은 조건에서 병원에 입원하는 것은 아니다.

② 병원 자원봉사는 병원 내에서 자원 부족으로 열악한 위치에 있는 사람들에게 차별적으로 접근하여 공평한 의료서비스를 제공하는 하나의 방법이 될 수 있다.

4) 병원 자원봉사의 필요성

질병은 신체적 요인과 심리적 요인, 사회적 요인이 통합적으로 작용한 결과에 의해 발생하는 것으로 질병은 의학적 접근뿐만 아니라 심리 · 사회적 차원에서 접근되어야 효과적인 치료가 될 수 있다. 따라서 이러한 측면에서 환자를 치료하는 데에는 의료진료뿐만 아니라 전문직에서 일반인(자원봉사자 등)에 이르는 모든 사람의 도움이 필요하다.

특히 만성질환과 싸우는 환자가 완치와 생명에 대한 희망을 갖도록 하고, 의료 환경을 향상시킬 수 있는 병원 자원봉사활동은 절대적으로 필요하다.

병원이 대형화되고 의료체계가 더욱 복잡해짐에 따라 정보 제공, 상담 제공 등의 봉사자의 역할이 더욱 필요하게 되었다.

5) 병원 자원봉사자의 역할

자원봉사활동은 시대와 배경, 기관의 목적, 그리고 성격에 따라 그 역할이 다양하다. 자원봉사자는 한 개인으로서 타인에게 서비스하는 것을 통해 자신의 잠재능력을 실현하는 기회가 되도록 해야 하며, 이에 따른 병원에서의 자원봉사자의 역할을 살펴보면 다음과 같다.

① 의료기관의 지침에 따라 환자를 방문함으로써 전인치료에 도움을 주는 역할이다.

② 병원의 지침이나 사회상황에 따라 예방, 통제, 치료를 위하여 만들어진 규정을 안내하고 솔선수범하는 역할이다.

③ 환자가 병원을 이용하는 과정에서 직면할 수 있는 여러 가지 궁금증을 해소시켜 주는 역할이다.

④ 단순 업무 및 일과성 업무, 반복적인 업무 등에 있어 직원을 보조하는 역할이다.

⑤ 원활한 진료가 이루어질 수 있도록 지원하는 역할이다.

⑥ 병원 이용자들의 불만 사항을 들어주고, 그들의 입장을 대변하여 병원 당국에 전달함으로써 제반 문제를 해결하는 데 도움을 주는 역할이다.

⑦ 지식, 기술, 재능을 기반으로 하여 서비스를 제공하는 역할이다.

6) 병원 자원봉사활동의 종류

표 10-5 병원 자원봉사활동 내용

구분	봉사내용
병실봉사	입원환자를 위해 간병, 식사보조, 운동보조, 도서봉사, 목욕, 이 · 미용 봉사, 산책동반, 집단 활동 프로그램 보조, 환자 위문 봉사, 탁아봉사, 학습지도 봉사, 종교봉사, 호스피스 봉사 등
외래봉사	안내센터 상담, 외래 안내, 입원수속 보조, 질서유지, 라운딩봉사, 에스코트 봉사 등
응급실봉사	환자 지원, 간호업무 보조, 전화 안내 등
의료서비스 지원	의료소모품 정리 및 포장 등, 계약 보조, 수술실 옮기기 등
기타	사회복지업무 보조, 환자의 행정업무 대행, 헌혈 · 장기기증안내 봉사, 후원금 지원봉사 등

7) 자원봉사자의 자세와 유의사항

(1) 환자의 인격과 개성을 존중해야 함

자원봉사자는 자신이 도움을 베푸는 우월한 존재로 간주하거나, 환자를 일방적으로 도움을 받는 열등한 존재로 생각해서는 안 되며, 또한 자원봉사자는 환자를 하나의 독립된 인격체로 생각하고 그들의 개성을 존중하여 진정으로 관심을 기울여야 한다.

(2) 병원 방침에 충실하게 이행해야 함

의료분야의 자원봉사자는 인간의 생명과 건강을 다루는 기관에서 봉사활동을 하기 때문에 기관이 요구하는 사항을 성실히 이행하고, 그에 반하는 행위를 하거나 영리 행위를 추구해서는 안 된다.

또한 의료기관이나 단체가 자원봉사자에게 실시하는 교육에 반드시 참여하도록 하고, 봉사 시간 중에는 개인적인 업무를 보거나 면회를 하는 것은 삼가야 한다.

(3) 환자에 대한 충분한 이해와 배려 및 비밀보장을 준수해야 함

의료분야의 자원봉사자 중 특히 환자를 직접 대하는 사람은 그 환자의 질병이나 상태에 대해 충분히 이해하고 지식을 쌓아야 한다.

또한 자원봉사자가 업무와 관련하여 알게 되는 환자의 신상에 관해서는 특별한 경우를 제외하고는, 예를 들면 환자가 자살이나 자해 또는 다른 환자 폭행 등의 자신이나 타인에 대한 심각한 위해나 인권 위반 가능성이 있을 때를 제외하고는 최대로 비밀을 지켜야 한다.

2. 호스피스 자원봉사

호스피스 자원봉사는 암이나 기타 질병의 고통에 시달리는 환자와 그 가족들을 신체적, 심리적, 영적으로 도와주어 죽음의 의미를 이해하고, 삶의 한 과정으로 조화시키고 수용하여 평온하게 임종을 맞이하도록 도와주고, 남은 가족들에게는 이별을 잘 준비하고 세상을 떠난 이의 아름나운 추억을 소중히 간직하면서 밝고 의미 있게 살아갈 수 있도록 아름다운 마무리를 돕는 전인적인 돌봄이자 또 다른 생명 사랑의 활동이다.

1) 호스피스 이해

(1) 개념 이해

더 이상의 의학적인 치료가 무의미한 환자의 남은 삶을 보다 의미 있고 풍요롭게 마무리할 수 있도록 환자와 그 가족을 돌보는 활동을 말한다. 이는 생명을 위협하는 질환을 가진 환자의 신체적 증상을 적극적으로 조절하고, 환자와 가족의 심리 사회적, 영적 어려움을 돕기 위해 의사나 간호사, 사회복지사 등으로 이루어진 호스피스, 그리고 완화의료전문가가 팀을 이루어 환자와 가족의 고통을 경감시켜 삶의 질을 향상시키는 것을 목표로 하는 의료서비스이다.

따라서 환자가 남은 생애 동안 인간으로서의 품위와 삶의 질을 유지하고 편안한 죽음을 맞이할 수 있도록 환자의 신체적, 정서적, 사회적, 영적인 전인적 돌봄을 제공하며, 사별 후 남겨진 가족들의 고통과 슬픔을 경감시켜 새로운 환경에 잘 적응하도록 도와주는 활동이다.

(2) 연명의료결정법 이해

'연명의료'란 임종 과정에 있는 환자에게 하는 심폐 소생술, 혈액 투석, 항암제 투여, 인공호흡기 착용 및 그 밖에 대통령령으로 정하는 의학적 시술로서 치료 효과 없이 임종 과정의 기간만을 연장하는 것을 말한다. '연명의료중단 등 결정'이란 임종 과정에 있는 환자에 대한 연명의료를 시행하지 아니하거나 중단하기로 하는 결정을 말한다.

'호스피스 · 완화의료(호스피스)'란 다음 각 목의 어느 하나에 해당하는 질환으로 말기 환자로 진단을 받은 환자 또는 임종 과정에 있는 환자(호스피스 대상환자)와 그 가족에게 통증과 증상의 완화 등을 포함한 신체적, 심리사회적, 영적 영역에 대한 종합적인 평가와 치료를 목적으로 하는 의료를 말한다.

① 암
② 후천성면역결핍증
③ 만성 폐쇄성 호흡기질환
④ 만성 간경화
⑤ 그 밖에 보건복지부령으로 정하는 질환

호스피스와 연명의료 및 연명의료 중단 등 결정에 관한 모든 행위는 환자의 인간으로서의 존엄과 가치를 침해해서는 아니 되며, 모든 환자는 최선의 치료를 받으며 자신이 앓고 있는 상병의 상태와 예후, 그리고 향후 본인에게 시행될 의료행위에 대하여 분명히 알고 스스로 결정할 권리가 있다.

또한 「의료법」에 따른 의료인은 환자에게 최선의 치료를 제공하고, 호스피스와 연명의료 및 연명의료 중단 등 결정에 관하여 정확하고 자세하게 설명하며, 그에 따른 환자의 결정을 존중하여야 한다. 이 법은 호스피스와 연명의료, 연명의료 중단 등 결정 및 그 이행에 관하여 다른 법률에 우선하여 적용하고 있다.

2) 호스피스의 유형

표 10-6 호스피스의 유형

입원형	보건복지부로부터 지정받은 전문기관의 호스피스 병동에 입원한 말기환자 및 그 가족들을 대상으로 호스피스 돌봄 및 전문완화의료서비스를 제공
가정형	가정에서 지내기를 원하는 말기환자 및 그 가족을 대상으로 보건복지부로부터 지정받은 전문기관의 호스피스팀이 가정으로 방문하여 돌봄 및 전문완화의료서비스를 제공
자문형	일반병동과 외래에서 진료를 받는 말기환자 및 그 가족을 대상으로 호스피스팀이 담당의사와 함께 전문완화의료서비스 및 호스피스 돌봄을 제공

3) 호스피스 자원봉사활동

(1) 개념 이해

호스피스 자원봉사자의 역할은 환자와 그의 가족, 호스피스 기관의 직원, 그리고 호스피스 사업을 도와주는 활동이다. 환자들의 고통을 덜어주고, 여생을 편안한 분위기에서 인간의 존엄성을 유지하면서 삶의 완성에 이르도록 함께 해주며, 오랫동안 환자간호로 지친 가족들의 심리적·육체적 어려운 문제들을 함께 의논하고 도와주는 일을 한다.

또한 호스피스에 종사하는 직원들의 과중한 업무를 덜어줌으로써 서비스를 보다 효율적·효과적으로 할 수 있도록 지원하는 다양한 봉사활동을 의미한다.

(2) 자원봉사자의 철학

첫째, 오로지 개인의 자유의지에 따라 이루어지는 활동이라야 한다. 아무리 도덕적으로 옳더라도 다른 사람에 의해 의무로 강제되어서는 안 될 것이다.

둘째, 생명을 존중하며, 이웃과 더불어 사는 가치관에 바탕을 두고 공동체 번영을 위한다는 자각에서 출발해 끝까지 이를 지켜가야 한다.

셋째, 정신적인 보람과 만족 외에 어떠한 물질적 보상도 기대해서는 안 된다. 교통비와 같은 최소한의 실비지원이 허용될 수 있으나 원칙은 아니다.

넷째, 모두가 복된 삶을 누리는 공동체 건설에 헌신한다는 개척적 사명 의식이 필요하다. 이는 일회성이어서는 안 되며 꾸준히 실천되어야 한다.

(3) 자원봉사자의 자질과 자격

① 자격

㉮ 호스피스교육을 이수한 자

㉯ 좋은 동기를 가진 자

㉰ 1년 내에 의미 있는 근친상으로 상실 경험이 없는 자

② 자질

㉮ 성숙하고 정서적으로 안정된 자

㉯ 삶과 죽음에 대한 긍정적인 태도를 가진 사람

㉰ 적극적인 청취 기술과 다른 이의 가치를 수용할 수 있는 자

㉱ 동정심과 사랑이 많은 사람

㉲ 비밀 유지와 약속을 잘 지키는 사람

㉳ 겸손, 희생심, 책임감이 있는 사람

㉴ 자신의 개인적인 강점과 약점을 인정하는 사람

㉵ 여러 분야의 사람들과 함께 일을 할 수 있는 사람

4) 호스피스 자원봉사활동의 종류

표 10-7 호스피스 자원봉사활동의 종류

봉사활동분야	봉사활동 내용
신체적 돌봄	발마사지, 안마, 이 · 미용, 목욕, 머리감기, 면도, 손 · 발톱깎기 등 개인위생, 시트교환, 환자 이동 시 보조, 간단한 심부름 등
정서적 돌봄	말벗, 책 · 서신 · 신문 등 읽어드리기, 산책, 가족 휴식 제공, 함께 있어주기, 요법활동 보조 등
영적 돌봄	기도, 신앙상담, 종교예식 참여 등
사별 돌봄	임종 지키기, 장례식장 조문, 위로전화, 사별 후 가족방문 등
교육	그룹모임, 월례교육, 사례발표, 교육참석 등
호스피스 활동을 돕기 위한 봉사	호스피스 사무보조, 자료정리, 교육 프로그램 및 진행 돕기 등

5) 호스피스 자원봉사자의 역할

① 의료적 행위를 제외하고 환자의 신체적, 정신적, 사회적, 영적 등 총체적 욕구를 폭넓게 돌봐줄 수 있으므로 죽음에 임박한 환자의 정서적 불안, 고통 등의 어려움을 경청하고, 위로 등 총체적 측면에서 도움이 필요한 환자에게 적절하고 실제적 도움을 주는 역할을 수행한다.

② 병원이나 가정에서 홀로 죽음을 맞이할 수 있는 외로운 환자들을 위해 곁에서 도움을 제공한다.

③ 환자 간호로 지친 가족들의 어려움을 함께 의논하고 도와주는 등의 역할을 수행하고, 환자 사망 후 가정방문을 통해 가족 관리에서도 중요한 역할을 한다.

④ 직원들의 과중한 업무를 덜어주는 기능을 수행함으로써 기관의 서비스가 보다 능률적이고 효과적으로 이루어질 수 있도록 돕는 역할도 수행한다.

제3절 지역사회에서의 자원봉사활동

자원봉사활동은 지역사회의 발전과 복지에 큰 기여를 한다. 많은 사람이 시간이 없어서 자원봉사에 참여하지 못하지만, 자원봉사는 지역사회를 풍요롭고 건강하게 만드는 중요한 역할을 한다.

먼저 자원봉사는 사회구성원 간의 연대감을 강하게 만든다. 함께 시간을 보내고 활동하며 사회적 유대감을 형성하는 경험은 대인관계에 큰 도움을 준다. 또한 다양한 배경의 사람들과의 교류를 통해 편견을 줄이고 서로를 이해하는 기회를 제공한다. 자원봉사는 개인의 자아 발전에도 큰 역할을 하며, 자원봉사활동을 통해서 새로운 기술과 지식을 습득하고 자신감을 키울 수 있다. 이는 개인의 경력 개발에도 긍정적인 영향을 미친다.

1. 지역사회 자원봉사활동의 의의

현대사회에 팽배해 있는 이기주의와 물질만능주의 등과 같은 병폐를 치유하기 위해서는 연대 의식과 시민의식이 필요한데, 자원봉사는 이러한 시대의 요구에 부응할 수 있는 적절한 수단이 될 수 있다. 특히 지역사회에서의 자원봉사는 자신이 사는 지역사회의 주인이 바로 '나와 우리'라는 주인의식을 갖게 하고, 자원봉사활동을 통해 지역주민끼리 서로 돕고 의지하는 지역사회에 대한 공동체 의식과 연대 의식을 갖도록 한다. 이러한 공동체 의식이 형성될 때 지역사회에서 발생하는 문제들이 주민들의 협동과 노력으로 해결되며, 보다 인간적인 사회로 한 단계 나아갈 수 있게 된다.

따라서 지역주민의 활발한 지역사회 봉사활동 참여는 지역사회가 당면한 문제를 해결하고, 문제를 예방하여 지역주민의 공동체 의식을 함양하는 데 큰 역할을 한다.

2. 지역사회 자원봉사활동의 특징

첫째, 자원봉사활동의 효과성이 높아진다. 지역사회 자원봉사활동은 자신이 생활하는 지역에서 활동하므로 이동하는 시간이 덜 소요되고 지역주민과 자주 접하는 시간을 가짐으로써 '더불어 사는 공동체'를 만드는 데 효과적으로 공헌할 수 있다.

둘째, 주민 중심의 지방자치와 밀접한 관련성이 있다. 주민 스스로 지역사회의 공동체 문제를 함께 풀어가는 주민자치의 시대에는 지역주민의 참여와 협력의 중요성이 강조되고 있으므로 지역주민 참여에 의한 자원봉사활동은 지방자치단체의 주요 관심사가 되고 있다.

셋째, 위기 발생 시 주민들과 연대하여 행하는 자원봉사활동은 현대사회에서 더욱 강조되는 추세이다. 특히 천재지변이나 건물 붕괴 등과 각종 재난 발생 시 상황을 수습하는 데 있어 지역주민들의 신속하고 체계적인 자원봉사활동은 더욱 중요시된다.

3. 지역사회 자원봉사활동 분야

자원봉사활동은 지역사회의 문제나 욕구를 해결하고, 지역사회 발전을 위해 지역주민들이 언제 어디서나 누구나 자유롭게 참여할 수 있는 자발적인 활동이다. 지역사회 내에서 봉사활동을 할 수 있는 활동 터전은 특정한 시설물을 갖춘 기관뿐만 아니라 지역주민이 생활하는 지역사회 자체가 중요한 봉사활동 터전이 된다. 또한 지역사회의 자원봉사활동은 지역사회를 훈훈한 인간미 넘치고, 안전하고 쾌적하며 따뜻한 보금자리로 느끼게 하는 지역복지 공동체를 구현하게 한다.

따라서 지역사회의 자원봉사활동은 환경, 교통, 교육, 문화, 정치, 행정, 범죄, 스포츠, 재난 분야 등에 이르기까지 매우 다양하다고 할 수 있다.

1) 환경 분야

환경문제는 인간생존의 문제로 최근 환경문제에 대한 시민의식이 높아지면서 환경 분야에서의 자원봉사활동이 증가하는 추세이다. 환경문제는 인간 자신이 피해자이면서 가해자이기 때문에 가해적 행위의 중단으로부터 자원봉사활동이 시작되며, 가족에서 이웃으로, 그리고 지역사회로 확대시켜 조직적으로 발전시켜야 한다. 봉사활동의 종류로는 다음과 같은 것들이 있다.

① 환경보존활동: 쓰레기 줍기, 지역 대청소, 환경캠페인, 환경교육 활동, 환경오염지도 작성, 샛강 살리기, 낙서 지우기, 벽보 제거, 저공해 비누 제작 등
② 환경감시, 고발 활동: 동네 쓰레기 투척 감시, 환경오염행위 감시, 현장조사, 대기오염 및 소음 감시, 관계 기관과 언론에 고발, 오염을 발생시키는 개인이나 공장에 시정 요구 활동 등

2) 교통 분야

시민들이 일상생활에서 가장 큰 불편을 겪으며 불쾌하게 생각되는 생활영역은 교통 분야이다. 최근 차량 급증으로 인한 교통 문제 및 안전사고, 주차질서 등의 문제가 심각하며, 교통안전과 교통의 원활한 소통을 위한 자원봉사자들의 참여가 더욱 필요하다. 교통 자원봉사활동은 거주 인근 지역에서 팀을 조직하여 활동하는 것이 효과적이며, 봉사활동의 종류로는 다음과 같다.

① 교통정리 활동: 등하굣길 건널목 교통봉사, 지하철 및 버스 승하차 안전봉사 등으로 교통사고 예방
② 교통여건 개선 활동: 교통표지판 및 시설물 점검, 도로파손 상황 점검, 보행환경 및 자전거 이용 여건 모니터 등
③ 각종 캠페인 활동: 교통질서 지키기, 자동차 요일제 참여 안내, 주차질서 지키기 등

3) 교육 분야

교육은 국민의 권리이자 의무이지만 교육 혜택을 제대로 받지 못하는 사람들을 대상으로 다양한 교육봉사활동이 전개되고 있다. 최근에는 외국인 노동자, 다문화가정의 한국에 대한 이해와 생활 적응을 돕기 위한 교육봉사활동이 증가하고 있으며, 봉사활동의 종류로는 다음과 같다.

① 지역사회 내 문맹자, 외국인 노동자, 다문화가정을 위한 한글 교실 봉사활동 등

② 장애인을 위한 교육봉사활동

③ 지역주민을 위한 컴퓨터 교육봉사활동 등

4) 문화 분야

지역주민의 문화에 대한 욕구를 충족시키고 삶의 질 향상을 도모하며, 문화를 통한 지역발전을 도모하는 측면에서 문화 분야의 자원봉사활동은 점차 다양화되고 활발해지고 있다. 자원봉사활동의 종류로는 다음과 같은 것들이 있다.

① 문화 소외계층에게 문화접근 기회 제공: 지역 문화시설에 접근할 수 있는 기회를 확대시켜 주고, 특히 저소득층에게 각종 문화행사와 프로그램 참여 기회 제공

② 문화재 보호: 지역문화 유적 조사 및 상태를 모니터링하고, 방치 문제를 시정하도록 요구하는 일, 문화유적 발굴을 돕는 일, 역사자료 정리, 문화재 주변 쓰레기 줍기, 낙서 지우기 등

③ 문화명소 안내, 지역문화제 진행 보조 등

④ 박물관의 견학 안내자, 보조자 활동, 업무지원 등 봉사활동

⑤ 판소리, 무용, 도예 등 무형문화재를 계승해서 일반인에게 여가선용의 기회를 제공하는 봉사활동 등

5) 범죄 분야

범죄 분야는 자원봉사활동의 예방적, 그리고 교정적 기능을 발휘할 수 있는 전형적인 분야의 자원봉사활동이다. 봉사활동으로는 다음과 같은 것들이 있다.

① 안심하고 밤거리를 다닐 수 있는 지역사회 만들기, 자율방범대 활동 등
② 청소년 유해환경을 조사하고, 정부에 건의하며, 청소년이 유해환경에 접근하지 않도록 계도하고 감시하는 활동
③ 학교폭력 예방 활동 등
④ 보호관찰 대상자 재범 방지 및 사회복귀를 위한 자원 활동 등

6) 행정 분야

공공기관에서 자원봉사자 활동을 통해 행정서비스의 질을 높이고, 지역주민의 편의를 도모할 수 있다. 봉사활동의 종류로는 업무 보조, 민원 안내, 상담, 행사 보조, 공공도서관에서의 도서 정리 및 안내 등의 활동을 한다.

7) 스포츠 분야

생활체육에 대한 시민의 관심은 높아지고 있으나 프로그램 지도자 배치, 봉사체계 등이 미비하여 아직 활성화되지 못하고 있기 때문에 각 지역에서 주민들의 교육과 지도를 맡거나 보조해 주는 자원봉사자가 많이 필요한 실정이다. 스포츠 행사는 많은 재정 및 인력이 소요되기 때문에 자원봉사자를 통해 스포츠 행사의 성공적 수행을 도모하는 것이 필요하다. 자원봉사활동의 종류로는 다음과 같은 것들이 있다.

① 생활체육 및 스포츠 행사에서 심판, 행사진행요원 역할수행 등
② 레크리에이션 지도, 볼링이나 테니스, 에어로빅 등 지도, 놀이지도, 캠프 지도 등

8) 정치 분야

(1) 선거운동 봉사활동

선거운동 자원봉사자는 자신의 자유로운 의사에 따라 보수를 받지 않고, 선거와 관련된 서비스를 제공하는 사람을 말한다. 선거운동 봉사활동은 보다 많은 시민들이 더욱 적극적인 방법으로 정책결정 과정에 참여하는 기회를 갖는 것으로, 자원봉사자는 이념과 정책에 있어서 자기와 뜻을 같이 하는 후보자를 도와 당선되게 함으로써 정책결정 과정에 참여하는 결과를 가져올 수 있다.

선거 자원봉사자는 선거관리 업무지원, 부정선거 감시 활동, 언론 모니터, 공명선거 캠페인 등의 활동에 참여한다.

(2) 지역사회 정치에 관여하는 봉사활동

정치인의 활동 및 성당 활동 모니터, 지역주민들로 구성된 소집단을 만들어 좋은 지역사회를 만들기 위한 의견을 제시하는 일, 시의회나 구의회에 대한 의정 감시 활동, 소외계층 권익 보호를 위한 민원 제출, 토론회 개최 등의 봉사활동을 한다.

9) 재난 분야

(1) 재난의 개념

재난이란 국민의 생명 · 신체 · 재산과 국가에 피해를 주거나 줄 수 있는 것으로서 다음과 같은 경우를 말한다.

표 10-8 재난의 종류

자연재난	태풍, 홍수, 호우, 강풍, 풍랑, 해일, 대설, 한파, 낙뢰, 가뭄, 폭염, 지진, 황사, 조류 대 발생, 조수, 화산활동, 소행성유성체 등 자연우주물체의 추락충돌, 그밖에 이에 준하는 자연현상으로 인하여 발생하는 재해
사회재난	화재 · 붕괴 · 폭발 · 교통사고(항공사고 및 해상사고를 포함) · 화생방사고 · 환경오염사고 등으로 인하여 발생하는 대통령령으로 정하는 규모 이상의 피해와 국가핵심 기반의 마비, 「감염병의 예방 및 관리에 관한 법률」에 따른 감염병 또는 「가축전염병예방법」에 따른 가축전염병의 확산, 「미세먼지 저감 및 관리에 관한 특별법」에 따른 미세먼지 등으로 인한 피해

(2) 재난 자원봉사활동

① 재난관리의 개념

재난관리란 재난의 예방 · 대비 · 대응 및 복구를 위하여 하는 모든 활동을 말한다(재난 및 안전관리기본법 제3조).

② 재난관리 자원봉사활동의 4단계

- 예방단계: 안전문화 운동, 안전감시단 활동, 재난구호 교육 등
- 대비단계: 구호물자 확보, 비상연락망 정비, 취약지역 점검, 관련기관 협력 논의
- 대응단계: 피해조사, 인명구조, 급식, 구호품 전달, 심리적 지지, 의료지원, 통신지원, 의연금품 관리, 전산지원 등
- 복구단계: 가재도구 정리, 쓰레기 정리, 농작물 복구, 전기수리, 피해주민 정서적 지지, 공동체 회복력을 위한 사례관리 등

(3) 재난 자원봉사활동의 구분

① 지역주민에 의한 재난 봉사활동

재난지역에서 그 지역의 주민들이 피해지역 주민들을 위해 봉사활동을 하

는 것이다. 외부에서 오는 자원봉사자들이 대부분 생활 복구 활동에 도움이 된다면, 지역에 살고 있는 자원봉사자들은 활동에 따라 인명피해와 재산피해를 줄일 수 있는 가장 가까이에 있는 119라 할 수 있다.

② 외부 자원봉사자에 의한 재난 봉사활동

첫째, 직접 봉사: 재난이 발생하면 가장 먼저 달려가 직접 복구 활동을 하는 봉사활동을 말하며, 재난지역이 광범위하거나 대규모 재난일 경우 지역에 살고 있는 주민들의 힘만으로는 복구 활동을 하기 어려울 때 외부에서 온 자원봉사자들의 힘이 필요하게 된다.

둘째, 간접 봉사: 재난지역에 직접 가지 않더라도 이재민을 위한 물품이나 의연금을 모으기 위해 바자회, 알뜰시장 등을 개최하여 이재민에게 물품이나 의연금을 지원하는 활동이다.

③ 시간 경과에 따른 구분

첫째, 인명구조기: 굴삭기, 불도저와 같은 장비를 사용해 인명구조를 위한 활동을 하고, 전문 인력이 투입되어 인근 병원으로 사상자 등 이송하는 일을 한다. 이 시기에 일반자원봉사자들은 자원봉사센터나 적십자사 등에서 주로 구호 물품을 포장하는 활동 등을 한다.

둘째, 대피기: 인근의 학교나 공공시설에 이재민이 수용되면 본격적으로 자원봉사자가 필요한 시점이 되고, 봉사자들은 구호 물품 배부와 급식을 돕는 활동을 한다. 의료진들이 투입되어 전염병이 돌지 않도록 예방접종을 하고, 자원봉사자들은 아픈 이재민을 위한 간병 활동 등을 한다. 또한 집이나 가족을 잃어 삶의 희망을 잃고 있는 이재민을 위한 심리상담 등을 실시한다.

셋째, 생활 복구기: 전문봉사자뿐만 아니라 일반봉사자의 손길이 지속적으로 많이 필요한 시기이다. 전문적인 기술을 가진 자원봉사자들이 집수리, 도배, 통신, 전기 배선 등의 활동을 하고, 일반봉사자들은 침수된 집의 가전제품 말리기, 집안 청소 및 세탁 등의 활동을 한다. 이재민이 재난 전의 상황으로 돌아가기까지, 즉 복구가 안정되기까지는 많은 시간이 소요되므로 지속적이고 장기적인 관점에서의 자원봉사활동이 필요하다.

(4) 재난 현장 통합자원봉사지원단 운영

① 운영 개요

재난 현장 통합자원봉사지원단은 재난 현장에서 대규모 자원봉사활동이 요구되는 경우 자원봉사활동의 체계적 관리를 위해 설치 · 운영되는 자원봉사활동 총괄 · 조정기구이다.

법적 근거 「재난 및 안전관리 기본법」 제17조의2에 의해 지역재난안전대책본부장은 재난의 효율적 수습을 위해 지역재난안전대책본부에 통합자원봉사지원단을 설치 · 운영할 수 있으며, 통합자원봉사지원단의 업무는 다음과 같다.

- 자원봉사자의 모집, 등록
- 자원봉사자의 배치, 운영
- 자원봉사자에 대한 교육훈련
- 자원봉사자에 대한 안전조치
- 자원봉사 관련 정보의 수집 및 제공

② 통합지원단 구성체계

통합자원봉사지원단은 평시에 지자체 및 관할 자원봉사센터를 중심으로 자원봉사활동 관리지원 역량을 갖추고 있는 단체로 구성되며, 평상시 실무팀 조직을 구성하되, 재난 발생 유형 · 규모 등에 따라 탄력적으로 적용 · 운영할 수 있어야 하며, 피해 상황의 심각성, 이재민 발생 여부, 지속 기간, 확대 가능성 등 자원봉사활동 필요성 등을 종합적으로 고려하여 가동 여부를 결정하고, 자원봉사자 활동 상황, 피해 상황, 재난복구 상황 등을 종합하여 운영종료를 결정해야 한다.

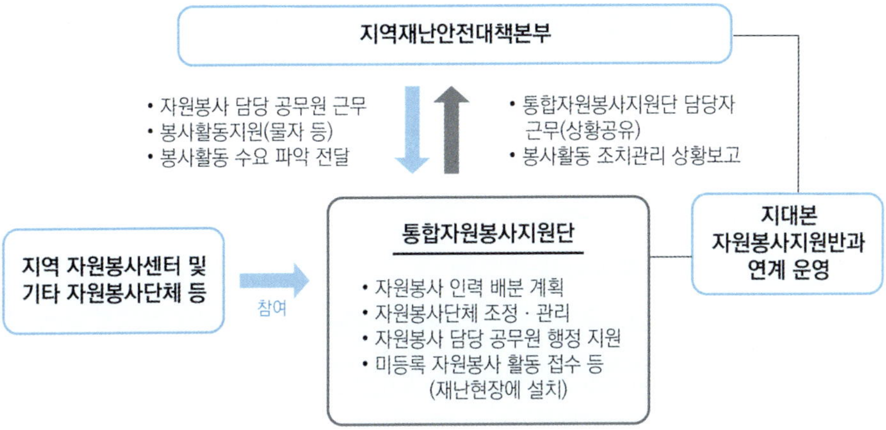

※ 지역재난안전대책본부(또는 재난현장 통합지원본부)와 통합자원봉사지원단 간 정보 공유를 위하여 상호 인력 파견으로 재난 상황 공유 및 행정 사항 지원 · 연계

그림 10-1 통합자원봉사활동지원단 구성체계

(5) 재난 현장 자원봉사활동 관리자의 역할

① 자원봉사자의 봉사활동이 갖는 의미에 대한 인식 제고

재난지역에서 필요한 일을 하는 이상 어떠한 봉사활동이든지 이재민의 구호나 재난지역의 복구에 공헌하는 것임을 인지시킬 것, 특히 짐을 나르거나 물자를 분류하는 일 등의 단순 노력 봉사를 하는 봉사자에게는 이러한 봉사활동이 재난지역의 복구에 얼마나 의미 있고 도움이 되는지를 설명하고 이해시키는 것이 필요하다.

② 재난구호활동의 수급 조정과 팀리더의 관리

재난지역에는 여러 가지의 봉사활동이 있으므로 이를 조정하고, 일반적으로 자원봉사단체에는 리더가 존재하므로 각각의 자원봉사 단체 리더의 활동을 관리하고 지원해야 한다.

③ 자원봉사자, 자원봉사단체, 행정기관과의 조정역할

자원봉사관리자는 항상 현장의 전체 상황을 객관적으로 파악하면서 자원봉사자가 담당하는 일의 우선순위나 인원 배치를 고려하여 자원봉사활동을 무리하게 진행하지 말고, 다른 자원봉사단체나 행정기관과 네트워크를 잘 구축하여 효율적인 자원봉사활동이 이루어질 수 있도록 해야 한다.

④ 자원봉사자들의 안전관리

첫째, 2차 재난이 발생하지 않도록 주의해야 한다. 위험지역에 투입되기 전 상황에 맞는 안전교육을 반드시 실시하여 봉사자 스스로가 안전을 확보하면서 활동을 할 수 있도록 해야 한다. 그것이 재해 지역에서의 2차 피해를 막는 최우선의 조치다. 교육을 통해 형성된 안전의식은 안전한 봉사활동을 가능케 하는 것은 물론, 위급상황 시 효과적인 대처를 할 수 있게 한다.

안전교육과 함께 체계적인 자원봉사자 안전관리 매뉴얼도 수립할 필요가 있다. 비록 자원봉사자지만, 이들을 적재적소에 활용하고 안전하게 활동을 마무리할 수 있도록 관리한다면 또 하나의 재난안전 전문가 집단을 육성하는 것과 다를 바 없다. 특히나 이들의 경우 자발적 의지와 희생정신을 갖추고 있기에 매우 훌륭한 인적자원이 될 수 있다.

사회복지시설

① 생활시설: 도움이 필요한 대상자가 입소하여 생활, 보호받는 시설

② 이용시설: 집에서 거주하는 대상자가 이용할 수 있는 시설

주요 생활시설에서의 자원봉사활동

① 아동 및 청소년 복지시설

② 노인복지시설

③ 장애인복지시설

자원봉사자의 자세 및 유의사항

① 시설의 목적과 사업 내용의 올바른 이해

② 시설에서 필요로 하는 봉사 실시

③ 비밀보장

④ 무분별한 약속 금지

⑤ 시설직원과 상호 협조체계 구축

⑥ 편견 · 선입견 배제, 인간적 존중 등

⑦ 시설생활인의 개인적 사생활 존중

⑧ 지역사회와 생활시설의 교량 역할

병원 자원봉사활동의 목표

① 고통분담

② 의료 환경의 질적 향상

③ 공평한 의료서비스의 제공

병원 자원봉사활동의 종류

병실 봉사, 외래 봉사, 응급실 봉사, 의료서비스 지원, 기타

호스피스 자원봉사활동의 종류

신체적 · 정서적 · 영적 · 사별 돌봄, 교육, 호스피스 활동을 돕기 위한 봉사

지역사회 자원봉사활동의 특징

① 자원봉사활동의 효과성이 높아짐

② 주민 중심의 지방자치와 밀접한 관련성`

③ 위기 발생 시 주민들과 연대, 신속하고 체계적인 자원봉사활동

지역사회 자원봉사활동 분야

환경 · 교통 · 교육 · 문화 · 범죄 · 행정 · 스포츠 · 정치 · 재난 분야

재난관리 자원봉사활동의 4단계

예방단계, 대비단계, 대응단계, 복구단계

통합자원봉사지원단의 주요 업무

① 자원봉사자의 모집, 등록

② 자원봉사자의 배치, 운영

③ 자원봉사자에 대한 교육훈련

④ 자원봉사자에 대한 안전조치

⑤ 자원봉사 관련 정보의 수집 및 제공

자원봉사활동 기본법 제18조(자원봉사단체에 대한 지원)

국가 및 지방자치단체는 자원봉사단체의 활동에 필요한 행정적 지원을 할 수 있으며 「비영리민간단체지원법」에 따라 사업비를 지원할 수 있다.

> 비영리민간단체지원법의 관련 내용 요약
> 비영리민간단체의 자발적인 활동을 보장하고 건전한 민간단체로의 성장을 지원함으로써 비영리민간단체의 공익활동 증진과 민주사회 발전에 기여함을 목적으로 한다.

CHAPTER

11

자원봉사의 전달체계

CHAPTER

11 자원봉사의 전달체계

제1절 자원봉사의 전달체계 개념

1. 전달체계 구조

자원봉사를 관리하고 조정하는 역할을 담당하고 있는 기구는 중앙 차원에서 보건복지부, 행정안전부, 여성가족부, 교육부, 문화체육관광부, 법무부, 외교부 등의 부처이다. 보건복지부가 자원봉사 업무를 담당한 주무부처였으나 자원봉사활동 영역이 확대되고 행정안전부 법안으로 「자원봉사활동 기본법」이 제정됨에 따라 주무부처가 보건복지부에서 행정안전부로 변경되었다.

각 중앙부처에서는 개별적으로 자원봉사 업무 담당 부서를 두고 자원봉사활동을 행정적으로 지원하고 있다. 자원봉사센터는 중앙자원봉사센터, 시 · 도 자원봉사센터 그리고 시 · 군 · 구자원봉사센터가 있다. 특히 지역주민과 밀접한 행정단위인 시 · 군 · 구청에서는 해당 자원봉사 담당부서가 시 · 군 · 구자원봉사센터 및 자원봉사활동을 지원한다.

2. 전달체계의 배경

① 사회복지 욕구 충족을 위해서는 국가의 제도적 개선 노력과 더불어 민간부문의 참여와 자원 동원을 통한 복지서비스의 양적 및 질적 수준 확대

· 향상의 필요성이 증대되는 현실이다.

② 자원봉사 참여 확대를 통한 소외 · 취약계층의 지속적인 복지서비스 제공 등 지속적인 보호체계 강화가 필요하다.

③ 자원봉사자의 중도 탈락을 예방하고, 사회복지 자원봉사활동에 지속해서 참여할 수 있도록 동기부여 필요성이 대두되었다.

3. 전달체계의 기본 방향

① 경제위기 등에 따라 사회복지 자원봉사를 활성화하여 소외계층의 복지서비스를 증진하기 위하여 노력한다.

② 다양한 자원봉사단 조직 · 운영 및 자원봉사 역할 개발을 통해 자원봉사 참여문화를 조성한다.

③ 사회복지 자원봉사자 인정 · 보상 등 동기부여 확대를 통한 자원봉사 참여를 촉진하기 위하여 노력한다.

제2절 추진체계

1. 사업운영

표 11-1 자원봉사의 사업운영 주체

① 사업주체: 보건복지부 ② 사업주관: 한국사회복지협의회, 시 · 도사회복지협의회, 시 · 군 · 구사회복지협의회 ③ 사업수행: 사회복지자원봉사관리센터(시설 · 법인 · 단체 · 보건 · 의료, 기업 등)

2. 자원봉사인증관리 추진체계

자원봉사인증관리사업은 자원봉사단체·기관 상호 간 네트워크 체계를 구축하여 자원봉사자의 봉사실적을 정확하고 체계적으로 누적·관리하고, 나아가 봉사실적에 대한 인정·보상 기반을 마련하기 위한 제도이다.

전국 사회복지자원봉사의 체계적인 조직 관리를 통한 자원봉사 활성화를 도모하고자 보건복지부, 지방자치단체와 한국사회복지협의회, 시·도사회복지협의회, 시·군·구사회복지협의회가 2001년도부터 국내 최초의 자원봉사 실적 인증사업을 추진하였다.

표 11-2 자원봉사활동 추진체계

구분	내용
중앙사회복지자원봉사 관리본부	(한국사회복지협의회) • 사회복지자원봉사 육성·지원 사업 총괄 • 지역사회봉사단 사업 총괄 • 사회복지자원봉사 육성·지원 사업 DB구축 운영 • 사회복지자원봉사 상담 인내 및 정보제공
시·도사회복지자원봉사 관리본부	(시·도사회복지협의회) • 사회복지자원봉사 육성·지원 사업 지역 총괄 • 당해 지역별 봉사활동 정보등록 및 관리 총괄 • 사업지역내 자원봉사활동 상담 안내, 정보제공 • 사업지역내 관리센터 지정, 인증요원 위촉·해촉 • 사업지역내 관리센터 및 인증요원 지도점검
시·군·구사회복지자원봉사 관리본부	(시·군·구사회복지협의회 등) • 사업지역 내 자원봉사활동 상담 안내 • 사업지역 내 DB시스템 현황 정보제공 • 인증요원 양성 및 보수교육 • 소관지역 내 봉사 일감 및 정보제공
사회복지자원봉사관리센터	(법인·단체·시설·보건·의료·기업 분야 등) • 자원봉사자 상담 및 정보제공 • 자원봉사 일감 및 정보 제공 • 자원봉사 일감 사전교육 및 현장관리 • 사회복지 자원봉사 실적 등록관리 • 사회복지 자원봉사 실적 인증서 발급

사회복지자원봉사관리센터는 상호 간 유기적인 협력체계를 구축하여 사회복지자원봉사 프로그램을 운영하고, 소속 자원봉사자의 봉사활동 실적을 데이터베이스에 누적·관리하여 국가·사회적으로 다양한 인정프로그램을 발굴·제공하고 있으며, 봉사단별 활동성 및 봉사실적을 인증관리시스템(VMS)에서 공정하게 관리하여 우수봉사단 및 봉사자에 대하여는 지방자치단체 및 정부표창 대상자로 추천하여 동기를 부여·격려하고 있다.

1) 자원봉사 인정·보상의 개념

사전적 의미의 인정은 '어떤 가치 있는 것을 받아들임'이라는 뜻이며, 보상은 '인정에 대한 무언가를 주는 것'이라는 의미를 가지고 있다. 자원봉사 영역에서 인정·보상은 '자원봉사자와 봉사활동에 대한 가치를 승인하여 유·무형의 보답을 하는 것'이라고 할 수 있다. 자원봉사 현장에서는 인정·보상의 개념을 유사 개념인 실비와 인센티브를 포괄하여 혼동하기도 하는데, 아래와 같이 구분할 수 있다.

표 11-3 인정·보상·실비·인센티브의 개념 이해

구분	사전적 의미	자원봉사적 의미
인정	• 어떤 가치가 있는 것을 받아들임	• 자원봉사에 대한 가치 인정 • 자원봉사자에 대한 감사
보상	• 어떤 인정에 대한 무엇인가를 주는 것	• 인정에 대한 유·무형의 지원 방법
실비	• 실제 드는 비용	• 봉사활동에 소요되는 비용 (식비, 교통비, 봉사재료비 등)
인센티브	• 동기부여를 목적으로 하는 자극	• 봉사자 모집과 활동의 동기유발 • 활동의 지속성 유지를 위한 동기 자극

2) 자원봉사 인정·보상체계 및 유형

우리나라는 2006년 제정된 「자원봉사활동 기본법」에 의해 법적으로 자원봉사활동과 봉사자에 대한 권리를 보장하고 있다. 이는 자원봉사활동 활성화를 위한 법적 기준을 마련하고 제도적으로 지원할 수 있는 근거가 된다. 관련 조항은 다음과 같다.

표 11-4 자원봉사활동 활성화를 위한 법적 기준

제12조(포상) 국가와 지방자치단체는 국가와 사회에 현저한 공로가 있는 자원봉사활동을 한 자원봉사자, 자원봉사단체, 자원봉사센터 등에 대하여 대통령령으로 정하는 바에 따라 포상할 수 있다.
제13조(자원봉사자의 날 및 자원봉사 주간) ① 국가는 국민의 자원봉사활동에 대한 참여를 촉진하고 자원봉사자의 사기를 높이기 위하여 매년 12월 5일을 자원봉사자의 날로 하고 자원봉사자의 날부터 1주일간을 자원봉사 주간으로 설정한다. ② 자원봉사자의 날 및 자원봉사 주간의 행사에 필요한 사항은 대통령령으로 정한다.
제14조(자원봉사자의 보호) ① 국가와 지방자치단체는 자원봉사활동이 안전한 환경에서 이루어질 수 있도록 노력하여야 한다. ② 자원봉사자에 대한 보험의 가입 등 보호의 종류와 내용에 관하여 필요한 사항은 대통령령으로 정한다.
제15조(자원봉사활동의 관리) 자원봉사단체 및 자원봉사센터는 자원봉사자에 대한 교육훈련 및 안전대책 등이 체계적으로 관리될 수 있도록 노력하여야 한다.

자원봉사 인정과 보상은 자원봉사의 가치를 인식하고 받아들이며, 자원봉사자의 활동에 대해 감사를 표시하기 위해 제공되는 유·무형의 방법이다. 자원봉사자에 대한 인정과 보상의 시행은 자원봉사자에게는 자긍심과 봉사활동의 만족도를 높이며, 사회적으로는 자원봉사의 가치를 알리고 드높이는 기능을 한다. 따라서 자원봉사의 기본방향은 자원봉사활동에 대하여 가치를 부여하고 감사를 표시하기 위하여 자원봉사자의 활동에 대한 기여 및 성과에 대해 적절한 인정과 보상을 제공해야 한다.

인정과 보상의 유형으로는 공식적 인정·보상과 비공식적 인정·보상이 있다.

공식적 인정·보상은 특정한 기술을 사용하거나 개발할 수 있는 기회 제공,

기관의 한 부분이 될 수 있는 기회나 사회적으로 유용한 활동에 참여하려는 욕구 충족, 또한 자신이 필요한 존재로 인정받고 감사를 받는 경험이나 공식적 행사에서 인정받을 수 있는 기회, 뉴스레터, 신문, 대중매체에 이름이나 관련 기사가 게재되는 것 등이 있다.

비공식적 인정 · 보상으로는 수시로 적절한 시기에 맞춰 '감사하다'는 말을 전하는 것, 기관의 새로운 변화나 발달적 사실을 전달하는 것, 직원회의, 직원 훈련 혹은 직원의 사교 행사에 참여시키는 것, 경험 많은 봉사자에게 신규 봉사자의 훈련을 도와줄 것을 요청하는 것, 자원봉사자의 준비상태를 점검하여 새로운 책임을 부과하는 것, 봉사자 생일에 카드를 보내거나 기관 내에 생일 케이크를 준비하여 축하해 주는 것 등이다.

이러한 자원봉사 인정 · 보상을 내용적 성격에 따라 분류하면 다음과 같다.

표 11-5 자원봉사 인정 · 보상의 유형

구분	세부 내용
정서적 · 심리적 인정	• 감사카드, 축하카드(생일, 성년 등), 연하장, 휴대폰 문자 등 • 언어적 · 비언어적 감사의 표시와 관심 표현
기회의 인정	• 국내외 행사 참석 기회, 보건소 무료 건강검진 기회 • 전문 심화교육, 워크숍 참석 기회 • 국내 · 외 연수, 테마 여행 기회
상징적 인정	• 각종 기념품, 활동조끼, 자원봉사자 수첩 제공 • 자원봉사자 배지(누적 봉사활동 시간에 따른 금 · 은 · 동 배지) • 자원봉사자(리더) 명함 제작 또는 자원봉사 인증패 증정 • 이달의 모범 자원봉사자 선정 또는 봉사왕 선정 등
간접적 · 경제적 인정	• 주차할인권, 공공시설 및 복지관 프로그램 이용료 할인 • 놀이공원 · 공연관람료 할인 또는 무료 티켓 등 제공 • 할인쿠폰 제공(할인가맹점 이용)
사회적 인정	• 추천이나 추천서 제공 • 우수 자원봉사자 표창, 정부포상 추천 • 지역 또는 전국적 미디어 활용 홍보 • 상급학교 진학 시 경력인정 • 자원봉사활동기록 및 자원봉사 명예의 전당 등재

3. 주요 사업내용

① 사회복지자원봉사 조사연구, 정책건의
② 사회복지자원봉사 자문위원회 운영
③ 사회복지자원봉사관리시스템(VMS) 운영
④ 사회복지자원봉사관리센터 지정관리
⑤ 사회복지자원봉사 인증관리 요원 위촉관리
⑥ 사회복지자원봉사관리센터 등 모니터링
⑦ 인증관리 요원 및 전문 관리자 육성 등 교육훈련
⑧ 지역사회봉사단 운영
⑨ 자원봉사 동기부여 프로그램 활성화
⑩ 사회복지자원봉사 참여문화 확산을 위한 홍보·출판
⑪ 사회복지정보센터 운영

제3절 관리체계

1. 관련 기관 현황

한국중앙자원봉사센터는 「자원봉사활동 기본법」 제19조에 의해 행정안전부가 설립하여 같은 법 제19조 제1항에 따라 비영리법인에 운영을 위탁한 자원봉사센터이다. 지역 자원봉사센터와의 네트워킹 구축 등의 허브 기능을 수행하고, 시·도 및 시·군·구 자원봉사센터의 전문성 보완 및 운영 지원을 목적으로 설치되었다. 주요 사업으로는 자원봉사 진흥정책 집행 및 정책개발, 조사연구, 홍보활동 전개, 자원봉사 협력체계 구축과 지역 자원봉사센터 활성화 지원, 자원봉사 프로그램 개발·보급과 1365자원봉사 포털 운영 등이 있다. 즉 센터 간 연계협력, 자원봉사 수요에 대한 컨트롤 타워(예 재난 시 조정), 자원봉사 정책개발 등의 기능을 수행한다.

한국자원봉사센터협회는 「민법」 제32조에 근거하여 설립되어 행정안전부에 등록된 비영리법인으로 국가 및 지방자치단체에서 설립한 전국의 자원봉사센터의 협의체이다. 주요 사업으로는 지역자원봉사센터 간 정보교류 및 협력사업, 자원봉사활동에 관한 조사연구사업 및 정책개발사업, 자원봉사활동 계몽 및 홍보사업 등이 있다.

한국자원봉사협의회는 민간 자원봉사단체의 협의체로써, 「자원봉사활동 기본법」 제17조에 의하면 자원봉사단체들은 자원봉사활동을 진흥하기 위하여 한국자원봉사협의회를 설립할 수 있다고 규정하고 있다. 주요 사업으로는 자원봉사활동의 진흥을 위한 대국민 홍보, 자원봉사활동과 관련된 정책의 개발 및 조사·연구, 자원봉사단체 간 협력 및 지원 사업, 자원봉사활동 진흥을 위한 국제교류 등이다. 즉 회원단체 간 친선협력, 자원봉사 홍보 및 국제교류 등의 기능을 수행한다.

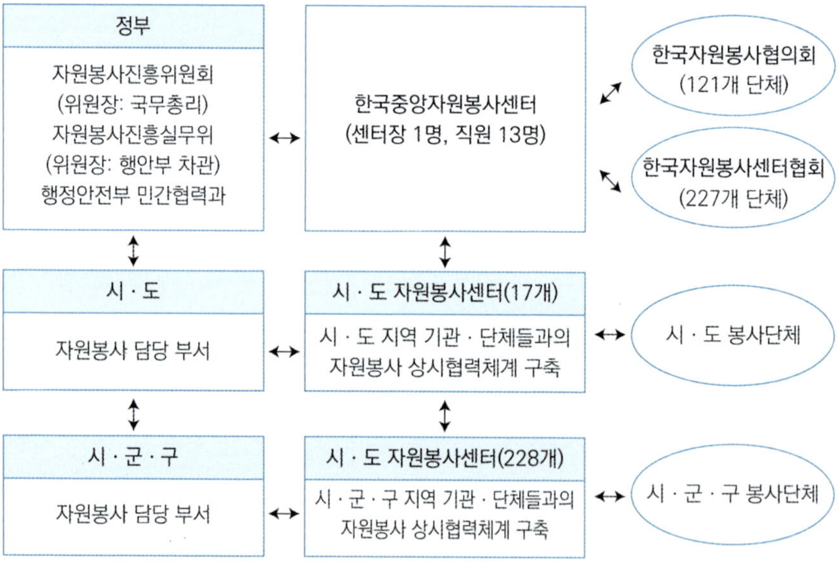

그림 11-1 자원봉사 진흥정책 추진 및 지원체계

한국중앙자원봉사센터 위탁 운영기관은 「보조금법」에 따라 수탁법인 공모 및 선정위원회의 객관적인 심사 절차를 거쳐 선정하며, 선정위원회는 자원봉사 시민사회, 행정 사회복지 분야 전문가(외부 5, 내부 1)로 구성된다. 센터협회(대표법인)는 인사, 행정, 회계 업무를, 한봉협(참여법인)은 사업추진 관련 업무를, 자원봉사센터 또는 자원봉사 수요처와의 협력사업 추진 시에는 센터협회가, 자원봉사단체와의 협력사업 추진 시에는 한봉협이 주도하고 있다.

표 11-6 자원봉사활동 관련 주요 기관 비교

구분	한국중앙자원봉사센터	한국자원봉사센터협회	한국자원봉사협의회
설립근거 (설립연도)	자원봉사법 제19조 (2010)	민법 제32조 (2001)	자원봉사법 제17조 (1994)
설립주체	정부(행정안전부)	민간자원봉사단체	민간자원봉사단체
설립형태	민간위탁/정부위탁기관 (법인격 없음)	사단법인/민간단체	사단법인/민간단체
정부와의 관계	정부의 직접 지도 · 감독	상호 협조 관계	상호 협조 관계
운영기준	기본(관계)법령 및 약정서	정관	기본법령 및 정관
주요기능	• 시 · 도, 시 · 군 · 구센터와 네트워크 구축협력 • 지역자원봉사센터 운영 활성화 지원 • 자원봉사센터의 홍보 및 국제교류 • 자원봉사센터 관련 정책개발, 조사 · 연구 • 1365자원봉사포털 시스템 관리 등 • 정부 자원봉사정책 지원 협조 • 기타 행안부 지시사항	• 지역 자원봉사센터 간 정보교류 및 협력사업 • 자원봉사활동에 관한 조사연구사업 및 정책개발사업 • 자원봉사활동 계몽 및 홍보사업	• 민간회원단체 간 협력 및 지원 • 자원봉사활동 진흥을 위한 대국민 홍보 및 국제교류 • 자원봉사활동과 관련된 정책개발, 조사 · 연구 • 자원봉사활동과 관련된 정책의 건의 • 기타 국가 및 지자체 위탁사업
지원형태	직접지원	간접지원	간접지원

자원봉사센터의 설립 근거는 「자원봉사활동 기본법」 제19조를 바탕으로 한다. 자원봉사센터는 중앙자원봉사센터, 시 · 도자원봉사센터, 시 · 군 · 구자원봉사센터 등으로 구성되어 있다. 운영형태는 국가 · 지방자치단체가 직접 운영하는 '직영'과 국가 · 지방자치단체가 단체(법인) 등에 위탁하여 운영하는 '위탁' 운영, 「자원봉사활동 기본법」 제10조 제1항에 따른 '법인' 형태로 구분할 수 있다.

2. 자원봉사센터 간의 역할

자원봉사센터 간의 역할을 살펴보면, 먼저 중앙센터는 자원봉사 정책개발 및 연구, 중앙단위 자원봉사기관 · 단체, 그리고 기업과의 협력체계 구축, 지역봉사센터의 지원 및 협력 등에 관하여 주로 수행한다. 그 밖에도 자원봉사 진흥에 기여할 수 있는 사업을 추진하고, 자원봉사 확산을 위한 홍보 및 문화행사를 주관한다.

광역센터의 경우에는 중앙센터 및 시 · 군 · 구 센터와 협력체계를 구축하고, 광역단위 기관 및 단체, 그리고 기업 간의 협력을 이끈다. 또한 시 · 군 · 구 자원봉사관리자 및 지도자 대상 교육과 자원봉사 프로그램을 개발하고 보급하는 역할을 수행한다. 더불어 지역의 자원봉사를 활성화하기 위한 조사연구와 시 · 군 · 구 센터 간의 정보교류, 1365자원봉사포털 운영 등의 정보관리 업무를 수행한다.

기초센터의 경우에는 기초단위 기관 단체들과의 협력체계를 구축하고, 읍 · 면 · 동 자원봉사자의 모집 및 교육과 수요처별 자원봉사자 배치를 담당한다. 더불어 지역자원봉사 및 공동체 활성화의 거점 역할을 수행한다.

표 11-7 자원봉사센터 간의 역할 비교

중앙센터	광역센터	기초센터
• 자원봉사 정책개발 및 연구 • 중앙단위 기관 · 단체, 기업과 협력체계 구축 • 지역 자원봉사센터 지원 및 협력 • 자원봉사 아카이브 운영 • 자원봉사국제교류 및 협력 • 1365자원봉사포털 위탁운영 • 자원봉사센터 행정업무 정보화 지원 • 재난대응 및 지원체계 구축(현장자원봉사센터 설치 및 운영지원 등) • 자원봉사 확산을 위한 홍보 및 문화행사 • 그 밖에 자원봉사 진흥에 기여할 수 있는 사업 추진	• 중앙센터 및 시 · 군 · 구 센터와 협력체계 구축 • 광역단위 기관 · 단체, 기업과의 협력 • 시 · 군 · 구 자원봉사관리자 및 지도자 대상 교육 • 자원봉사 프로그램 개발 · 보급 • 지역 자원봉사 활성화를 위한 조사 · 연구 • 시 · 군 · 구센터 간 정보교류 및 사업 조정 · 지원 • 1365자원봉사포털서비스 이용 및 회원 정보 관리 · 운영 • 재난대응 및 지원체계 구축(시 · 군 · 구현장자원봉사센터 설치 및 운영지원 등) • 그밖에 특별시 · 광역시 · 도 지역의 자원봉사 진흥에 기여할 수 있는 사업	• 기초단위기관 · 단체들과의 협력체계 구축 • 읍 · 면 · 동 자원봉사자 모집 및 교육 · 홍보 • 자원봉사활동 수요처에 자원봉사자 배치 • 자원봉사 프로그램 운영 • 지역자원봉사 및 공동체 활성화의 거점역할 수행 • 자원봉사 관련 정보의 수집 및 제공 • 1365자원봉사포털 서비스 이용 및 회원정보 관리 · 운영 • 현장자원봉사센터 설치 및 운영 • 그밖에 시 · 군 · 구 지역의 자원봉사 진흥에 기여할 수 있는 사업

3. 자원봉사단체

우리나라 자원봉사에 있어 민간의 대표 법정기구로는 한국자원봉사협의회가 있다. 아래에서와 같이 「자원봉사활동 기본법」 제17조에 따르면 다음과 같이 한국자원봉사협의회의 사업근거와 사업내용을 명시하고 있다.

표 11-8 한국자원봉사협의회의 사업 근거와 사업내용

자원봉사활동 기본법 제17조

자원봉사단체는 전국 단위의 자원봉사활동을 진흥 · 촉진하기 위한 다음의 활동을 하기 위하여 한국자원봉사협의회를 설립할 수 있다.

① 회원단체 간의 협력 및 사업 지원
② 자원봉사활동의 진흥을 위한 대국민 홍보 및 국제교류
③ 자원봉사활동과 관련된 정책의 개발 및 조사 · 연구
④ 자원봉사활동과 관련된 정책의 건의
⑤ 자원봉사활동과 관련된 정보의 연계 및 지원
⑥ 그 밖에 자원봉사활동의 진흥과 관련하여 국가 및 지방자치단체로부터 위탁받은 사업

협의회는 회원단체(시민사회, 재계, 교육계, 종교계, 의료계 등)와 협력단체 등으로 구성된 법정단체이다. 회원으로 있는 협의회와 단체, 기관 자체가 지역의 많은 네트워크를 가지고 있는 곳들이 많아 매우 광범위한 조직이라 할 수 있다. 자원봉사 전문단체들 중 한국자원봉사센터협회는 전국의 자원봉사센터가 유기적인 정보교류 및 협력체계 구축을 통해 자원봉사의 근본 가치를 확산하고 있으며, 정부 주요 부처 및 지방자치단체에 자원봉사센터의 역할과 기능을 인식시키는 일과 지역사회 발전을 위한 자원봉사센터들의 역할 정립, 그리고 자원봉사계의 현안 과제 해결 등의 노력을 기울이고 있다.

한국자원봉사포럼(Korea Forum of Volunteerism)은 선진국 자원봉사 연수를 함께 다녀온 전문가들이 1995년 창립하여 시민자원봉사헌장 제정, 자원봉사계 현안 과제 정책토론 등 한국자원봉사학회(Korea Academy of Volunteerism)와 더불어 자원봉사계의 정책 수립과 연구 활동을 하고 있다. 한국자원봉사문화는 1996년에 창립하여 자원봉사 프로그램 개발, 지도자 양성, 전국자원봉사실태조사연구 등의 연구, 기업 자원봉사 컨설팅, 프로 보노 자원봉사 등의 사업을 하고 있다.

자원봉사이음(Volunteering Connected)은 자원봉사 실무자, 그리고 활동가들의 인적 네트워크로서 '자원봉사관리자 윤리강령'을 제정 · 보급하고 있으며, 성장을 돕기 위한 소모임 운영, 매년 12월 5일 세계자원봉사의 날 한 달 전인 11월 5일을 '국제 자원봉사관리자의 날'로 기념하여 현장 활동가들의 활동을 독려하고 시상하는 일 등을 하고 있다.

4. 자원봉사센터

자원봉사센터는 「자원봉사활동 기본법」 제19조에 그 설립 근거가 있으며, 자원봉사를 필요로 하는 곳과 자원봉사를 희망하는 시민들을 연결하는 역할을 하기 위해 시 · 군 · 구 단위로 설립되었다.

표 11-9 자원봉사센터의 설치 및 운영 근거

자원봉사활동 기본법 제19조(자원봉사센터의 설치 및 운영)
① 국가기관 및 지방자치단체는 자원봉사센터를 설치할 수 있다. 이 경우 자원봉사센터를 법인으로 하여 운영하거나 비영리 법인에게 위탁하여 운영하여야 한다. ② 제1항 후단의 규정에도 불구하고 자원봉사활동을 효율적으로 추진하기 위하여 필요하다고 인정할 때에는 국가기관 및 지방자치단체가 운영할 수 있다. ③ 국가는 자원봉사센터의 설치 · 운영이 활성화될 수 있도록 적극 노력하여야 하며, 지방자치단체는 자원봉사센터의 운영에 필요한 경비를 지원할 수 있다. ④ 자원봉사센터 장의 자격요건과 자원봉사센터의 조직 및 운영 등에 관하여 필요한 사항은 대통령령으로 정한다.

자원봉사센터는 지역 중심의 자원봉사단체를 대표할 수 있는 기관이며, 「자원봉사활동 기본법」 제3조 제4호에서는 자원봉사센터에 대해 자원봉사활동의 개발 · 장려 · 연계 · 협력 등의 사업을 수행하기 위하여 법령과 조례 등에 따라 설치된 기관 · 법인 · 단체 등을 말한다. 라고 정의되어 있다. 설립 목적은 자원봉사활동을 체계적으로 활성화함으로써 시민(주민) 역량을 강화하고, 사회문제를 해결하며, 더불어 살아가는 공동체를 구축하고자 하는 것이며, 기본방향은 다음과 같다.

첫째, 자원봉사센터가 민 · 관 협력의 기본정신에 입각하여 설립 취지에 부합하는 방향으로 운영될 수 있도록 효율적인 업무절차나 규정 등을 마련하는 것이다.

둘째, 예산 · 조직 · 업무 등에 대한 가이드라인을 제공함으로써 일관성 있고 유기적인 운영을 통해 전국자원봉사센터의 활성화를 도모하는 것이다.

셋째, 자원봉사센터의 활성화를 위한 센터 운영과 근무자 처우개선 등과 관련하여 지방자치단체의 인력 · 예산 지원 등에 대한 기준을 제시한다.

넷째, 자원봉사활동을 개발 · 장려하는 지역 거점으로서 책임 있는 자원봉사센터, 자원봉사관리자의 역할 수행을 위해 의무와 권리를 명시한다.

1) 자원봉사센터의 추진체계

자원봉사센터의 중앙-시 · 도-시 · 군 · 구의 추진체계는 다음과 같다.

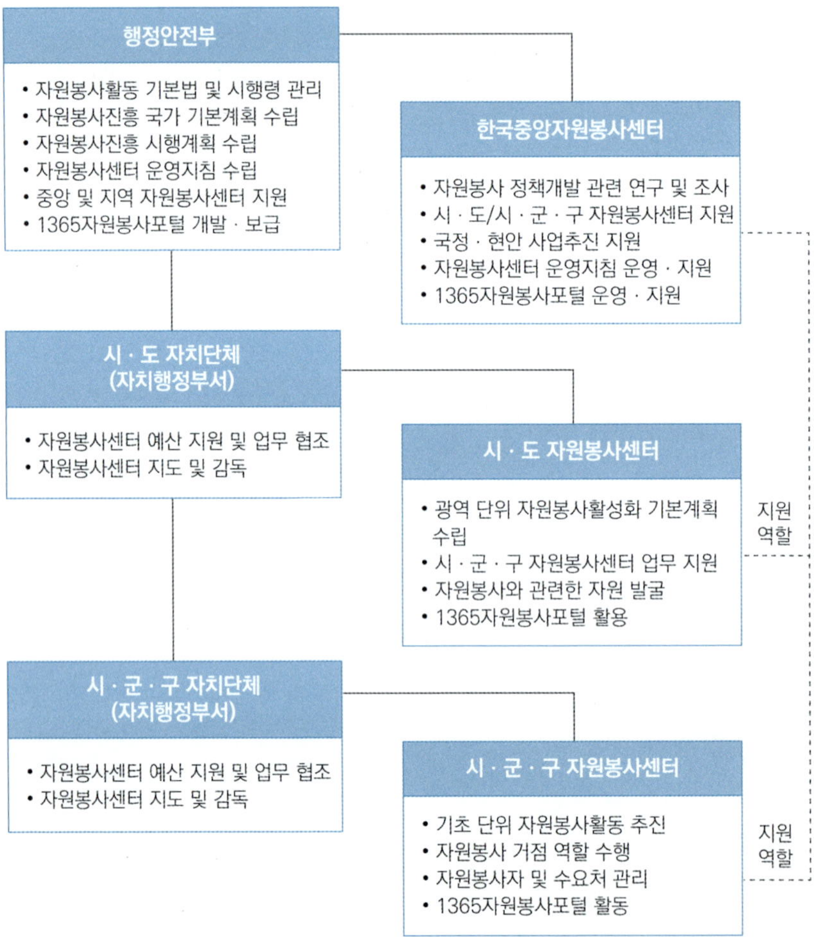

그림 11-2 자원봉사센터의 추진체계

이처럼 자원봉사조직을 대표하는 명칭으로 '자원봉사센터(Volunteer Center)'가 미국, 영국, 유럽 등에서도 통일되었다. 미국은 자원봉사 전국조직이 PLI(Points of Lights Institute)로 통합되면서 전국의 자원봉사센터로 통일되었지만, 그전의 촛불재단(Points of Light Foundation)의 시기에는 다양한 명칭들이 통용되었다. 영국도 과거 여러 명칭을 사용하는 혼란이 있었지만, 2002년 전국적인 자원봉사 통합기구인 Volunteering England의 창설로 일제히 'Volunteer Center'로 명칭이 통일되었다. 또한 유럽 국가들의 자원봉사 네트워크 조직의 공식 명칭도 '유럽자원봉사센터(European Volunteer Center, CEV)'로 통용한다.

우리나라도 「자원봉사활동 기본법」, 또한 '자원봉사단체'와 '자원봉사센터'를 주요 자원봉사 조직으로 명시하고 있다. 자원봉사단체란 자원봉사활동을 주된 사업으로 행하거나 이를 지원하기 위하여 설립된 비영리법인, 또는 단체를 말한다(제3조 제3항). 자원봉사센터는 자원봉사활동 개발 · 장려 · 연계 · 협력 등의 사업을 수행하기 위하여 법령과 조례 등에 의하여 설치된 기관 · 법인 · 단체 등을 말한다(제3조 제4항).

2) 자원봉사센터의 역할 강화

자원봉사센터 역할을 명확히 규정하여 자원봉사센터와 자원봉사단체 간의 역할 중복으로 인한 혼선을 방지하고, 중앙센터, 그리고 시 · 도센터와 시 · 군 · 구센터 간의 역할 정립을 통해 자원봉사 활성화를 위한 체계적인 업무 추진을 위해 자원봉사센터의 역할을 강화하였다.

(1) 자원봉사센터의 의무

센터는 자원봉사자의 활동을 지원하기 위하여 다음과 같은 책무를 다하기 위해 노력해야 한다.

① 센터는 자원봉사자와 서로 신뢰하고 존중하는 관계가 유지되도록 노력해야 한다.

② 센터는 자원봉사자의 인격과 자기 결정권, 자발성을 최대한 존중하고, 자원봉사자의 권익이 보장될 수 있도록 하여야 한다.

③ 센터는 자원봉사자의 자기 계발과 성장을 위해 자원봉사 교육을 비롯한 필요한 지원을 충분히 제공하여야 한다.

④ 자원봉사활동 현장에서 인종과 나이, 성별, 성적 지향, 직업과 직위, 경제 상태, 사상과 종교, 사회적 평판 등 어떤 이유로도 차별이 있어서는 아니 된다.

⑤ 자원봉사활동 중 문제가 발생할 경우 적절한 조치를 취하여 조직과 개인을 보호하여야 한다.

⑥ 수요처와 봉사활동처에서 활동이 불가능하다고 판단될 경우에는 자원봉사활동을 거부할 수 있어야 한다.

⑦ 자원봉사자가 필요하다고 요청할 경우, 신의성실의 원칙에 의해 적극적으로 상담에 응해야 한다.

(2) 자원봉사센터의 역할

센터 직원 등은 선량한 태도로 맡은 바 직무에 최선을 다하여 다음의 내용을 준수하여야 한다.

① 자원봉사자교육 등을 통해 봉사활동 시 사전에 프로그램 및 대상자의 특성을 충분히 이해시킨다.

② 자원봉사자의 요구에 적극적으로 지원하며, 수요처 등 연계를 통해 자원봉사활동을 지원한다.

③ 자원봉사자의 변화와 성장을 위해 기초교육, 전문교육, 연수 등의 기회를 지원한다.

④ 자원봉사자의 인정과 보상을 위해 다양한 체험의 기회와 수상의 기회를 마련하고 지원한다.

3) 자원봉사센터 운영

(1) 자원봉사센터 기본방침(자원봉사활동 기본법 제19조)

자원봉사센터는 민·관 협력의 기본정신에 입각하여 법령에 근거한 법인으로 운영하거나 비영리법인에게 위탁하여 운영하는 것을 원칙으로 한다.

법인 설립 시 자치단체로부터 독립된 의사결정이 가능한 조직구조와 구성을 갖출 수 있도록 해야 한다.

자치단체는 자원봉사센터의 필요 경비를 지원해야 하며, 센터의 전문적이고 효율적인 운영과 관리를 위해 노력해야 한다.

(2) 자원봉사센터 운영형태

사단법인이나 재단법인 등 법령에 근거한 독립적인 법인을 설립하여 운영할 수 있다. 그리고 비영리법인 또는 공익법인에 위탁하여 운영할 수 있으며, 국가기관 및 지방자치단체에서 직접 운영할 수도 있다.

4) 자원봉사센터의 주요 사업

자원봉사센터는 매년 1월 말까지 당해년도 연간 운영계획을 수립하고, 이를 시·도센터와 중앙센터에 매년 공유(시·도센터에서 시·군·구센터 취합 → 중앙센터 공유)해야 한다. 연간 운영계획 수립 시 전년도 운영 개선사항 및 지역 내 자원봉사 수요조사 결과를 반영하고, 연간 운영계획은 매년 2월 말까지 자원봉사센터 홈페이지를 통해 공개(별도 홈페이지가 없는 경우 관할 자치단체 홈페이지를 통해 공개)해야 한다. 주요 사업으로는 자원봉사 전략사업, 조직 육성 및 거점 형성, 홍보·진흥, 연계·협력, 교육·훈련, 정책개발, 자원봉사자 등록·관리, 재난 대응체계 구축, 자원봉사 인정, 안전한 자원봉사활동 환경조성 같은 안전보장 등이다.

5) 자원봉사 기록관리

기록관리의 기본원칙은 자원봉사자의 활동 기록과 결과를 정확하고 성실하게 작성해야 하며, 자원봉사자가 스스로 자원봉사의 결과를 자원봉사의 가치와 사회적 맥락하에 기록으로 남길 수 있도록 적극적으로 지지하고 도와야 한다.

기록물은 자원봉사 기록유산으로 다양한 분야(개인 · 조직의 활동 · 권리 입증, 자원봉사 관련 연구 기초자료, 기타 행정업무 등)에서 활용되기 때문에 안전하게 관리 · 보존해야 하며, 수집 완료 기록은 자원봉사 아카이브 관리시스템에 등록 · 관리한다.

자원봉사 아카이브

- **(운영목적)** 자원봉사 관련 역사자료의 보존, 정책추진 및 학술연구의 기반조성, 자원봉사 실무자 및 자원봉사자들이 활용 가능한 정보 제공
- **(기본원칙)** 기록의 기본원칙인 진본성, 무결성, 신뢰성, 이용가능성을 준수하며 자원봉사의 역사성과 공유의 가치를 증시
- **(기록물범위)** 일상 자원봉사의 기록, 주제별 자원봉사의 기록(재난분야, 공공서비스분야, 지역특성화 자원봉사활동 등), 자원봉사 역사자료, 자원봉사센터 연구 및 발간자료, 자원봉사 관련 학계 및 민간기관 연구 발간자료
- **기록물 유형**
  - 문서, 대장, 카드, 도면, 시청각기록물(사진필름류, 녹음 동영상류), 전자문서, 웹기록물, 간행물(연감, 백서류, 통계집류, 업무편람, 사업보고서, 연구용역보고서, 사료집, 연혁집, 기타), 박물(관인류, 견본류, 상징류, 상훈장류, 사무집기류, 기타)

◎ 정기적으로 기록물의 손상 여부 및 보존연한, 저작권 등을 확인해야 함

◎ 기관 기록 담당자는 정기적으로 기록물 상태 확인 후, 이상이 있을 경우 기록물 원본 소장처에 수정 등을 요청해야 함

◎ 아카이브 담당자는 수집 이후에도 원본 소장처에 수집된 기록의 관리 및 활용 여부를 정기적으로 재확인해야 함

그림 11-3 자원봉사 아카이브 현황

6) 자원봉사 정보시스템

「자원봉사활동 기본법」 제19조 및 같은 법 시행령 제15조에 근거 규정을 두고 있으며, 국민 누구나 자원봉사 일감을 편리하게 검색하여 활동에 참여할 수 있도록 하고, 이용자 중심의 원스톱 온라인 서비스 개발 및 제공, 자원봉사자 현황, 자원봉사활동 정보 관련 범정부 통합 관리체계 구축 등을 주목적으로 한다. 주요 기능은 다음과 같다.

(1) 사용자

자원봉사 일감 정보 조회 및 신청, 자원봉사 실적 통합조회, 자원봉사활동 승인 내역 조회, 개인 활동 통계, 사용자 질의 등이다.

(2) 자원봉사센터

봉사자 회원 관리, 수요처 관리, 일감관리 및 봉사자 배치, 봉사실적 승인, 교육프로그램 등록 및 관리, 보험관리, 자원봉사활동 통계관리, 공지 사항 및 게시판 관리 등이다.

(3) 수요처 · 캠프

봉사자 회원 관리, 일감관리 및 봉사자 배치, 봉사실적 등록, 자원봉사활동 통계관리 등이다.

7) 1365자원봉사포털 관리

첫째, 자원봉사활동을 하고자 할 경우에는 1365자원봉사포털 사이트에 가입하고, 기본소양 교육을 받은 이후 자원봉사자로 등록된다.

둘째, 기본교육, 전문교육, 보수교육에 참여하여야 하며, 자원봉사활동에 처음 참여하는 자는 반드시 기본교육 2시간 이상을 이수하여야 한다. 다만 수요처(활동처)에서 실시하는 기본교육에 참석하여 수료증을 제출한 경우에는 기본교육을 이수한 것으로 인정한다.

셋째, 자원봉사자의 욕구, 전문지식, 경력, 활동 시간 등을 고려하여 배치되어야 하며, 자원봉사자와 센터와의 협의에 의해 결정한다.

넷째, 배치된 자원봉사자는 각 수요처(자원봉사활동처)에서 선량한 태도를 가진 자원봉사관리 담당자가 관리한다.

다섯째, 수요처 담당자는 자원봉사자 활동 실적을 전산시스템에 등록할 수 있도록 매월 정기날짜에 활동일지를 제출하며, 자원봉사자에 대한 변동이 있을 시에는 센터에 통보한다.

여섯째, 기타 센터가 필요하다고 인정하는 사항에 대해서는 자원봉사활동에 대해 지원한다.

8) 자원봉사 실적관리

자원봉사활동 실적을 수요처가 등록한 경우에 자원봉사센터는 본 지침의 자원봉사활동 인증 기준에 따라 유효성을 직접 확인해야 한다. 자원봉사활동 실적은 향후 자원봉사자에게 제공될 수 있는 보상체계의 기본이 되므로 범정부 차원에서 통합·관리할 수 있도록 해야 한다. 또한 자원봉사 회원 및 실적 정보 등록 기준 마련을 통한 신뢰성을 확보해야 한다. 수요처는 1365자원봉사포털을 통해 자원봉사 실적 등록을 신청해야 한다.

자원봉사센터는 자원봉사자 배치 정보를 비교하여 이상 유무를 확인하고 수요처에서 제출한 활동계획서 및 증빙자료를 확인 후 승인 처리해야 한다. 단체의 실적 등록 요청 시 자원봉사센터는 자원봉사활동 증빙자료(결과보고서, 출석부 등)를 검토하여 입력 및 승인 처리해야 한다. 다만 자원봉사센터는 다음 사항의 확인을 위해 필요한 경우 현장실사 등 필요한 조치를 취해야 한다.

첫째, 1365자원봉사포털에 등록한 일감 정보와 실제 활동과의 일치 여부이다.

둘째, 실적 등록 요청된 자원봉사자의 실제 활동 여부(대리 활동 여부)이다.

셋째, 실제 활동 대비 요청 실적(시간)의 적정성 여부이다.

자원봉사센터는 수요처 · 봉사 일감 평가를 위한 자료를 자원봉사자에게 배포하고. 응답 결과를 검토하여 수요처 · 봉사 일감을 관리할 수 있다. 또한 수요처에 이와 관련된 자료 제출을 요청할 수 있다. 자원봉사자는 자원봉사센터에 의해 인증된 실적에 대한 '자원봉사활동 확인서'를 1365자원봉사포털에서 출력할 수 있다.

또한 자원봉사활동 실적 관리기관(단체)은 행정안전부와 협의를 거쳐 1365자원봉사포털을 통해 상호 간 자원봉사활동 실적을 연계할 수 있다. 1365자원봉사포털에 가입되어 있는 초 · 중 · 고 회원들의 자원봉사활동 실적은 본인의 신청에 의해 교육부(NEIS)에 제공되고, 자원봉사 일감 정보는 공공데이터포털(www.data.go.kr)을 통해 승인받은 기관에 제공될 수 있다.

5. 행정안전부의 통합지원체계

행정안전부의 통합자원봉사지원단 운영매뉴얼에 따르면, 통합자원봉사지원단이란 '재난 현장에 대규모 자원봉사활동이 요구되는 경우 지방자치단체 요청에 따라 자원봉사센터 등을 중심으로 설치 · 운영하는 자원봉사활동 총괄 · 조정기구'를 말한다.

통합자원봉사지원단은 재난 발생 시, 시 · 동의 매뉴얼을 참고하여 시 · 군 · 구 책임하에 설치 및 운영되며, 시 · 군 · 구청장은 평시에 민간단체와 협의하고, 재난 대응 역량 등을 고려하여 통합자원봉사지원단장을 지명하도록 규정하고 있다. 즉 자원봉사활동 조정 및 배분을 위한 중간조직으로서의 역량과 자원보유 정도, 자원봉사활동 실적 등을 고려하여 지명하는 것이다.

통합자원봉사지원단장은 운영매뉴얼에 따라 실무팀 편제를 구성 · 운영하되, 재난의 유형 · 규모 등에 따라 탄력적으로 적용할 수 있다. 통합자원봉사지원단은 재난 현장에 대규모 자원봉사활동 수요가 발생하여 지방자치단체가 통합자원봉사지원단장에게 설치 · 운영을 요청하는 경우에 설치 및 운영할 수 있다. 운영 시기는 통합자원봉사지원단장이 지방자치단체로부터 요청받은 경우, 상황판단 회의를 통해 지방자치단체와 협의하여 결정할 수 있다.

지방자치단체의 자원봉사 부서의 장은 재난의 구체적 상황 파악 후 상황판단 회의를 소집하여 피해 내용, 현장 조치사항, 피해 확대 가능성, 자원봉사 수요 등을 판단한다. 상황판단 회의는 재난 현장의 피해에 따라 대규모 자원봉사자가 필요한 경우 즉시 지방자치단체, 자원봉사센터, 대한적십자사 간에 개최한다. 상황판단 회의 후 자원봉사 담당 부서장은 행정안전부 민관협업담당관실, 민간협력과에 통합자원봉사지원단의 설치·운영 사실을 보고하고, 필요하면 중앙지원체계 가동을 요청한다.

자원봉사담당 부서장은 재난 담당 부서와 실시간 상황을 공유하고, 지원단장에게 관련 상황과 정보를 신속하게 전달한다. 통합자원봉사지원단장은 시·도 및 한국중앙자원봉사센터에 재난 상황 및 주요 조치사항을 알리며, 필요한 경우 지원 요청할 수 있고, 실시간 현장 상황 유지를 위해 대한적십자사 소속 봉사원 현장 활동 유지를 요청할 수 있다. 통합자원봉사지원단 운영에 관한 구체적인 절차는 다음과 같다.

표 11-10 통합자원봉사지원단 운영 절차

운영절차	주요 세부 활동	주체
설치	• 통합자원봉사지원단 운영시기 결정 • 통합자원봉사지원단 운영 후 조치사항	지방자치단체 (통합자원봉사지원단)
현장조사 안전확보	• 자원봉사활동 분야, 인원 등 수요파악 • 현장 안전관리 등	지방자치단체 (통합자원봉사지원단)
모집/접수	• 등록·미등록 자원봉사단체, 개인 모집 및 접수(상담)	통합자원봉사지원단
교육/배치	• 사전 안전교육, 당일 자원봉사활동 교육, 배치 등	통합자원봉사지원단
활동관리/지원	• 위험요소 지속 모니터링, 부상자 등 활동지원	지방자치단체 (통합자원봉사지원단)
봉사활동 인정	• 봉사자 시간 인정, 기부금 확인서 발급	통합자원봉사지원단
활동종료	• 통합자원봉사지원단 철수 결정	지방자치단체
활동평가	• 자원봉사활동에 참여했던 관계자 대상 평가회 개최, 종합보고서 발간	지방자치단체

제4절 행정지원체계

1. 현황

① 우리나라 자원봉사활동 행정지원조직: 공공부문의 중앙정부 및 지방정부

② 중앙정부: 국무총리실 산하 자원봉사진흥위원회(자원봉사에 대한 전체적인 정책적 심의와 자문의 역할 담당)

③ 자원봉사활동을 담당하는 부서: 행정안전부(자원봉사 주무부처), 보건복지부, 여성가족부, 교육부, 외교부, 법무부, 문화체육관광부 등 각 부처에서는 각각 개별적으로 자원봉사센터나 자원봉사업무 담당 부서를 두고 자원봉사활동을 행정적으로 지원하고 있으며, 또한 각 부처 산하의 자원봉사 담당과가 중앙에 있고, 시·구청 단위에서는 해당 부처소속의 자원봉사 업무와 관련이 있는 여러 개의 부서가 자원봉사를 담당하고 있다.

2. 지원체계

1) 공공부문 지원체계

(1) 자원봉사진흥위원회

자원봉사진흥위원회는 자원봉사활동에 관한 주요 정책을 심의하기 위하여 「자원봉사활동 기본법」 제8조에 의해 구성된 국무총리실 산하 조직이며, 위원장은 국무총리이며, 민간인 전문가들과 자원봉사 관련 부처의 차관들이 당연직으로 20여 명의 위원들로 구성되어 운영되고 있다.

① 역할

자원봉사활동의 진흥을 위한 정책 방향의 설정 및 협력·조정, 자원봉사활

동의 진흥을 위한 국가 기본계획과 연도별 시행계획에 관한 사항, 자원봉사활동의 진흥을 위한 제도 개선에 관한 사항, 그 밖에 자원봉사활동의 진흥에 관하여 필요한 사항 등을 심의한다.

② 자원봉사실무위원회

자원봉사실무위원회는 자원봉사계의 전반적인 정책의 방향과 비전을 사전 논의하고, 행정안전부의 업무 효율화에 자문하는 역할을 담당하며, 자원봉사진흥위원회가 상위격의 회의형 조직구조라면, 실무위원회는 심의사항을 미리 검토하고 관계기관 간의 협의 사항을 정리하기 위하여 자원봉사진흥위원회에 실무위원회를 설치한다.

(2) 행정안전부

행정안전부는 자원봉사진흥 국가계획 수립을 총괄하는 자원봉사활동의 주무 부서로서 민간협력과에서 자원봉사활동을 담당하고 있다. 또한 시·도 및 시·군·구의 주민생활지원과를 통해 자원봉사 지원 업무를 총괄하고 있다. 구체적으로는 한국자원봉사협의회 및 중앙자원봉사센터 등 기초센터와 자원봉사단체에 운영비 및 사업비 지원, 재해복구 예산 지원, 전국자원봉사 대회 및 국제행사 개최 및 참가 등 포상, 홍보사업, 교육사업 등을 실시한다. 또한 자원봉사 전산관리시스템을 구축하고, 자원봉사활동관리 표준매뉴얼을 제작하며, 관리자교육 및 훈련, 자원봉사센터 평가 등의 행정적 지원을 하고 있다.

(3) 보건복지부

행정안전부가 주무 부서가 되기 이전까지 자원봉사를 담당하였다. 보건복지부는 「사회복지사업법」을 근거로 자원봉사 행정서비스 체계인 한국사회복지협의회에 한국봉사안내소를 설치한 이래 광역 시·도사회복지협의회에 사회복지정보센터를 설치하여 지속적으로 자원봉사자를 모집, 양성, 교육, 배치, 사후관리 등을 하고 있다. 홍보 및 업무 협조 등의 자원봉사활동 사업으로 사회복지시설 및 기관 중심의 인증센터를 설치하여 복지 분야 봉사자들에 대한 인력관리 및 시간 마일리지, 그리고 보험 등의 지원을 주도하고 있다. 사회복지사업에 자원봉사 조항을 넣음으로써 복지 분야 자원봉사를 활성화하려는 의지를 강하게 표출하고 있으며, 자원봉사자인증제도를 도입·실시하고 있다. 또한 자원봉사자 포상 및 봉사자와 수요처 전산망 구축, 상해보험 가입, 교육 프로그램 운영, 전문봉사단 운영 등의 사업을 추진하고 있다.

(4) 여성가족부

여성자원활동의 활성화를 위해서 여성발전기본법을 근간으로 한국여성개발원이 1984년부터 1992년까지 여성자원활동 인력은행을 운영해 왔고, 1993년부터 시·군·구 가정복지과를 중심으로 여성자원활동센터를 설립하여 지도·감독하고 있으며, 여성들의 자원봉사활동에 관한 조사·연구, 자원봉사활동 관련 자료 및 교육 프로그램을 개발하여 관련 기관과 일선 여성 활동자 지원, 자원봉사단체의 프로그램 공모 및 예산 지원과 상해보험 등을 지원하고 있다. 또한 청소년 업무를 총괄하는 여성가족부에서는 청소년에 대한 봉사활동을 담당하고 있으며, 1995년 청소년 자원봉사 활성화를 위하여 7월에 한국청소년개발원에 청소년자원봉사센터를 부설하였다가 「청소년기본법」을 근간으로 한국청소년활동진흥원을 두고, 각 광역시·도에 청소년활동진흥센터를 통해 청소년들의 사회봉사활동의 지원, 청소년봉사단 육성 등의 업무를 지원하고 있다.

(5) 교육부

교육부는 우선 학교 교육체계의 자원봉사 교육 확립 및 지원을 위해 학생봉사활동 정보안내센터와 각 대학교의 봉사활동을 주도하는 사회봉사단인 한국대학사회봉사협의회 등을 설치하여 운영하고 있다. 또한 학생봉사활동에 대한 정보 제공 및 담당교사 연수 및 지도, 프로그램 개발 및 보급 등의 사업을 주관하고 있으며, 각 학교의 학부모 봉사단인 한국시민봉사회를 운영하고 있다.

(6) 외교부

외교부에서는 제3세계 저개발국가들에 대한 해외원조를 위해 자원봉사자를 파견하는 KOICA(국제협력단), 해외원조단체협의회 등의 기관과 단체를 지원하고 있다.

(7) 법무부

법무부에서는 청소년과 출소자 등 범법자의 재범 방지를 위한 민간자원봉사자 조직인 범죄예방위원 및 갱생보호후원회 등의 조직을 지원하고, '자녀안심하고학교보내기' 운동본부도 자원봉사조직으로 운영하고 있다.

(8) 문화체육관광부

한국 BBB운동 지원, 문화관광해설사 육성, 국제공연예술단(글로프렌즈) 운영, 전문문화자원봉사단(도슨트: 국립중앙박물관, 국립민속박물관, 도서관, 국립현대미술관) 운영, 종교인 평화봉사활동 지원, 예술인 자원봉사단 운영, 대학생 해외봉사단인 한국 알리미 지원 등의 사업을 한다.

(9) 광역지방자치단체(시 · 도) 및 기초지방자치단체(시 · 군 · 구)

광역지방자치단체 및 기초자치단체에는 「자원봉사활동 기본법」을 근간으로 전국 광역지방자치단체 및 기초자치단체 자원봉사센터를 설치하였으며, 이 자원봉사센터를 중심으로 자원봉사활동의 활성화를 위한 주도적인 역할이 진행되고 있다.

2) 민간부문 지원체계

① 연구정책단체: 한국자원봉사학회, 한국자원봉사포럼
② 교육훈련단체: 볼런티어21, 한국자원봉사연합회
③ 관리자 조직: 한국자원봉사관리협회, 한국사회복지사협회
④ 기업봉사단: 삼성, KS, 포스코, LG 등의 주요 기업에 사회공헌팀
⑤ 재해구호단체: 한국재난안전네트워크, 대한적십자사, 생활시민연합, 재해극복범시민연합 등
⑥ 해외봉사단체: COPION, 유니세프, 굿네이버스
⑦ 지역마다 풀뿌리 자원봉사단체 등

3) 종합관리시스템

(1) 관련법 체계

① 「자원봉사활동 기본법」 제정(2005): 자원봉사활동 진흥과 인프라 구축
② 자원봉사활동 진흥을 위한 단일체계가 아닌 부처의 중복성
- 여성가족관련 법령: 여성발전기본법(양성평등기본법으로 개정), 건강가정기본법
- 사회복지관련 법령: 사회복지사업법, 노인복지법, 사회보장기본법 등
- 청소년활동관련 법령: 청소년기본법, 청소년활동진흥법 등
- 재해구호관련 법령: 재난 및 안전관리 기본법, 재해구호법, 대한적십자사조직법
- 모금관련 법령: 기부금품법, 법인세법 등
- 해외봉사관련 법령: 한국국제협력단법

(2) 관리체계

표 11-11 자원봉사관리체계

구분	관련 법령	지원기관
행정안전부	자원봉사활동 기본법 지방자치단체 조례	자원봉사센터 중앙자원봉사센터 한국자원봉사협의회
보건복지부	사회복지사업법 제9조	사회복지봉사활동인증센터 한국사회복지협의회
국가청소년위원회	청소년기본법 시행령 제4조	청소년활동진흥센터 한국청소년활동진흥원
여성가족부	여성발전기본법 시행령 제28조	여성자원활동센터 (2008년 자원봉사센터로 통합)
교육부	지침	청소년자원봉사활동정보서비스 한국대학사회봉사협의회

(3) 관리실태

자원봉사 전산관리 시스템은 부처별, 지방자치단체별로 서로 다른 전산관리시스템을 사용하고 있다. 이러한 문제 해결을 위해서는 시스템 연계와 통합, 그리고 부처 간 업무조정이 필요하다.

표 11-12 자원봉사관리실태

① 행정안전부: 자원봉사종합관리시스템(☏ 1365)
② 보건복지부: 사회복지봉사활동인증관리(VMS) 시스템
③ 청소년활동진흥센터: 청소년 자원봉사(DOVOL)를 운영하여 자원봉사활동의 정보 제공 및 기록 등을 시행하고 있다.

자원봉사 전달체계의 추진 배경

① 복지서비스의 양적 및 질적 수준 확대 · 향상의 필요성 증대

② 소외 · 취약계층의 지속적 보호체계 강화 필요

③ 자원봉사자의 중도 탈락 예방과 지속적 참여를 위한 동기부여 확대

한국중앙자원봉사센터

① 2010년 설립되어 재단법인으로 운영

② 설립 근거: 「자원봉사활동 기본법」 제19조

③ 설립 목적: 전국적인 자원봉사활동 허브 역할 수행

④ 핵심 가치: 사람, 현장, 연대협력

⑤ 비전(VISION): 모든 국민의 자원봉사 참여로 만드는 안녕한 대한민국

자원봉사센터(1365자원봉사포털, 행정안전부)

① 2005년 「자원봉사활동 기본법」 제정: 법률적인 설치 근거가 마련

② 맞춤형 자원봉사활동 관리시스템 1365자원봉사포털 운영

③ 다양한 자원봉사 정보 검색, 신청부터 실적 확인까지 원스톱 제공

④ 지방자치단체에서 직영운영, 법인운영, 위탁운영

청소년자원봉사활동진흥센터(DOVOL, 여성가족부)

① 청소년 자원봉사: 1998년 설립, 한국청소년활동진흥원 관리

② 2005년부터 「청소년활동진흥법」 근거: 청소년자원봉사센터 설치

③ 2007년부터 '청소년활동진흥센터'로 명칭 및 기능이 개편되어 운영

④ 청소년 자원봉사시스템: 두볼(DOVOL) 관리

- 청소년 자원봉사 두볼(DOVOL)은 봉사활동 검색부터 실시간 신청
- NEIS(나이스, 학생생활기록부)로 봉사 실적 전송
- 봉사활동확인서 출력: 1365자원봉사포털과 연계 활용

사회복지정보센터(보건복지부)

① 1994년 '사회복지자원봉사정보안내센터' 설치 운영
② 정보관리 표준화: VMS 도입으로 관리시스템에 활동 기록 시작
③ 사업근거: 「사회복지사업법」 제9조, 「자원봉사활동 기본법」 제4조

사회복지자원봉사인증관리 사업이란

① 전국자원봉사단체 · 기관 상호 간 네트워크 체계 구축
② 자원봉사자의 봉사실적을 정확하고 체계적으로 누적관리
③ 봉사실적에 대한 인정 · 보상 기반을 마련하기 위한 제도

관리 실태

① 행정안전부: 자원봉사종합관리시스템(☏ 1365)
② 보건복지부: 사회복지봉사활동인증관리(VMS) 시스템
③ 청소년활동진흥센터: 청소년 자원봉사(DOVOL)를 운영하여 자원봉사활동의 정보제공 및 기록 등을 시행하고 있다.

자원봉사활동 기본법 제19조(자원봉사센터의 설치 및 운영)

국가기관 및 지방자치단체는 자원봉사센터를 설치할 수 있다. 이 경우 자원봉사센터를 법인으로 하여 운영하거나 비영리 법인에 위탁 운영하여야 한다.
필요하다고 인정될 때는 국가기관 및 지방자치단체가 직접 운영할 수 있다.

자원봉사센터의 운영 형태(시 · 군 · 구 기준)
① 지방자치단체(시 · 군 · 구) 직접 운영
② 비영리 법인에 위탁 운영
③ 사단법인으로 설립 운영

자원봉사센터는 중앙자원봉사센터 그리고 시 · 도 자원봉사센터가 있으나 직접 자원봉사자를 관리하는 기관은 시 · 군 · 구 자원봉사센터이다.

CHAPTER

12

국제 자원봉사활동

CHAPTER

12 국제 자원봉사활동

제1절 국제 자원봉사활동에 대한 개념

1. 국제 자원봉사활동의 의의

국제적인 일에 자발적으로 참여하는 자원봉사활동을 말한다. 이는 언어, 종교, 정치, 사회경제적 경계를 넘어 자신의 시간, 능력, 에너지를 사용하여 사회변화, 경제발선, 환경보전 등을 실천하는 것이다.

국제 자원봉사활동은 과거 종교의 포교 활동과 더불어 전개된 것이 효시였으나 최근에는 이와 관계없이 그 지역, 또는 국가의 사회문제를 해결하는 데 지원하기 위한 수단으로 국제적 자원봉사활동이 일어나고 있다.

국제 자원봉사활동은 외국에서의 자원봉사활동이 일반적이나 국내에서 국제적 문제나 프로젝트에 참여하는 것도 국제 자원봉사활동이라고 할 수 있다. 다른 나라의 사회문제 등 일에 참여하는 이유는 다음과 같다.

① 다른 문화를 경험하기 위해서
② 기술과 지식을 공유하기 위해서
③ 무엇인가에 도전하고 빈곤과 불이익을 바꾸기 위한 시도
④ 여행하고 국제적 경험을 통한 학습의 연장선으로
⑤ 현재와 미래를 위해 지속 가능한 자연환경을 지키고 만들기 위한 지역, 국가, 세계적인 프로젝트에 참여하기 위해서

⑥ 제3의 교육 혹은 대안교육의 일환으로서 풍부한 경험을 획득하기 위해서

2. 국제 자원봉사활동의 효과

해외 자원봉사활동은 봉사를 하는 주체와 그 수행 동기에 따라 차이는 있어도 글로벌 인재 양성이라는 점에서 공동목표를 가진다. 해외 자원봉사활동을 통해 글로벌 문화 다양성을 추구하고, 글로벌 윤리의식과 문화적 감수성을 지향하며, 국가 브랜드 이미지를 제고하고 평생 봉사자로서의 마인드를 유지하는 인재로 성장할 수 있다.

최근 해외 자원봉사활동은 주체, 분야, 봉사대상, 장소 등에 따라 다양화되고 전문화되는 경향이 있다. 국가적인 차원에서 한국 국제협력단(KOICA)은 수교 국가를 대상으로 장기적으로 프로젝트를 진행하는 반면, 민간 차원에서는 국제 NGO와 기업, 그리고 대학 등에서 해외 자원봉사활동이 이루어지고 있다. 또한 의사, 간호사, 약사, 보건 전문직, 그리고 의대생들은 장·단기 의료봉사(MST)를 통해 봉사와 연구를 한다.

해외 자원봉사활동 참여는 세계시민으로서 책임과 의무를 수행하게 하며, 사회적인 측면에서는 사회개발과 사회변화를 추진하는 데 중심적인 역할을 하게 한다. 동시에 개인적인 측면으로는 자신의 삶을 의미 있게 하고, 목표의식을 갖게 하며, 잠재능력을 찾아 발전시키도록 한다. 특히 해외 자원봉사활동 참여자는 봉사활동을 통해 문화적 이해 능력, 사회적 관계, 자기성찰 등 개인적 성장과 자아정체성 탐색에서 긍정적인 효과를 가지게 된다. 또한 경험하지 못한 낯선 환경에서 지구촌의 아동과 주민을 돌본다는 점에서 도전정신을 발휘하기에 충분하다.

이러한 해외 자원봉사활동을 통해 사회적 책임성과 향후 봉사활동에 대한 지속 의지를 갖게 되며, 대인 관계적, 지역사회나 정치적으로도 임파워먼트가

향상된다. 또한 혁신적 사고, 리더십, 문화 수용, 도전감과 열정, 다양성과 세계 이해력, 그리고 글로벌 진로 결정에 영향을 미치며, 특히 저개발 국가에 대한 편견과 고정관념을 깨뜨리는 계기가 되었다고 보고되고 있다.

이처럼 국제 자원봉사활동을 통해 얻을 수 있는 것들을 살펴보면 다음과 같다.

1) 국제사회에 공헌

지구 시민의 일원으로서 국제사회를 위해 공헌할 수 있다. 인류가 공통적으로 직면하고 있는 다양한 문제에 함께 고민하고 실천하는 자세는 좁게는 지역과 국가에 이바지하고, 넓게는 세계에 공헌하는 점이 크다고 할 수 있다.

2) 자신의 성장과 발견

국제사회 자원봉사활동은 특정 분야의 경험으로 견문을 넓히고 자신을 성장시키며, 문제 해결에 효과적으로 작용할 수 있다. 자신의 나라, 그리고 가족과 떨어져 타국에서 활동함으로써 자기 발견의 기회를 가지고 자신의 새로운 모습을 발견할 수 있는 계기가 된다.

3) 세계시민으로 성장

국제사회 자원봉사활동을 통해서 인생관과 가치관이 전혀 다른 사람들과의 만남으로 새로운 경험을 배울 수 있어 자기 발전에 기여할 수 있다. 특히 학생 시절에 국제사회 자원봉사활동은 자신의 인생을 설계하는 데 커다란 힘이 될 수 있을 뿐만 아니라 많은 경험을 할 수 있는 기회를 갖게 된다.

3. 국제 자원봉사활동의 역사

1920년 제1차 세계대전으로 파괴한 프랑스의 한 마을 재건을 위해 유럽은 각국에서 온 젊은이들이 함께 모여 재건과 화합을 도모하며 서로에 대한 이해와 사랑을 회복하고자 하는 평화운동으로 시작되었다. 이후 유사한 활동들이 국제 자원봉사활동이라는 이름으로 본격적으로 시작되어 워크캠프를 발전시키게 된다.

유네스코(UNESCO)는 1948년에 효율적인 워크캠프 지원과 국제 자원봉사를 위한 국제적인 네트워크를 형성하기 위해 '국제자원봉사단조정위원회(CCIVS)를 설립하여 워크캠프를 비롯한 국제 자원봉사 프로그램 개발과 협력 네트워크를 운영하였다.

국가 차원의 국제 자원봉사활동은 1951년 창설된 호주의 해외봉사단 프로그램이 시초이고, 1961년 미국 케네디 대통령이 만든 미국의 평화봉사단이 정부의 지원을 받는 해외활동으로 본격적으로 전개되었다. 1971년 UN은 UNV(United Nations Volunteers)를 창설하였고, 1997년 UN 총회에서 2001년을 '세계자원봉사자의 해'로 선언하였다.

국제봉사단은 각 나라의 특수한 상황에 따라 활동 내용에 차이가 있었으나 하나의 공통적인 흐름은 학교나 병원, 장애인이나 고아들을 위한 시설 등에서 자원봉사활동을 전개해 온 것이다. 조직적이고 본격적인 국제 자원봉사활동의 시초는 '국제 워크캠프'의 개최로 국제 워크캠프는 여러 나라로부터 온 자원봉사자들이 함께 공동의 목적으로 일을 하는 것을 말한다.

4. 국제 자원봉사활동의 동향

국제 자원봉사활동은 각국 정부나 국제기구, 민간단체(NGO 등) 등이 다양한 방법으로 많은 노력을 기울이는 분야가 되었으며, 사업과 프로그램도 점점 다양해지고 확대되는 추세이다. 이는 국가적, 그리고 국제적인 기구들이 더욱 적극적으로 자원봉사활동을 조직해 나가고 있으며, 국가적 · 국제적 차원의 활동뿐만 아니라 민간 차원의 활동이 더욱 빠른 속도로 증가하고 있다. 그리고 가장 전통적인 형태인 워크캠프가 계속 유지되고 있다.

국제자원봉사 사업은 두 차례 세계대전의 영향으로 인도주의적인 목적을 가지고 발전해 왔으며, '지속가능개발목표(SDGs)'와 같은 국제적인 목표를 달성하는 데 있어 국제자원봉사 사업이 실질적으로 기여함을 강조하고 있으며, 한국에서도 정부가 청소년정책, 자원봉사정책, 국제개발협력정책 등의 측면에서 국제자원봉사사업을 점차 강조하고 있다.

현재 청년층을 중심으로 많은 시민이 한국국제협력단(KOICA)이 주관하는 정부의 WFK(월드프렌즈코리아) 프로그램과 개발협력 시민사회가 중심이 된 다양한 국제자원봉사 사업을 통해 개발도상국에서 봉사활동을 하고 있고, 대학, 기업, 종교기관, 지방자치단체 및 각 부처에서 추진하는 다양한 국제자원봉사 사업도 주목할 만하다. 국제자원봉사 사업을 둘러싼 국내 · 외 환경의 변화와 여러 주체의 노력은 향후 더욱 가속화될 것이며, 우리 사회 발전의 주요 요소로 중요하게 자리매김해 나갈 것이다. 국제자원봉사 사업이 더욱 긍정적으로 발전할 수 있도록 여러 주체의 관심과 구체적인 노력이 필요하다.

5. 국제 자원봉사활동의 이념

① 상호의존과 공존의 인류공동체 이념이라 할 수 있다.
② 문화상대주의와 호혜성(Reciprocity)의 원리이다.
③ 인도주의 사상의 이념이다.

6. 국제 자원봉사활동을 바라보는 시각

국제적인 시각을 가져야 한다. 국제적인 시각이란 서로 간의 차이(Difference)를 인정함으로써 서로를 이해하고, 이를 바탕으로 다양성 속의 조화를 만들어 나가는 것을 말한다. 국제적 시각을 갖기 위해서는 다른 문화를 이해하고, 수용할 수 있는 능력이 필요하다. 즉 이질 문화를 접촉하는 상황 하에서 다른 문화의 특징적 사고, 믿음, 생활환경 등에 적응하거나 그것들을 포용할 수 있는 능력을 가져야 한다.

이전에는 대부분의 봉사활동이 지역적인 범위에만 국한되었지만, 현재는 국제적인 차원에서 봉사활동을 진행하는 경우가 많아졌다. 예를 들면 국제기구나 비정부기구와 함께 현지 사회의 발전을 위해 봉사활동을 실시하거나, 해외에서 발생한 재난이나 위기 상황에서 구호활동을 펼치는 등의 노력이 활발히 이루어지고 있다. 이러한 국제적인 차원의 봉사활동을 통해 세계적인 문제에 대한 관심과 해결책을 제시할 수 있으며, 이전과 다른 측면을 보충함으로써 봉사활동을 통해 세상을 변화시키는 방법을 보다 다양한 시각에서 이해하고 활용할 수 있다.

제2절 국제 자원봉사활동 유형

1) 워크캠프(Workcamp)형

국제워크캠프는 100년의 역사를 가진 국제교류 프로그램이다. 서로 다른 문화권의 청년들이 모여 1~3주간 함께 생활하며 봉사활동과 문화교류를 하는 국제교류 형태로 유지되고 있다.

워크캠프별로 환경, 사회복지, 교육, 문화예술, 세계유산, 동물보호, 건축 등 특정 주제의 봉사활동을 지역주민들과 함께 수행하며, 다국적 참가자로 이루어져 주된 공용어로 영어를 사용하나 프랑스어, 일본어 등 다수 참가자의 사용언어, 지역별 통용되는 언어를 사용하기도 한다. 주말을 이용한 자유 시간에는 지역문화 탐방이나 문화교류의 시간을 갖고 인근 지역 주민들과 교류의 시간을 갖기도 한다.

한국에서는 '국제자원봉사위원회(CCIVS)' 회원단체인 국제워크캠프기구와 함께 사단법인 '더 나은 세상'이 매년 워크캠프를 개최하며, 대한민국 청소년을 전 세계 워크캠프에 파견하고 있으며, 그 특징을 살펴보면 다음과 같다.

첫째, 다른 국적의 젊은이들이 1~3주간 공동의 목적을 위해 공동체 생활을 하는 자원봉사 및 국제교류 프로그램이다.

둘째, 캠프는 주로 여름 기간에 이루어지며, 지역사회개발, 복지시설 활동, 환경보호 활동, 문화재 복원 활동 등의 봉사활동에 참가한다.

셋째, 식사와 숙박을 제공하지만 기본적으로는 참가비를 낸다.

넷째, 매년 다양한 테마와 다양한 유형의 워크캠프들이 전 세계에서 개최되고 있다.

다섯째, 한국은 사단법인 '더 나은 세상'이 국제 워크캠프에 파견하는 일을 하고 있다(국제 워크캠프기구).

2) 개인, 단기형

활동자는 인근 지역에 거주하면서 일정 기간(몇 주에서 몇 개월) 상근이나 비상근으로 활동하는 자원봉사활동이다. 대우는 활동 내용에 따라 다르지만 일반적으로 식사와 숙박은 제공되며, 아주 적은 활동비를 지급하는 곳도 있으나 기본적으로 무급으로 활동한다. 참가비를 납부하거나 휴일에도 활동하는 경우도 있다.

주요 활동 분야는 자연보호, 야생동물보호 관련 활동, 복지교육 관련 활동 등 다양하다. Working Holiday(해외에서 여행 중인 젊은이가 방문 국가에서 일할 수 있도록 특별히 허가해 주는 제도)와 유사한 프로그램으로서 다년간 자원봉사활동을 실천하거나 특정한 경험을 쌓기 위해 참여하는 경우가 대부분이다.

3) 정기방문형

해외의 민간 단체사무소나 병원 등의 복지시설에 정기적으로 방문하면서 활동하는 형태의 봉사활동이다. 자기 집에서 통근하는 국내 자원봉사활동의 해외판으로 유학생 또는 주재원이 참여하는 국제 자원봉사가 대표적이다. 국내의 자원봉사자가 정기적으로 해외 봉사지 한 곳을 방문하는 형태도 해당되며, 의료봉사팀이 참여하는 국제자원봉사가 대표적이다.

4) 장기개발형

최소한 1년 이상 현지에 체류하면서 개발 활동(환경, 교육, 농촌개발활동, 기술지도 등)에 종사하는 형태로서 개발도상국에서의 활동이 주를 이룬다. 우리나라는 최근 국제개발협력에 대한 관심이 높아지면서 장기 국제 자원봉사를 선호하는 자원봉사자가 증가하고 있으며, 전문가로 활동하기 때문에 이에 필요한 전문지식이나 경험이 필요한 경우가 대부분이다. 대개 생활비 정도의 수당과 항공료를 지급받으며, 한국국제협력단이나 민간단체들이 최근 활발하게 장기 자원봉사자를 파견하기도 한다.

5) 긴급원조형

재난에 따른 긴급사태에 대한 원조 형태의 봉사활동이다. 홍수나 지진 발생 시 인명구조, 생활 원조, 난민원조, 분쟁 시의 인권 보호 활동, 인도적 원조 활동 등이 있다.

6) 인턴십형

미국 학생 중 많은 수가 외국에 나가 자신이 흥미를 가지고 있는 분야의 NGO, 기업 등에서 재학 중 인턴을 하면서 귀중한 현장 체험을 하고 있다.

7) 국내형

국내에서 국제적인 문제나 프로젝트에 참여하는 자원봉사활동을 말한다. 세계 환경문제, 인권 문제, 개발 문제 등을 다루는 단체 등에서 봉사활동 또는 전문단체와 연결해서 개발도상국 국민을 지원하는 활동에 참여한다.

우리나라의 경우 국제활동에 대한 관심이 매우 높은 편으로 아프리카 난민이나 빈곤 아동들을 위한 모금 등의 구호활동이 커다란 호응을 얻었으며, 최근에는 한국에 거주하는 외국인 노동자에 대한 관심의 증가로 이 분야의 활동이 많이 증가하고 있다.

제3절 한국의 국제 자원봉사활동 조직

1. 대표 조직

1) 코이카(KOICA)

한국국제협력단(KOICA)은 정부 차원의 대외무상원조 전담 기관으로서 우리나라와 개도국의 우호 · 협력 관계 및 상호교류를 증진하고, 이들 국가의 경제 · 사회 발전을 지원하여 국제개발 협력을 증진하는 것을 목적으로 설립되었다.

1991년부터 한국 정부 최초로 해외봉사단을 개발도상국에 파견하여 지구촌 이웃들과 우리의 발전 경험을 나누고, 그들의 지속 가능한 경제사회 발전을 지원하고 있다. 개발도상국의 수요를 바탕으로 우리가 비교우위에 있는 공공행정, 교육, 농림수산, 보건, 산업 에너지 분야에서 개발도상국이 필요로 하는 전문지식을 보유한 대한민국 봉사단원 파견을 통해 전문 인력 양성 및 기술이전 활동을 수행하고 있다.

2) 월드프렌즈코리아(WFK)

World Friends Korea는 전 세계 이웃을 돕고 우리나라의 브랜드 가치를 높이는 한국 정부 파견 해외봉사단의 이름이다. 지난 2009년 정부에서 분산되어 있던 각 행정부처의 해외봉사단사업을 통합, World Friends Korea가 출범하게 되었다.

먼저 외교부의 KOICA 봉사단과 KOICA 자문단, 산업통상자원부의 NIPA(정보통신진흥원) 자문단, 과학기술정보통신부의 과학기술자문단과 IT 봉사단, 교육부의 청년봉사단과 교원해외파견사업, 문화체육관광부의 태권도봉사단, 보건복지부의 한의약해외의료봉사단 등이 WFK로서 함께 세계 각지에서 활동하게 되었다. 이는 국제사회에 기여하는 성숙한 세계국가로서 한국의 국가 브랜드를 높이는 데 기여하고 있다.

표 12-1 한국정부 파견 해외봉사단

부처	봉사단	부처	봉사단
외교부	KOICA 봉사단	보건복지부	한의학해외의료봉사단
	KOICA 자문단	문화체육관광부	태권도 봉사단
과학기술정보통신부	IT 봉사단	산업통상자원부	NIPA 자문단
교육부	청년 봉사단	과학기술정보통신부	과학기술지원단
	교원해외파견 사업		

2. 해외봉사단 사업 절차

표 12-2 해외봉사단 사업 절차

①	**협상 체결**	우리 정부와 파견대상국 정부 간 봉사단 파견 협정 체결
②	**사업계획 수립**	정부 배정 예산 및 국가별 현황 등을 토대로 연간 봉사단 선발 및 파견계획 수립
③	**수요조사**	파견대상국 및 유관기관을 통해 모집 유형 및 모집 차수별 파견 수요조사 및 현장조사서 접수
④	**모집 · 선발**	모집 공고 및 지원서 접수 후 국내교육대상자 선정
⑤	**국내교육**	예비 단원을 대상으로 합숙교육 실시
⑥	**현지적응교육**	국가별 파견 일정에 따라 현지 파견 후 현지적응교육 실시
⑦	**기관파견 및 활동**	배정된 기관에서 활동, 사무소 및 코디네이터는 단원 활동 지원 및 안전관리
⑧	**귀국 및 사후관리**	활동 종료 후 단원 귀국 지원

요즘에는 해외 자원봉사활동에도 매우 적극적이다. 선진국에서 개발도상국이나 후진국의 경제나 사회 발전, 복지증진 등을 주목적으로 원조의 손길을 내미는 것이 그것이다. 사실 우리나라는 한국전쟁을 겪은 직후인 1950년대 1인당 국민소득(GNI)이 67달러로 세계 최빈국이었으며, 이때 선진국으로부터 많은 원조를 받았다. 이렇게 원조를 받던 대한민국이 국력이 커지면서 원조를 받던 수혜국에서 원조를 해주는 공여국으로 전환되었다.

지금도 많은 선진국에서 ODA(공적개발원조) 활동을 하고 있지만, 대한민국의 ODA 활동을 주목하는 이유가 있다. 베이비부머로 대변되는 중장년들은 젊은 시절 '새마을 노래'를 들어가면서 대한민국이 역동적으로 성장하는 모습을 보았다. 우리나라가 발전하는 데 큰 역할을 한 주역들이며, 어떻게 해야 성장하고 발전할 수 있는지를 경험한 세대로 그 노하우를 가지고 있다.

월드프렌즈코리아(WFK) 자문단은 2010년부터 한국국제협력단(KOICA)과 국내 퇴직 인력의 해외 진출을 돕는 단체이다. 우리나라의 경제발전 경험을 전수해 개발도상국의 경제 · 사회 개발 및 빈곤 퇴치에 기여하고 있다.

Keypoint(요점정리)

국제 자원봉사활동이란

① 국제적인 일에 자발적으로 참여

② 언어, 종교, 정치, 사회 · 경제적 경계를 넘음

③ 자신의 시간, 능력, 에너지 사용

④ 사회변화, 경제발전, 환경보전 등을 실천하는 것

국제 자원봉사활동에 참여하는 이유

① 다른 문화를 경험하기 위해서

② 기술과 지식을 공유하기 위해서

③ 무엇인가에 도전하고 빈곤과 불이익을 바꾸기 위한 시도

④ 여행이나 국제적 경험을 통한 학습의 연장선으로

⑤ 현재와 미래를 위해 지속 가능한 자연환경을 지키고 만들기 위해서

⑥ 지역, 국가, 세계적인 프로젝트에 참여하기 위해서

⑦ 제3의 교육 혹은 대안교육의 일환으로서 풍부한 경험을 획득하기 위해서

국제 자원봉사활동의 효과

① 국제사회에 공헌: 지역과 국가, 세계에 기여

② 자신의 성장과 발견: 자신의 새로운 모습을 발견

③ 세계 시민으로 성장: 경험을 할 수 있는 기회

국제 자원봉사활동의 이념

① 상호의존과 공존의 인류공동체 이념

② 문화상대주의와 호혜성의 원리

③ 인도주의 사상의 이념

국제 자원봉사활동 유형

워크캠프(Workcamp)형, 개인, 단기형, 정기방문형, 장기개발형, 긴급원조형, 인턴십형, 국내형

국제 자원봉사활동 프로그램

① 난민/빈민, 국제구호: 현장활동, 국내후원
② 제3세계 개발지원: 지역사회개발, 주민서비스
③ 외국인 보호/후원: 보호활동, 후원활동
④ 국제친선 교류: 행사지원, 편의 제공

한국정부 파견 해외봉사단

① 외교부: KOICA 봉사단, KOICA 자문단
② 과학기술정보통신부: IT 봉사단
③ 교육부: 청년 봉사단, 교원해외파견 사업
④ 보건복지부: 한의학해외의료봉사단
⑤ 문화체육관광부: 태권도 봉사단
⑥ 산업통상자원부: NIPA 자문단
⑦ 과학기술정보통신부: 과학기술지원단

해외봉사단 사업 절차

협상체결 → 사업계획수립 → 수요조사 → 모집 · 선발 → 국내교육 → 현지적응 교육 → 기관파견 및 활동 → 귀국 및 사후관리

자원봉사활동 기본법(시행일)

부칙 〈법률 제07669호, 2005. 8. 4.〉
이 법은 공포 후 6월이 경과한 날부터 시행한다.

① 모든 법은 제정 당시 부칙에 시행일이 표시되어 있다.
② 「자원봉사활동 기본법」은 제정일 기준 6개월 경과한 날부터이므로 2006년 2월 5일이 최초 시행일이다.

법령에는 몇 개월을 몇 월로 표시한다.(6월은 6개월을 의미)

참고문헌

1. 국내문헌

고양곤 외(2003). 노인과 자원봉사활동. 학지사.
고재욱 외(2011). 행복한 사회를 만들어가는 자원봉사론. 양서원.
교육부(2014). 대학 사회봉사 활성화를 위한 제도 구축 방안에 관한 연구.
구혜영(2008). 자원봉사실천론. 신정.
구혜영(2018). 자원봉사론. 신정.
권석만(2008). 긍정심리학: 행복의 과학적 탐구. 학지사.
김기현(2010). 대학생 자원봉사활동 동기 및 활성화에 관한 연구. 교정복지연구.
김남순(2003). 사회 자원봉사활동의 이론과 실제. 교육과학사.
김대건 외(2014). 사회적 자본의 매개효과를 중심으로. 지방정부연구.
김동배 외(1998). 한국자원봉사활동의 관리운영 실태평가. 한국사회복지학 35권.
김영호 외(1996). 자원봉사센터 설치 및 운영에 관한 연구. 자원복지문화연구소.
김영호 외(2003). 자원봉사의 이론과 실제. 창지사.
김지훈 외(2013). 자원봉사 및 기부활동 중심으로. 사회복지정책.
김태룡 외(2009). 자원봉사센터를 중심으로. 한국정책연구.
류기형 외(2023). 자원봉사론. 양서원.
박태영 외(2021). 자원봉사론. 공동체.
배기효 외(2024). 자원봉사론. 공동체.
여성부(2004). 정부의 자원봉사 정책과 여성 자원봉사 발전방안 연구.
유기웅 외(2018). 질적 연구방법의 이해. 박영스토리.
유용식(2024). 자원봉사론. 양서원.
이강현(2005). 비영리기관의 자원봉사관리 표준화. 한국비영리학회.
이대근(2007). 자원봉사관리 실제. 한국자원봉사연합회.
이란희(2015). 자원봉사활동의 결정요인에 관한 연구. 공공사회연구.
이성록(2005). 자원봉사센터 포준운영모형. 행정안전부.
이팔환 외(2000). 자원봉사론. 형설출판사.
이홍우(2007). 민주주의와 교육: 교육철학 개론. 교육과학사.
전국경제인협회(2004). 재난 시 자원봉사 매뉴얼.
정진경(2009). 공적사회복지서비스 이용자 만족도에 영향을 미치는 요인연구: 관계혜택의 매개효과 중심. **사회복지정책**.
정진경(2012). 자원봉사개념의 재해석과 통합적적용의 탐색. 한국사회복지행정학.
조권중(2010). 서울시 중장기 사회적 자본 증대방안연구. 서울시정개발원.
조영복 외(2013). **사회적 가치 창출의 평가와 측정**. 시그마프레스.
조휘일(2002). **자원봉사론**. 공동체.
최유미(2009). 자원봉사의 주관적 가치인식과 인정경험이 직무만족에 미치는 영향. **지역사회연구**.
한국직업능력개발원(2004). 자원봉사관리조정자 직무분석.
현외성(2017). **현대 자원봉사론**. 창지사.
홍봉수 외(2022). **사회복지행정론**. 공동체.
홍봉수 외(2024). **가족복지론**. 공동체.
홍봉수 외(2024). **사회보장론**. 양서원.
홍봉수 외(2024). **사회복지법제와 실천**. 공동체.
홍봉수 외(2024). **사회복지정책론**. 공동체.
홍봉수 외(2024). **인간행동과 사회환경**. 양서원.
홍봉수 외(2024). **지역사회복지론**. 공동체.

2. 국외문헌

Allen, N. J., & Meyer, J. P. (1990). The Measurement and Antecedents of Affective, Continuence and Normative Commitment to the Organization, *Journal of Occupational Psychology, 63*(1), 1-18.
Baum, T., & Lockstone, L. (2007). Volunteers and Mega Sporting Events: Developing a Research Framework. *International Journal of Event Management Research, 3*(1), 29-41.
Bates, P., & Davis, F. A. (2004). Social capital, social inclusion and services for people with learning disabilities. *Disability & Society, 19*(3), 195-207.
Benjamin J. Lough (2014). *Social Work Perspectives on International Volunteer Service*. British Journal of Social Work. Doi:101093/bjsw/bc001.
Boeck, T., Markadia, N., Johnson, C., Salim, H., & Cushing, J. (2009). The Impact of Volunteering on Social Capital and Community Cohesion.
Black, B., & DiNitto, D. (1994). Volunteers who work with survivors of rape and battering: Motivations, acceptance, satisfaction, length of service, and

gender differences. *Journal of Social Service Research, 20*(1/2).

Boneham, M., & Sixsmith, J. (2003). Volunteering and the concept of social capital. *Voluntary Action, 5*(3), 47-60.

Cheung, C. K., Lo, T. W., & Liu, E. S. (2015). Sustaining social trust and volunteer role identity reciprocally over time in pre-adult, adult, and older volunteers. *Journal of Social Service Research, 42*(1), 70-83.

Cronin, J. J., & Taylor, S. (1992). Measuring Service Quality: A Reexamination and Extension. *Journal of Marketing, 56*(July), 55-68.

Cuthill, M., & Warburton, J. (2005). A Conceptual Framework for Volunteer Ilsley. *Management in Local Government Urban Policy and Research, 23*(1), 109-122.

European Union (2009). Council Decision on the European Year of Voluntary Activities Promotion Active Citizenship.

McNamara, T. K., & Gonzales, E. (2011). Volunteer Transitions Among Older Adults: The Role of Human, Social, and Cultural Capital in Later Life. *Psychological Sciences and Social Sciences*, 66(4), 490-501.

Musick, M. A., & J. Wilson (2003). Volunteering and depression: the role of psychological and social resources in different age groups. *Social Science and Medicine, 56*, 259-269.

UNV(2011). The state of the World's Volunteerism report.

Parasuraman, A., Zeithaml, V., & Berry, L. (1994). Alternative scales for Measuring Service Quality: A Comparative Assessment Based on Psychometric and Diagnostic Criteria. *Journal of Retailing, 70*(3).

Paul, J. & John A. Niemi (1981). *Recruiting and Training Volunteers*. New York: McGraw-Hill Book Co.

Saffaa, S. (2011). A Conceptual Framework Review of Social Exclusion and its Relation with Social Cohesion and Poverty in Europe. *The International Journal of Diversity, 11*(0), 117-131.

Stukas, A. A., Daly, M., & Cowling, M. J. (2005). Volunteerism and Social Capital: A Functional Approach. *Australian Journal on Volunteering, 10*(2).

Wilson, J., & Musick, M. (1998). The Contribution of social Resources to Volunteering. *Social Science Quarterly, 79*(4), 799-814.

Wilson, J., & Musick, M. (1999). The Effects of Volunteering on the Volunteer. *Law and Contemporary Problems, 62*(4), 141-168.

3. 인터넷 사이트

가족센터 www.familynet.or.kr
교육부 www.moe.go.kr
대한민국 정책브리핑 www.korea.kr
보건복지부 www.mohw.go.kr
볼런티어21 www.volunteeringkorea.org
삼성글로벌리서치 samsungsgr.com
이코리아 www.ekoreanews.co.kr
위키피디아 www.wikipedia.org
통계청 kostat.go.kr
한국국제시민봉사회 SCI-Korea www.scikorea.org
한국사회복지관협회 kaswc.or.kr
한국자원봉사문화 volunteeringculture.or.kr
한국자원봉사학회 www.kaov.or.kr
한국자원봉사센터협회 www.kfvc.or.kr
한국직업능력개발원 hkivs.or.kr
한국청소년단체협의회 ncyok.or.kr
행정안전부 www.mois.go.kr

찾아보기

인명

내용

▎기타 ▎

저자소개

홍 봉 수
동원대학교 사회복지학과 교수

곽 일 준
동덕여자대학교 뉴에듀케이션칼리지 교수

김 현 수
호산대학교 리베르타스학부 교수

박 선 혜
서정대학교 사회복지상담학과 교수

정 현 정
김해대학교 사회복지계열 교수

최 인 하
부산과학기술대학교 사회복지학과 교수

자원봉사론

1판 1쇄 인쇄 2025년 2월 7일
1판 1쇄 발행 2025년 2월 15일

저　　자 | 홍봉수
곽일준 김현수 박선혜 정현정 최인하
발 행 인 | 박철용
발 행 처 | 양서원
주　　소 | 경기도 파주시 직지길 522
전　　화 | 031-955-8000(代)
팩　　스 | 031-955-8005
홈페이지 | www.yswpub.co.kr
이 메 일 | yswgroup@naver.com
출판등록 | 1987년 11월 24일 제 406-2003-037 호

ISBN 978-89-994-1524-1

정가 22,000원